上海财经大学中央高校基本科研业务费资助出版

中国符号学丛书 ◎ 丛书主编 陆正兰 胡易容

符号与传媒
Semiotics & Media

中国品牌国际传播以中国品牌为媒
以文化提升品牌，以品牌传播文化
通过主客体双方的符号互动和对话
最终形成对品牌的文化认同

中国品牌国际传播：文化符号生产与认同机制

Chinese Brands International Communication: The Production and Identification Mechanism of Cultural Symbols

蒋诗萍 著

四川大学出版社
SICHUAN UNIVERSITY PRESS

项目策划：徐　燕
责任编辑：陈　蓉
责任校对：吴近宇
封面设计：墨创文化
责任印制：王　炜

图书在版编目（CIP）数据

中国品牌国际传播 ：文化符号生产与认同机制 / 蒋诗萍著. — 成都 : 四川大学出版社，2022.3
（中国符号学丛书）
ISBN 978-7-5690-5406-4

Ⅰ. ①中… Ⅱ. ①蒋… Ⅲ. ①品牌－文化传播－研究－中国 Ⅳ. ①G206

中国版本图书馆 CIP 数据核字（2022）第 048037 号

书名　中国品牌国际传播：文化符号生产与认同机制
ZHONGGUO PINPAI GUOJI CHUANBO:WENHUA FUHAO SHENGCHAN YU RENTONG JIZHI

著　者	蒋诗萍
出　版	四川大学出版社
地　址	成都市一环路南一段 24 号（610065）
发　行	四川大学出版社
书　号	ISBN 978-7-5690-5406-4
印前制作	四川胜翔数码印务设计有限公司
印　刷	郫县犀浦印刷厂
成品尺寸	170mm×240mm
插　页	2
印　张	13.75
字　数	254 千字
版　次	2022 年 4 月第 1 版
印　次	2022 年 4 月第 1 次印刷
定　价	56.00 元

◆ 读者邮购本书，请与本社发行科联系。
电话：(028)85408408/(028)85401670/
(028)86408023　邮政编码：610065
◆ 本社图书如有印装质量问题，请寄回出版社调换。
◆ 网址：http://press.scu.edu.cn

四川大学出版社
微信公众号

目　录

绪　论

第一节　选题缘由

一、“一带一路”重塑全球化新格局

“全球化”这个概念由来已久，可以追溯至15世纪，那时，由于新航路的开辟，人类发现了海洋以外的新大陆，这打破了以往各大洲之间相对孤立的状态，海洋与大陆一起，将这个世界连为一个整体。以英国为主的西欧国家以海洋为中心，构建了一个由商船、战舰和港口组成的全球贸易和殖民版图。20世纪，两次世界大战摧毁了旧的殖民体系，美国登上历史舞台并主导了全球化2.0。美国确立了以美元为中心的国际货币体系，建立起全世界最强大的军队，并依靠这两大支柱向全球输入其影响力。到了21世纪，部分传统发达国家却掀起“逆全球化”浪潮——“英国脱欧”、美国前总统特朗普提出“贸易保护”“边境修墙”“控制移民”等言论与政策——试图减少自身全球化责任。这意味着以美国为主导的全球化体系危机四伏，全球化的新格局正在被重塑。

在此背景下，以中国为代表的新兴经济体成为构建全球化新格局的重要力量。2013年，习近平主席提出了“一带一路”倡议。首先，“一带一路”是促进经济共同发展之路，其本质要求是经济全球化。其次，这也是一条国际文化交流之路。“时代的变迁决定了，与英国、美国主导的全球化相比，在中国版

全球化中，文化的因素比以往任何时候都重要。”① 中共中央宣传部原副部长、原文化部部长蔡武提出：“在建设‘一带一路’的进程中，我们应当坚持文化先行，通过进一步深化与沿线国家的文化交流与合作，促进区域合作，实现共同发展，让命运共同体意识在沿线国家落地生根。”②

二、中国品牌兼具经济属性与文化属性

随着社会经济结构与经济形式的转变，文化与经济交融，大众文化被烙上消费的印记，商品符号化、符号商品化，成为消费社会非常典型的特征，品牌则是大众消费文化主要的实践文本。这意味着品牌兼具经济属性与文化属性。

就经济维度而言，品牌作为人工生产的“纯符号”，其创造的符号价值几乎要取代由劳动创造的交换价值，而成为商品价值的主要来源。品牌与商品的需求、生产、供给、竞争等市场规则一起运作于经济生活的各个领域。而今，经济竞争从以产品为主的时代，进入品牌竞争时代，成为关系当今社会经济发展的关键因素。根据联合国工业计划署的统计：“占全球品牌不到3%的世界品牌，其产品占据全球市场的40%以上，销售额占到了全球市场的50%。”③ 据此可知，一个国家拥有的著名品牌越多，品牌所创造的价值占GDP的比重就越大，中国品牌是影响中国经济发展的主要力量。

就文化维度而言，在商品符号化、符号商品化的双重作用下，品牌“不再只是经济的行为，更转化为在种种符码下，以被差异化了的符码为媒介而如语言活动般的文化行为”④。品牌的符号生产过程以及品牌消费的过程，体现的不仅仅是对使用价值的生产与消费，更是扮演着“沟通者”的角色，正如余明阳、戴可富所述，品牌是文化的载体，文化是品牌的灵魂，“品牌文化与消费者内心认同的文化和价值观一旦产生共鸣，这种力量就显得非常强大”⑤。

---

① 石齐平：《“一带一路”是中国版的全球化》，澎湃新闻，https://www.thepaper.cn/newsDetail_forward_1714362，2021－05－06。

② 蔡武：《坚持文化先行，建设“一带一路”》，《求是》，2014（9），第44－46页。

③ 王成荣：《品牌价值论：科学评价与有效管理品牌的方法》，北京：中国人民大学出版社，2008年版，第2页。

④ 星野克美：《消费文化的符号论》//《符号社会的消费》，黄恒正译，台北：台北远流出版公司，1988年版，第21页。

⑤ 余明阳，戴世富：《品牌文化》，武汉：武汉大学出版社，2008年版，第1页。

可见，“一带一路”倡议为中国品牌的国际传播提供了机遇，而中国品牌的文化与经济“双轮驱动”能助力“一带一路”倡议的实施。中国品牌逐渐融入海外消费者的日常生活，成为海外受众了解中国的重要途径，这要求我们用中国品牌向海外真实生动地讲好中国故事，为不断提升中国文化软实力，提供真实可感的鲜活案例。

三、中国品牌国际传播历程与现状

（一）中国品牌国际传播历程

中国品牌的发展以 1978 年改革开放为重要时间节点，至今经历了复苏、快速发展、成熟创新等阶段，历经了“由品牌战略缺失到施行品牌化战略再到推进品牌的国际化的过程”[①]。1995 年 5 月 1 日，中国三九集团的“999 药业”广告牌在美国纽约曼哈顿时代广场展出。《纽约时报》报道称：“这是中国企业第一次在世界上密度最大、最有影响力的商业区做的中文广告，时代广场由此出现了一种新的广告语言——中文。”[②] 此事件成为中国品牌开始国际传播历程的标志。

但是有一些学者认为，中国品牌的国际传播一直到 2000 年左右才开始，如何佳讯、卢泰宏指出中国品牌国际化思考期是从 1999 年至 2003 年[③]，张明立、任淑霞认为 2000 年左右是品牌国际化的酝酿期[④]。这与 2001 年中国加入世界贸易组织（WTO）有很大的关系。随着越来越多的国际品牌进入中国市场，中国企业的品牌管理与品牌传播意识开始觉醒，在提升国内市场竞争力的同时，中国品牌开始布局其国际传播格局。

中国品牌的国际传播，除了受全球化语境带来的影响，还受到国家政策导向的影响。2012 年 12 月，党的十八大报告提出，要全面提高开放型经济水平，形成以技术、品牌、质量、服务为核心的出口竞争新优势；中国已意识到

---

① 赵寰：《中国企业品牌国际化传播研究》，武汉大学博士论文，2013 年，第 52 页。

② 张哲：《新华社广告进驻纽约时报广场》，《南方周末》，2011 年 10 月 21 日。

③ 参见何佳讯，卢泰宏：《中国营销 25 年（1979—2003）》，北京：华夏出版社，2004 年版，第 111 页。

④ 参见张明立，任淑霞：《品牌管理（第 2 版）》，北京：北京交通大学出版社，2014 年版，第 23 页。

品牌在国际竞争中对于国际形象塑造的重要性，品牌强国战略被提上日程，从此中国品牌国际传播全面展开并迈入一个新时代。2013 年，中国发出“一带一路”倡议，由于沿线区域与国家的市场机遇广阔，中国品牌积极参与对全球市场经营与传播的探索，中国品牌国际传播全面展开。2017 年 4 月，国务院批准将每年 5 月 10 日设立为“中国品牌日”。借此良机，中国品牌正在逐步提升品质与影响力，立足国内市场，加快国际化步伐，以自主品牌的方式走向海外市场。

因此，我们可以根据上述关键时间点将中国品牌的国际传播历程做阶段性的分期。第一阶段是 1978—1994 年，是中国品牌国际传播的酝酿期；第二阶段是 1995—2001 年，是中国品牌国际传播的探索期；第三阶段是 2002—2012 年，是中国品牌国际传播的开拓期；第四阶段是 2013 年至今，是中国品牌国际传播的全面展开期。

1. 中国品牌国际传播的酝酿期（1978—1994 年）

随着 1978 年改革开放，中国经济得到恢复与加速发展，在市场化经济改革背景下，中国品牌也得以复苏。一批老字号如同仁堂、全聚德等首先恢复使用商标，接着国有企业的品牌意识亦逐渐苏醒并逐步增强，开始进行广告传播，同时，民营企业异军突起。80 年代是中国品牌的创业热潮阶段，一批优秀的中国品牌诞生，如海尔、华为、联想、健力宝、科龙、娃哈哈等。

90 年代，随着改革开放的深度推进，外国品牌开始向中国输入产品，尤其是大型跨国公司，加快了在华大规模投资的脚步。据有关数据显示，“自 1979 年至 2000 年，中国累计吸引外资 3462 亿美元，其中的大部分是 1992 年以后发生的，1992～2000 年的累计流入量占总量的 93%，1993 年底，合同外资达到了 1114 亿美元，实际利用外资是 270 亿美元，几乎都是上一年的两倍”①。这无疑加剧了中国品牌与外国品牌之间的竞争，一些中国品牌为了求生存求发展，以价格战的形式抗击对手，如长虹集团靠着出色的产品以及价格优势，成为名副其实的“彩电大王”，蜚声国内外。还有一些企业开始热衷于品牌建设，努力追求名牌效应，如海尔，于 1991 年导入 CIS 理念，开始品牌

① 吴晓波：《激荡三十年——中国企业（1978—2008）（下）》，北京：中信出版社，2008 年版，第 17 页。

形象的塑造。

这一阶段是中国品牌国际传播的酝酿期，外国品牌在华的营销与传播令中国消费者与中国品牌商大开眼界。如宝洁集团日化用品飘柔、潘婷、佳洁士等品牌，通过地毯式的电视广告轰炸、广告DM单的入户发放、“飘柔之星”节目冠名营销等新式的品牌传播方式，给中国消费者留下了很深的印象，也为中国企业带来了品牌传播的启发与借鉴，同时影响了中国品牌的发展眼光。仍以海尔为例，1993年，海尔把英文“Haier”作为主识别文字标识，集商标标识、品牌名称于一身，这为品牌国际化传播奠定了形象基础，表明海尔蓄势待发，为品牌的国际传播做准备。

2. 中国品牌国际传播的探索期（1995—2001年）

1995年5月1日，以“999药业”广告牌在美国纽约曼哈顿时代广场展出为记，中国品牌进入了国际传播的探索期。随着与“洋品牌”在中国市场竞争的白热化，中国企业意识到了品牌的国际传播对于未来品牌走向与发展的重要性。同时，品牌“走出去”理念也得到了国家政策的鼓励和支持。1995年，江泽民主席提出“立民族志气，闯世界名牌”。在此背景下，李宁、联想、海尔等一批在国内具有知名度和美誉度的品牌，率先开启了品牌国际化传播的初期探索。

1999年，作为中国体育用品品牌的代表，李宁首次参加了世界体育用品博览会。这次博览会在德国慕尼黑举办，这表示李宁开始了在欧洲市场的品牌传播。次年，李宁在欧洲的品牌传播活动初见成效，拓展了其在西班牙、希腊、法国等9个欧洲国家的特许经销商。2000年6月，李宁更是成为法国体操协会的赞助商，为法国体操队提供比赛与领奖需要的服装与运动器材。

1999年，海尔在美国建厂，一时成为全国轰动性事件，因为这是中国首家品牌在海外建立工厂用于生产与销售。2001年，海尔持续在美国发力，购买位于纽约的格林尼治储蓄银行大楼，并将其更名为“The Haier Building”，同时，海尔还将位于美国南卡罗来纳州的一条路命名为“Haier Road”。以“Haier ”命名的大楼与道路成为海尔在美国进行品牌传播的两大媒介。

从中国改革开放到加入世界贸易组织这二十余年的时间里，尽管也有少数中国品牌开始深入世界市场，但中国企业在国际市场竞争中仍处于弱势地位，从国际产业价值链来看，中国企业处于价值链环节附加值最低的制造环节，即中国企业主要充当世界工厂的角色，从事着“贴牌生产”（OEM）工作。OEM（Original Equipment Manufacture）即中国厂商按国外品牌商提供的产品规格、型号、质量水平等要求来生产，生产完成后出口至国外并贴上国外品牌的标识。世界知名家电品牌大多在中国设立代工厂，如GE、松下、西门子、东芝、飞利浦等。“据不完全统计，全球500强之列的家电企业中，近95%的企业都曾与中国的家电行业建立过贴牌生产合作关系。”①

贴牌生产能充分发挥中国的人力、物力等资源优势，企业经营规模也能得到迅速扩大，如格兰仕，1992年引进了当时最先进的东芝微波炉生产技术并效仿学习，短短数年就超越了东芝且向国外近百家公司提供微波炉代工生产，成为世界上最大的微波炉生产厂商，以至于成为“全球名牌家电制造中心”。

3. 中国品牌国际传播的开拓期（2002—2012年）

“2001年……（我国）在加入世界贸易组织（WTO）的背景下，对外直接投资快速增长……2005年中国企业对外投资首次超过百亿美元……2008年投资规模比1980年到2005年的总和还多。”② 中国入世推动了中国品牌出海的步伐，中国企业从贴牌生产转向自主设计，通过收购、海外建厂、投资合作等方式参与国际市场，并对多种有效的品牌传播方式进行积极探索。

首先，以海尔、联想、TCL等为代表的中国科技品牌积极参与国际市场的竞争。

2003年，联想将其标识更换为“Lenovo”，并于2004年12月8日以12.5亿美元收购IBM的个人电脑和笔记本业务。这一度成为世界轰动的媒介事件，“联想”之名响彻全球。

TCL也在此时期加大品牌国际传播的力度，收购多家外企并与国外公司合作成立合资公司。从2002年到2004年间，TCL先后收购德国施耐德（Schneider）电器有限公司和美国高威达（Govedio）公司，并同外企合作成立了“TCL－汤姆逊（TTE）合资公司”以及“TCL－阿尔卡特移动电话公司”。

① 金朝力，石飞月：《从贴牌代工到自主品牌：中国家电企业“出海”蝶变》，《北京商报》，2017－05－12。

② 易纲：《中国企业走出去的机遇、风险与政策支持》，《中国市场》，2012（37），第31页。

2012 年，海尔收购三洋电机在日本、东南亚的洗衣机、冰箱等多项业务，之后，海尔还成功并购新西兰高端家电品牌斐雪派克（Fisher & Paykel）。

其次，中国品牌开始主动利用各种传播载体、采用多种传播方式来扩大其国际影响。

2003 年 8 月 20 日，海尔在东京的新闻发布会上展示新型洗衣机，并在东京银座四丁目这一黄金地段点亮霓虹灯广告。这是中国品牌第一次在东京银座竖起广告牌，这也成为中国品牌在海外影响力上升的标志。

2005 年，海尔抓住互联网时代的机遇，提出“人单合一”，以链群创建用户体验场景。

2005 年 5 月，联想的整版广告出现在了美国《纽约时报》和《华尔街日报》上。接着，联想投入 1 亿美元，聘请奥美广告公司为其制作广告并在全球 30 多个国家进行投放。

中国品牌还通过赞助大型国际活动以获得国际影响力。2004 年，海尔冠名澳大利亚墨尔本老虎篮球队，并邀请该队队长安德鲁·盖茨（Andrew Gaze）作为形象代言人。

2004 年 5 月下旬，中国石化股份公司开启与 F1 的全面合作，冠名 2004 年至 2006 年 F1 中国站赛事，而国际汽联在摩纳哥小镇蒙特卡洛为中石化举行了大型国际推介会。

2008 年，北京奥运会的成功举办，在一定程度上助力了中国品牌的国际传播进程。一些中国品牌通过赞助奥运会，向国际市场传递了品牌理念，塑造了良好的品牌形象。

2009 年 12 月，中国商务部在美国有线新闻网（CNN）等国际主流媒体购买了为期 6 周的广告时段，围绕“中国制造，世界合作”这一主题，以中国制造无处不在为主要内容，强调中国企业生产高质量的产品，以提升“中国制造”的国际形象。

2010 年，上海世博会设立众多中国品牌馆，如万科馆、国家电网馆、上汽-通用汽车馆、震旦馆、思科馆等，为品牌的国际传播提供了平台。

最后，在这一阶段，大部分中国企业已不再满足于为他人做嫁衣的“代工厂”身份，而想要通过改变自身在市场价值链上的位置以谋求身份的转变，即开始从贴牌生产转向自主研发设计。经过近十年的发展，中国品牌基本脱离了单纯的OEM的“按单生产”，自主的产品设计（ODM）模式成为主流。ODM（Original Design Manufacturing）是指“供给方能够根据购买方提供的设计布局，部分或全部为外包方品牌提供产品的研发、产品的设计、产品的生产等服务，而作为供给方，则享有产品的知识产权并可以在销售环节贴上商标进行出货，只要合同制造商具有完备的产品生产和设计能力，我们就称其为ODM厂商”①。如富士康，就是一个从OEM成功转型为ODM的典型。早期，富士康作为代工制造行业，为苹果、索尼、戴尔、摩托罗拉等国际知名电子品牌代工。后来，富士康向ODM转型，探索出一条从开发设计到生产、销售之路，实现了价值链的垂直整合，成功转变成世界知名的高新科技品牌。

总的来说，中国加入WTO的10年里，中国制造的产品几乎遍布全世界。同时，中国品牌也开始在国际上崭露头角，但总体而言，中国品牌的国际影响力依然较小。在由世界品牌实验室（World Brand Lab）发布的《2012年度世界品牌500强》中，中国（不包括中国香港、中国台湾）入选的品牌只有23个，其中入围百强的品牌有CCTV、中国移动、工商银行和国家电网。彼时中国品牌的研发能力较弱，核心竞争力不足，许多企业的品牌意识不够，大都还停留在“山寨”产品或“贴牌”产品经济阶段。

4. 中国品牌国际传播的全面展开期（2013年至今）

2012年12月，党的十八大提出“中国梦”，习近平总书记多次对中国制造转型升级作出重要论述。2013年，中国向全世界发出“一带一路”倡议，从此，中国品牌国际传播全面展开，进入了崭新的时期。

这一时期，越来越多的中国品牌在不断提高生产效率的同时，也愿意花费更多的心思在产品创新和打造自主品牌上面，即努力提升其企业生产模式，向OBM转型升级。OBM（Original Brand Manufacturing）是指产品制造商通过自行建立品牌以及相应的产品营销渠道，来销售自身的产品②。相较于OEM来说，OBM厂商需要拥有较为雄厚的资金及技术，具备产品的研发、设计与生产能力，除此以外还需投入品牌经营与渠道建设和维护等活动。尽管这是一

① M. Hobday. East Asian latecomer irms: learning the technology of lectronics, World Development, 1995, 23 (7), p. 1178.

② M. Hobday. East Asian latecomer irms: learning the technology of lectronics, World Development, 1995, 23 (7). pp. 1171—1193.

个长期且复杂的程序，但是品牌一旦创立，其所带来的经济效益与影响将非常可观。从长远发展战略来看，OBM 是企业生产模式升级的最终选择。

中国企业向 OBM 转型主要途径有两种：一是联盟与并购。伴随着中国经济的高速增长，很多企业开始实行海外并购计划，逐渐形成一波中国企业海外“抄底”的强劲热潮，从家电行业到豪华游艇，从制药装备到游戏公司，从电网到医疗器械……这使得中国品牌在产业链中的地位不断提高。二是从 OEM 或 ODM 转向 OBM，如广东的一批知名电子企业，TCL、华为、德赛、中兴、康佳、格兰仕、美的、科龙等，它们一开始是做加工贸易业务，后来转换思路，寻求从 OEM 到 ODM 再到 OBM 的转变，通过对国外先进技术的引进与二次创新，成功拥有自主研发机构、品牌和知识产权，部分已成为具有强势竞争力的国际品牌。

品牌经营是 OBM 生产模式的重要内容，这意味着中国品牌的国际化传播，无论从数量上还是从质量上都进入了截然不同的新阶段，主要体现在三个方面。

首先，海外媒体开始关注中国品牌，其对中国品牌的新闻报道数量呈逐年增加的趋势，其中，2012 年是一个转折点，关于中国品牌的报道数量出现新高，且往后的年增长幅度大大提高。据统计，“谷歌搜索到 2001 年 1 月 1 日至 2010 年 12 月 31 日期间中国品牌的新闻共有 78400 条，此后逐年增长，其中 2012 年比 2011 年增加了 115%，比 2001 年至 2010 年的总量还多 1700 条。2013 年首次超过 10 万条，增幅达 47%”①。到了 2018 年，“英文媒体关注度比 2017 年增加 3 倍，全年谷歌英文新闻提及总量增长到 2298783 次”②。

其次，中国品牌充分利用国际传播平台。全球媒体呈现移动互联网化，脸书（Facebook）、推特（Twitter）、优兔（Youtube）等社交媒体是全球用户活跃度最高的媒体。一批中国品牌在这些媒体平台上开设账号。如华为，在谷歌新闻、脸书、优兔、图享（Instagram）、维基百科（Wikipedia）等平台上都建立了官方账号，而且其国际传播力强劲。《中国企业国际传播力（2018）》显

① 参见胡正荣，李继东，姬德强：《中国国际传播发展报告（2015）》，北京：社会科学文献出版社，2015 年版，第 4 页。

② 参见中国国际传播力研究团队：《中国企业国际传播力发展报告（2018）》，北京：社会科学文献出版社，2019 年版。

示，在谷歌传播力 10 强中，华为远高于其余 9 家企业，其提及量是第二位联想集团的近 7 倍，是第三位京东集团的近 37 倍和第四位腾讯的 38 倍多。

最后，中国品牌通过收购、投资海外媒体平台，拓宽提升国际传播影响力的新渠道。

2016 年，猎豹移动以 5700 万美元收购了全球移动新闻聚合平台新闻速递（News Republic），利用新闻速递的内容分发优势打造全球内容平台。

2016 年 10 月，今日头条以 2500 万美元投资印度新闻聚合平台 Dailyhunt；2017 年 2 月，今日头条全资收购美国移动短视频创作者社区 Flipagram。

2016 年 12 月，腾讯全资收购泰国最大门户网站 Sanook，通过打造网站和音乐流媒体平台等旗舰产品加强国际布局。

2017 年 2 月，阿里巴巴集团领投印度支付 Paytm 电商业务，以发展印度电商市场。

（二）中国品牌国际传播现状

在国家政策的大力支持下，中国品牌经过四十多年的探索与沉淀，其品牌建设与国际传播初见成效。这种成绩最直观地体现在中国品牌在全球品牌的排行上。2020 年，WPP 和 Kantar 推出“2020 年 BrandZ 最具价值全球品牌 100 强”榜单，其中有 17 个中国品牌，比 2019 年增加了 2 个。中国也成为上榜品牌数量第二多的国家：位于拥有 51 个上榜品牌的美国之后，高于拥有 8 个上榜品牌的德国。中国上榜品牌的合计价值增长了 16%，几乎是全球增速的 3 倍。其中，阿里巴巴的品牌价值增长了 16%，达 1525 亿美元，较去年排名上升 1 位，成为全球第 6 名，是中国最有价值的品牌，腾讯也上升 1 位，至第 7 名。

而品牌价值评估领域另一份具有公信力的榜单来自全球最大的综合品牌咨询公司 Interbrand，其所公布的排名与 BrandZ 差异较大，根据 Interbrand“2020 年全球最佳品牌排行”，华为仍是唯一上榜的中国品牌，排名第 80 位，而排名前 10 的品牌总价值占据 2020 年榜单品牌总价值的 50%。之所以两份榜单有如此大的差异，原因在于二者品牌价值的计算方式不同。BrandZ 榜单是扎根于消费者，依据中国品牌在全球 7 个发达市场、几十万名消费者的评估得分进行排名，能真实反映国际消费者对于中国品牌的态度以及认可度，以此评判品牌的市场表现力和全球影响力。Interbrand 是采用“经济附加值”法，主要通过分析一个品牌的市场占有率、品牌溢价状况及品牌销售量三个方面来衡量。

这两份榜单的差异反映了这样一个事实：就中国品牌自身的发展来看，四十多年来，中国品牌的发展速度与发展模式实现了质的转变，创造了世界品牌发展的奇迹。但与全球知名品牌相比，中国企业与西方发达国家企业之间还存在差距，中国品牌综合价值偏低，国际化传播水平也处在较低阶段。

1. 中国品牌国际传播初见成效

中国品牌的国际传播从 1978 年起至今，取得了不错的成效，实现了国际品牌从无到有的突破、产品品质从制造到创造的升级、传播格局从“西强东弱”到“于我向好”的变化。

首先，国际品牌的突破：从无到有。

改革开放之初，中国品牌主要体现为一批“老字号”，如北京的内联升、同仁堂，上海的杏花楼、吴良材，等等。20 世纪 80 年代，“老字号”品牌恢复生产并逐步开展广告业务，“一条广告救活一个厂”的故事广为流传，报纸广告、广播广告、电视广告等大面积铺开，但一直到 2000 年左右，中国品牌才开始进行国际传播，在这之前中国并没有国际品牌。后来，中国品牌国际传播意识越来越强，更多的中国品牌投身国际市场，中资企业海外并购案也逐年增多，中国品牌开始在国际市场上发出自己的声音。近年来，大批中国品牌开始在海外上市，2020 年，中国就有 61 家互联网品牌在美国上市。

根据“BrandZ 全球品牌价值 100 强”排行榜，直到 2006 年，中国品牌才有一个品牌上榜，即中国移动，排在第 4 位，而“Interbrand 全球最具价值 100 大品牌”排行榜一直到了 2014 年才见到中国品牌的影子——华为，排在第 94 位。表绪-1 是笔者对 BrandZ 榜单以及 Interbrand 榜单从 2006 年至 2020 年中国品牌上榜数量的统计。

表绪-1　2006—2020年BrandZ榜单&Interbrand榜单中国品牌上榜数量统计

单位：个

年份	Interbrand全球最具价值100大品牌	最高排名	BrandZ最具价值全球品牌100强	最高排名
2020	1	80（华为）	17	6（阿里巴巴）
2019	1	74（华为）	15	7（阿里巴巴）
2018	1	68（华为）	14	5（腾讯）
2017	1	70（华为）	13	8（腾讯）
2016	2	72（华为）	15	11（腾讯）
2015	2	88（华为）	14	11（腾讯）
2014	2	94（华为）	11	14（腾讯）
2013	1	/	12	10（中国移动）
2012	0	/	13	10（中国移动）
2011	0	/	7	9（中国移动）
2010	0	/	7	8（中国移动）
2009	0	/	5	7（中国移动）
2008	0	/	4	5（中国移动）
2007	0	/	3	5（中国移动）
2006	0	/	1	4（中国移动）

数据来源：BrandZ，BrandZ Global Top 100 Most Valuable Brands（2006－2020）；Interbrand，Best Global Brands Top 100（2006－2020）。

第二，产品品质的升级：从制造到创造。

自新中国成立70余年来，特别是改革开放以来，我国制造业实现了历史性的跨越。目前，我国拥有41个工业大类、207个工业中类、666个工业小类，形成了独立完整的现代工业体系，是全世界唯一拥有联合国产业分类中全部工业门类的国家。2018年，中国制造业GDP为264820亿元，占据全球份额的30%[①]。我国是名副其实的“制造大国”，这归因于中国长期作为“世界

① 国家统计局：《2018年制造业GDP为264820亿元，同比增长6.2%》，新浪财经，http://finance.sina.com.cn/china/gncj/2019-01-22/doc-ihrfqziz9903444.shtml，2021-07-09。

工厂”替国际品牌市场生产低廉产品的身份。经过四十多年的发展，中国生产的产品已由制造向创造升级，一大批曾经的“代工厂”企业都致力创新与创造，建立自主国际品牌。

“代工企业”自创国际品牌，有着具体的研究路径。杨桂菊曾提出了路径研究模型（如图绪-1），从该模型可知，当企业处于代工生产阶段时，其核心能力是组装和制造能力；处于代工设计阶段时，其核心能力是研发和设计能力；到了自主品牌阶段时，其核心能力是品牌营销能力；而当成为国际品牌时，品牌的国际化运用能力成为核心能力①。这是一个从代工工厂到国际品牌的转型过程，也是企业产品品质从制造到创造的升级过程。

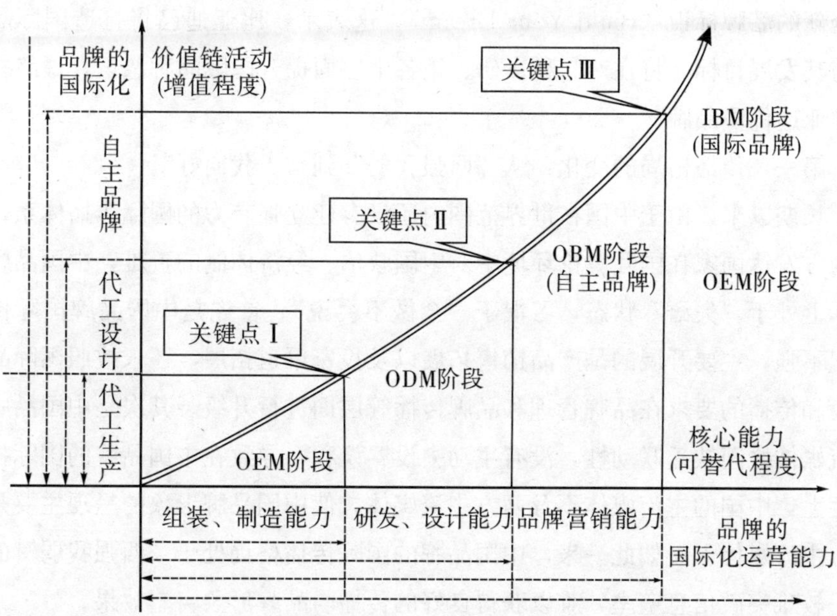

图绪-1 “代工企业”自创国际品牌路径研究模型

比亚迪从OEM、ODM到OBM的转型便是最好的例子。1995—2003年，是比亚迪OEM阶段，主要是为诺基亚、摩托罗拉等手机品牌代工零部件和提供手机组装服务；2003—2010年，比亚迪凭借在电子领域的研发能力，开始成立自主的汽车品牌，同时兼任电子产品设计制造服务商的角色，为三星、华

① 杨桂菊：《代工企业转型升级：演进路径的理论模型——基于3家本土企业的案例研究》，《管理世界》，2010（6），第135页。

为、vivo 等品牌提供包括设计、研发、制造、物流及售后等“一站式”服务，这是比亚迪的 ODM 阶段；2010 年至今，是比亚迪的 OBM 阶段，比亚迪陆续推出 e6、秦、唐、宋等多款新能源车型，得到市场的极大认可，其专利技术不断突破，自由知识产权比例快速上升，荣获中国专利金奖、扎耶德未来能源奖、“最具创新量产品牌——新能源动力总成”大奖等。

同时，比亚迪致力打造成国际品牌，“2017 年，比亚迪蝉联《财富》杂志 2017 年度‘最受赞赏的中国公司’，居第五名，位列汽车行业榜首”①。“2020 年，比亚迪成为 2020BrandZ 最具价值中国品牌 100 强上榜车企，连续 6 年蝉联汽车行业最具价值中国品牌冠军。”② 2021 年元旦之际，比亚迪官方正式换用全新的品牌标识“Build Your Dream”，这表示，比亚迪已将打造国际品牌作为其发展目标，将在产、科、研、销各个层面提升国际品牌意识，最终打造了比亚迪优质品牌。

第三，传播格局的变化：从“西强我弱”到“于我向好”。

长期以来，由于中国在世界范围内还没有建立强有力的国际传播体系，加之西方发达国家在国际舆论环境中对中国政治、经济体制的责难，中国品牌在国际上处于“失语”状态，习惯于“会做不会说”。首先是中国品牌国际传播意识不强，主要开展的是产品销售拓展以及投资渠道拓展，还未按照国际品牌建设和传播的要求在品牌管理和品牌传播等层面进行升级。其次是中国品牌与主流媒体之间缺乏联动性，没有主动去设置议程，导致在中国品牌的国际报道力度上，中国的主流媒体不及西方主流媒体，使中国品牌形象的呈现主要是在西方主流媒体上。如此一来，中国品牌的国际传播格局处于“西强我弱”的局势，较难突破信息壁垒，难以获得良好的传播与品牌形象自塑效果。

近几年来，在国家政策的加持下，随着 2009 年国家为中国品牌的国际传播背书，在 CNN 投放“中国制造”形象广告，2011 年中国国家形象宣传片在纽约时代广场播放，2013 年发布“中国优质产品品牌扶植计划”等，上述情况稍有改善。首先是品牌国际传播的意识有了一定的提升，在社交媒体成为消

① 2017 年度最受赞赏的中国公司，财富中文网，https://www.fortunechina.com/rankings/c/2017-10/11/content_293075.htm，2021-06-23。

② 比亚迪再传捷报，成功入选 2020 BrandZ 最具价值中国品牌 100 强，网易号，https://www.163.com/dy/article/FP7DFJNG05372JDD.html，2021-06-23。

费者获取信息的主要途径的当下，大部分中国品牌都在海外社交媒体平台上注册了官方账号，不定期发表品牌相关信息。其次是媒体渠道的拓展，一些中国品牌通过对海外新闻客户端的兼并与收购，实现在海外媒体上的发声。再者，随着社交媒体、点评社区与短视频的兴起与发展，国际用户媒介赋权，他们将购买与使用的品牌体验分享至媒体平台上，也成为品牌传播的发声者。中国品牌的国际传播进入了一个新的场域，在这个场域中，各种力量都参与到这场传播活动中来，使以往“西强我弱”的传播格局逐渐改变，开始向“于我向好”的格局发展。

2. 中国品牌国际传播中的主要问题

通过几十年的发展，尽管中国品牌在国际传播中取得了 些成绩，但我们要清楚的是中国目前仍是一个制造大国，而非品牌强国，与西方国家尤其是欧美国家的品牌建设存在较大差距，主要体现在三点：一是中国品牌综合价值较低，二是中国品牌国际传播系统有待建立，三是中国品牌文化内涵存在缺失。

第一，中国品牌综合价值较低。

前文已将“Interbrand 全球最具价值 100 大品牌”历年榜单中国品牌的上榜数量做了统计，可知中国品牌的综合价值偏低。另一份衡量全球大型公司的最著名、最权威的榜单是由美国《财富》杂志发布的“世界 500 强企业”，《财富》杂志于 1995 年首次发布世界 500 强榜单。1997 年，中国品牌有 6 家进入这个排行榜，其中大陆只有 3 家。2001 年，中国品牌有 12 家上榜，自此逐年迅速增加，尤其是 2008 年以来，中国品牌先后超过德国、法国和英国，后来赶超日本，坐上第二的位置。在 2019 年的榜单中，中国品牌更是超过了美国，上榜的品牌数量位列第一名，2020 年蝉联第一。

“但是，中国企业盈利水平较低。2019 年，上榜中国大陆企业 124 家平均利润不到 36 亿美元，约为美国企业（70 亿美元）的一半，也低于全球 500 家大公司平均利润 41 亿美元。”① 原因何在？当是由于中国企业的品牌价值太低，以至于品牌溢价太低。

下面笔者将先以 2015—2020 年《财富》榜单为样本，对世界 GDP 排名前五

① 曹政，赵鹏：《2020 年〈财富〉世界 500 强揭晓，中企数量首超美国》，《北京日报》，2020 年 8 月 10 日。

的国家的世界500强企业进行表格（表绪－2）呈现，再与五国在2015—2020年“Interbrand全球最具价值100大品牌”榜单中的企业上榜数量（表绪－3）做对比，以清晰显示近年来中国企业与中国品牌发展的不对等。

表绪－2　世界GDP排名前五国家2015—2020《财富》世界500强企业上榜数量

单位：家

年份	美国	中国	日本	德国	英国
2020	121	133	53	27	22
2019	121	129	52	29	16
2018	126	120	52	32	21
2017	132	115	51	29	24
2016	134	110	52	28	27
2015	128	106	54	28	29

数据来源：《财富》，《财富》世界500强排行榜（2015—2020）

表绪－3　世界GDP排名前五国家2015—2020“Interbrand全球最具价值100大品牌”企业上榜数量

单位：家

年份	美国	中国	日本	德国	英国
2020	52	1	7	9	5
2019	51	1	7	10	4
2018	49	1	8	10	5
2017	51	2	6	10	5
2016	52	2	6	10	5
2015	52	2	6	10	6

数据来源：Interbrand，“Interbrand全球最具价值100大品牌”排行榜（2015—2020）

对比可见，美国、日本、德国、英国所拥有的世界500强企业数量与拥有的最具价值品牌数量呈正相关关系，唯独中国，拥有全球最多的世界500强企业，却拥有最少的全球级知名品牌，这表明中国品牌建设远远落后于中国企业建设，致使中国品牌的综合价值远低于欧美等国家的品牌。

第二，中国品牌国际传播系统有待建立。

尽管中国品牌已意识到国际传播的重要性，传播格局发生了从“西强我弱”到“于我向好”的变化，但总的来说，中国品牌的国际传播还未形成体系，有待进一步完善与加强。

首先是传播渠道有待完善。中国品牌在国际传播过程中对海外媒体的重视程度不够，以至于对本土化媒体资源挖掘并不深入，不能充分调动其为中国品牌发声的积极性。同时，中国品牌的自有媒体运营能力不足，媒体的活跃性不够，目前仍有近四成的中国品牌没有在海外社交媒体平台上注册账号，可见一部分中国品牌对于传播渠道的重视程度不到位，其对新兴媒体的敏感度偏低，从而导致品牌信息传播滞后。

其次是缺乏对当地受众的调研。一是没有对受众的媒介偏好以及媒介使用习惯进行深入调查与统计，即品牌信息的投放并不是基于对目标客户群体的充分调研，而是采用方便原则，在当地的报纸、广播与电视等传统大众媒体上投放品牌广告，缺乏对媒体资源进行整合的能力，以至于传播的效果有限。二是没有对受众的文化接受度做充分调研，也没有用当地人听得懂的方式进行传播，如此很难找到品牌与文化的契合点以进行有效传播。

第三，中国品牌文化内涵存在缺失。

品牌的国际传播是母国文化进入异国文化冲突的过程。“从全球化的视野来看，品牌的竞争在事实上是强势文化的竞争，一些跨国品牌能够在国际上取得成功也在于其强势文化对消费者的冲击。”[①]因此，在全球语境下，国际品牌应自觉对文化进行选择，而品牌国际传播也应以品牌文化为核心内容，如劳力士代表的是瑞士工匠文化、博柏利体现的是英国骑士精神、麦当劳展示的是美国的快餐生活理念，世界知名品牌无一不背靠其本国强势文化进行输出。中华老字号大多有着百年历史，传承着中华优秀传统文化，但是这些老字号品牌目前很多面临着经营不善、品牌老化等发展问题。

尽管我国经济发展取得了重大成就，但不少品牌在传播过程中表现出缺乏文化自信以及对海外文化的推崇，甚至伪装成“洋品牌”以图获取一定的市场

---

① 姚曦，李娜：《一带一路视野下中国品牌认同形成的影响机制探析——基于文化认同的视角》，《广告大观·理论版》，2018（10），第4页。

份额。近年来，随着中国文化吸引力的增强，越来越多的国际性品牌在中国文化元素中寻求设计灵感，香奈儿、路易威登等多次将织锦刺绣、青花瓷、写意泼墨等用在品牌设计中，但反观国际市场上的中国品牌，“海尔、联想、华为等在中国文化资源的使用上仍心存顾虑，应用时低调而谨慎”①。

蓝色光标发布的《2018中国品牌海外传播报告》显示，“中国品牌在海外消费者中所获信任感逐年提升，但与发达国家品牌相比仍具有较大差距。在信息透明及同消费者的情感联系方面仍然存在较大提升空间，负面评价均达20—22%”②。所以，综合来看，中国品牌在国际传播中没有清晰的品牌文化观念，导致品牌的国际传播认知度不高，中国品牌需要继续坚持不懈地改善自身品质、提升品牌形象。

综上所述，近些年中国品牌的国际化传播已全面铺开并取得了较好的成绩，进入“跨国性”阶段。但是中国品牌在国际竞争中仍面临着综合实力不强的现状，这并非因为中国品牌所依托的产品制造不强，而是中国品牌在国际传播中仍存在缺乏传播意识、缺少系统的传播体系、不会用文化来包装等问题。品牌在国际上的综合实力提升，有赖于“讲好中国品牌故事”，在传播渠道上注重渠道的拓展与搭配互补，在传播内容上通过独特的中国文化提升品牌内涵，通过差异化的品牌表现形成品牌认同，以此赢得品牌的溢价能力和市场占有力。

从长远来看，中国品牌的国际传播还将长期处于“跨国性”阶段，这是一个政府、资本、个体都参与到国际传播活动中的阶段，尤其是个体，在被赋予传播权利以后，他们依托新型媒介技术在社交媒体、点评社区的发言，具有人际传播的特点。这种以交流为主要特点的传播方式“说服力”尤强，逐渐成为中国品牌国际传播的有力手段，使中国品牌的国际传播从以往单向的大众传播向多维度的类人际传播转变。

因此，在全球化背景下，研究中国品牌国际传播中的文化符号生产规律以及品牌文化认同机制就十分必要。中国品牌讲什么中国故事？怎么讲？如何传递好中国声音？本书认为，中国品牌应与中国优秀的传统文化结合，让传统文

---

① 汪涛，赵鹏：《以中国文化资源塑造国际品牌》，《人民日报》，2017年4月6日。

② 蓝色光标：《2018中国品牌海外传播报告》，搜狐网，https://www.sohu.com/a/282625830_665157，2021-05-07。

化为中国品牌赋值，并在中国品牌的国际传播中，以自身为媒，传递中国文化并获得认同。这实际上就构成了中国品牌国际传播研究的两大核心问题：一是中国品牌如何与中国文化相结合，二是承载着中国文化的品牌如何进行国际传播。前者将回答的是中国品牌文化生产、文化如何提升品牌的问题，后者将回答的是中国品牌在国际传播中如何获得认同的问题。这也是本书要回答的两大问题。

本书旨在探讨在全球化语境下，中国文化与中国品牌的融合路径，并寻求建构中国品牌符号认同的可能性方案，具有学术价值及应用价值。

学术价值在于：结合中国文化从符号学、叙事学的角度探寻中国品牌的符号结构和意义生产机制，从国际传播作为符号活动所具有的对话性、互动性来推动中国品牌的交流认同。

应用价值在于：从建构品牌社群的角度提出中国品牌国际传播获取认同的可能方式，面对差异化的文化背景、社会环境和媒介生态，针对多元的受众群体，制定和践行切实可行的符号认同方案，通过中国品牌"走出去"，实现中国品牌在国际市场的身份认同。

第二节　国内外研究现状述评

中国品牌近年来虽发展迅速，取得了一定的成绩，但与国外品牌相比仍存有较大的差距。这一现状决定了中国品牌国际传播的相关研究主要集中在国内，国外研究者对此关注较少。同时，国内研究者更多是回答中国品牌如何进入国际市场这一具体问题。这决定了中国品牌的国际传播研究主要围绕着以下两个维度展开。

一、中国品牌的国际传播

2002 年前，关于中国品牌的国际传播研究零星可见，但不成体系。2002 年，党的十六大推动"走出去"战略的实施进入新阶段，中国的国际传播研究全面展开，一系列具有代表性的国家社科基金项目启动，如关世杰"我国对外传播文化软实力研究（08&ZD057）"、张昆"跨文化传播中的中国国家形象建构研究（11&ZD0240）"、孟建"国家形象建构与跨文化传播战略研究

(11&ZD027)”、胡正荣“国际传播发展新趋势与加快构建现代传播体系研究(12&ZD017)”、刘海贵“我国文化走出去工程的政策体系优化研究(12&ZD033)”、李本乾“提升我国文化产品国际竞争力的路径与策略研究(12&ZD027)”等。学界对中国品牌的研究焦点亦转向了国际传播。

2017年4月，国务院同意将每年5月10日设立为“中国品牌日”，中国品牌加快了国际化步伐，学界对于中国品牌国际传播的研究逐步深化，主要围绕着中国品牌国际传播的必要性、中国品牌国际传播的战略性问题进行了积极探讨。

（一）中国品牌国际传播的必要性研究

国外相关研究充分注意到中国品牌在西方国家的传播正将中国形象改写为“品牌中国”。如菲欧娜·吉尔摩（Fiona Gilmore）、谢尔盖·杜孟（Serge Dumont）(2003)，约瑟夫·本·乌尔（Joseph Ben-Ur）、王济夫（Jifu Wang）(2008)，宜兰·阿龙（Ilan Alon）、罗米·利特雷尔（Romie F. Littrell）、艾伦·陈（Allan K. K. Chan）(2009)，迈克尔·巴尔（Michael Barr）(2012)，范庆吉（Qingji Fan）(2019) 等[①]。

国内研究主要从提升国家形象及文化软实力来说明中国品牌国际传播的必要性。最早集中探索中国品牌国际传播问题的学者是黄合水，他于2006年前后发表了一系列关于“中国品牌走向世界”的文章[②]，全面论述了“中国品牌走向世界”的必要性、面临的障碍、可运用的方法，影响重大。黄教授长期关注中国品牌问题，2016年，他撰文再次强调“中国品牌必须‘走出去’，这是

---

① 此处提到的研究分别是：Fiona Gilmore & Serge Dumont. Brand Warriors China：Creating Sustainable Brand Capital，Profile Books，pp. 463－466，2003；Joseph Ben-Ur & Jifu Wang. From Made in China to Global Chinese Brand，Journal of International Business & Economics，Vol. 9，pp. 155－158，2008；Alon，I.，Littrell，R. F. and Chan，A. K. K. Branding in China：Global Product Strategy Alternatives，Multinational Business Review，Vol. 17 No. 4，pp. 123－142，2009；Michael Barr. Nation Branding as Nation Building：China's Image Campaign，East Asia，29，pp. 81－94，2012；Qingji Fan. Relationship among China's country image，corporate image and brand image：A Korean consumer perspective，Journal of Contemporary Marketing Science，Vol. 2 No. 1，pp. 34－49，2019.

② 此处提到的研究分别是：黄合水：《中国何时才有国际名牌》，《广告大观（综合版）》，2006(10)，第137页；黄合水：《中国品牌走向世界的障碍》，《广告大观（综合版）》，2006(11)，第136页；黄合水：《中国品牌如何走向世界?》，《广告大观（综合版）》，2006(12)，第136页。

中国的发展战略，也是中国发展的必由之路”[①]。舒永平（2014，2015，2018，2021）集中发展了这一观点，他在著作与多篇文章中阐述了自主品牌传播中华文明、塑造国家形象的作用[②]。再如丁俊杰（2016，2018）发文认为，在新时代中国品牌的建构具有国家级的必要性[③]。还有其他学者对该问题做了相关论述（李少博，2008；喻国明，2010；陈柳，2012；孟建、孙祥飞，2012；陈培爱，2014；刘瑞旗，2015；黄升民、张驰，2017；程曼丽、赵晓航，2018；宫月晴，2019；等等）[④]。

（二）中国品牌国际传播的战略性问题研究

对中国品牌国际传播战略的研究主要有五种路径：

一是从较为宏观的角度探讨中国品牌在国际传播中面临的问题及对策方向，如吕尚彬（2010）[⑤]、杨彬（2013）[⑥]、卜小伟（2019）[⑦] 等人，其中张健（2007）较早对此做了阐述，他认为，“中国品牌的国际传播途径应包括三方

---

① 黄合水，张悦，孙三虎：《如何讲好中国品牌故事》，《对外传播》，2016（9），第43－45页。

② 此处提到的研究分别是：舒永平，杨敏丽：《自主品牌：华夏文明的致效媒介》，《现代传播》，2014（1），第99－103页；舒永平，赵荣水：《自主品牌故事中的中国形象》，《现代传播》，2015（3），第106－111页；舒咏平，胡靖：《“国家品牌传播”提出的逻辑》，《学术界》，2018（4），第100－109页；舒永平：《中国国家形象与自主品牌传播》，北京：人民出版社，2020年版。

③ 此处提到的研究分别是：丁俊杰：《新时代下的中国品牌建构》，《声屏世界·广告人》，2016（8），第36－37页；丁俊杰：《“国家品牌计划”的必然性探讨》，《中国广告》，2018（7），第132－133页。

④ 此处提到的研究分别是：李少博：《提升民族品牌形象的竞争力》，《内蒙古师范大学学报（哲学社会科学版）》，2008（4），第142－144页；喻国明：《借传播软实力构造品牌大国》，《广告人》，2010（12），第56页；陈柳：《文化认同、跨国文化竞争与中国品牌国际化》，《学习与实践》，2012（3），第12－17页；孟建，孙祥飞：《中国形象跨文化传播的三种言说策略》，《对外传播》，2012（9），第38－40页；陈培爱：《加强产品品牌形象传播，提升中国国际传播能力》，《市场瞭望》，2014（4），第9页；刘瑞旗：《用国家品牌讲好中国故事》，《北京日报》，2015－01－23；黄升民，张驰：《传播能力：中国品牌升级的关键能力》，《中国广告》，2017（10），第126－129页；程曼丽，赵晓航：《数据时代的国家品牌传播》，《南京社会科学》，2018（1），第105－110页；宫月晴：《中国品牌建构国家形象作用机制研究——基于“一带一路”沿线消费者深访的研究》，《现代传播》，2019（10），第131－137页。

⑤ 吕尚彬：《中国企业品牌全球化传播的历程、问题与对策》，2010年全国广告学术研讨会论文集《国家经济发展战略与中国广告产业创新发展研究》，厦门：厦门大学出版社，2011年版。

⑥ 杨彬：《中国制造业品牌跨文化传播：历史、现状与策略》，《北京印刷学院学报》，2013（3），第6－9+26页。

⑦ 卜小伟：《基于文化基因视角的中国本土品牌国际化传播研究》，《品牌研究》，2019（15），第66－67页。

面：一是基于全球性价值观进行品牌定位，以全球性大众文化形式呈现；二是对中国本土文化进行利用和改造，构建独特优势；三是通过资本联姻和赞助等与世界知名品牌实现品牌联合和合作”①。舒永平、沈正赋（2016）认为，“在信息社会语境下国家品牌是具有鲜明价值导向性的国家传播，其特点是以国家正向价值建构为本位，应以‘双向对称’沟通为原则，进行国家维度多元主体传播”②。于孟晨（2017）提出，“中国品牌的国际传播要通过媒体助力，以赢得赞同为目标，创新话语体系，优化传播生态，从而实现我国品牌国际化的新突破”③。中国传媒大学赵新利作为《中国品牌全球化》④ 的中文译者，于2018年发表两篇关于中国品牌国际传播历程的文章，主要讨论了新中国成立以来中国品牌国际传播和营销活动的历程与特征，以期对当前中国品牌“走出去”有所借鉴⑤。

二是强调投放的媒体的重要性。一类是认为在中国品牌国际传播过程中应加大对新媒体、社交媒体的使用。如公克迪、郭姝雅（2013）认为“中国品牌全球化传播之路应从定位策划、新媒体推广、公共关系传播、文化传播等多方面寻找整合发展的契机”⑥。张慧子、梅小瑞（2018）提出数字广告投放是中国品牌国际传播中的新型途径⑦。另一类是提出相反的看法，认为中国品牌应倚重大型的主流媒体，如刘国基（2010）在文中指出，电影频道应成为品牌国际传播的重要媒介平台⑧。黄升民等（2018）指出驱动中国品牌成长的四大基本力量之一就是传播力，而且大媒体应是中国品牌主要倚重的传播渠道，并将

① 张健：《中国品牌世界崛起与国际传播》，《上海大学学报（社会科学版）》，2007（4），第143—146页。

② 舒咏平，沈正赋：《论国家品牌传播——信息社会语境下价值导向的国家传播》，《学术界》，2016（9），第76—86+324页。

③ 于孟晨：《中国品牌的国际传播策略探析》，《新闻与写作》，2017（6），第95—97页。

④ 冈崎茂生：《中国品牌全球化》，赵新利译，北京：中国传媒大学出版社，2016年版。

⑤ 此处提到的研究分别是：赵新利，项星宇，宫效喆：《新中国本土品牌对外传播历程探析》，《对外传播》，2018（6），第56—58页；赵新利：《新中国成立初期中国品牌对外传播研究（1949—1965）——以〈人民画报〉的报道和广告为例》，《广告大观（理论版）》，2018（4），第44—56页。

⑥ 公克迪，郭姝雅：《户外广告：中国品牌开展海外传播的利器》，《广告大观（综合版）》，2013（5），第97—98页。

⑦ 张慧子，梅小瑞：《数字广告投放：中国品牌对外传播的新路径》，《新闻与写作》，2018（5），第91—93页。

⑧ 刘国基：《解析国际品牌营销新动向：借力电影频道，打造市场制高点》，《广告大观（综合版）》，2010（5），第103—104页。

这称为“大媒体衬托大品牌”的投放策略①。

三是从跨文化角度提出中国品牌的国际传播策略。具有代表性的学者是姚曦与张景云等。姚曦等（2014、2016）采用扎根理论，探索性地分析了中国品牌跨文化传播的影响因素以及提升路径，是较早从跨文化传播的角度分析品牌国际传播的学者。②

张景云等（2012，2013，2016，2018，2019）从跨文化角度研究中国品牌的国际传播，从传播心理距离提出品牌跨文化传播的空间关系处理方式；强调应根据输入国的外在社会文化特点和对品牌的既有认知和态度，调整品牌传播策略；探讨了我国奢侈品品牌的培育与跨文化传播所具有的必要性与可行性。可以看出，张景云从多个层面探析了中国品牌的跨文化传播，并形成了较为系统的观点，提出了较为恰切的跨文化传播策略③。从事相关研究的学者还有很多，如赵云泽等（2015）通过深度访谈，发现在华外国人在中国品牌跨文化传播中的“桥梁”作用④。

四是用实证的研究方法对中国品牌国际传播的效果以及影响传播效果的因素进行测量。华东师范大学国家品牌战略研究中心主攻的一个研究方向就是对中国品牌及其全球化的战略研究，研究中心主任何佳讯带领其团队（2015，2017，2019，2020）围绕此方向刊出一系列成果，考察了国家形象、文化定

① 黄升民，张驰：《改革开放四十年中国企业品牌的成长动力考察》，《现代传播（中国传媒大学学报）》，2018（9），第1—12页。

② 姚曦，王佳：《国际品牌跨文化传播的影响因素模型与提升路径——一项基于扎根理论的探索性研究》，《新闻与传播研究》，2014（3），第34—51+126—127页；姚曦，王佳：《国际品牌的跨文化传播模式探析：基于文化冲突的视角》，《广告大观（理论版）》，2016（3），第76—84页。

③ 此处提到的研究分别是：张景云，杨彬，何昕：《基于传播心理距离理论的品牌跨文化传播策略》，《现代传播》，2012（6），第133—134页；张景云：《品牌跨文化传播：理论与实践》，北京：经济科学出版社，2013年版；张景云，庞毅：《品牌跨文化传播中的空间关系处理：传播心理距离视角》，《国际新闻界》，2013（9），第92—101页；何艳，张景云：《品牌跨文化传播中的“隐含语境”问题》，《青年记者》，2016（24），第97—98页；张景云，陈碧莹：《中国奢侈品品牌的培育与跨文化传播策略研究》，《武汉理工大学学报》，2018（5），第160—167页；张景云：《中国品牌全球化战略：华为的案例研究》，《社会科学文摘》，2018（10），第3—7页；张景云：《中国品牌全球化：理论建构与案例研究》，北京：经济管理出版社，2019年版。

④ 赵云泽，滕沐颖，赵菡婷，孟蝶，刘璇：《“桥梁人群”对中国品牌的跨文化传播的影响研究》，《国际新闻界》，2015（10），第65—78页。

位、中国元素等变量对于中国品牌国际传播的影响[①]。再如孟繁怡等（2016）测量了中国文化元素是否会改善外国消费者对于中国品牌的态度[②]；胥琳佳（2016）将社会心理学的经典理论 TRA（Theory of Reasoned Action，理性行为理论）模型应用于品牌国际传播研究中，从消费者角度探讨品牌信息作用于消费者态度和行为背后的机制，验证跨国品牌中消费者的态度和主观规范通过意图是否会影响购买行为[③]。采用量化分析方法对变量进行测量研究的还有刘英为等（2020）[④]、张文娟（2021）[⑤] 等。

五是强调从文化的角度提升中国品牌国际传播能力。廖宏勇（2010）认为，面对复杂多变的国际竞争环境，中国本土品牌的国际传播应注重提高品牌的文化适应力。而品牌的文化适应力集中体现兼顾标准化和差异化原则，具体来说，是通过了解本土文化差异，将本土文化基因与品牌的传播对接，从而达到品牌认同的目的[⑥]。张敏、武齐（2010）通过研究韩国品牌进行国际传播的经验，认为文化是形成品牌竞争优势的元素，但中国品牌现存问题就是未能运用中国优秀的传统文化，所以不能以文化力量提升品牌价值[⑦]。隋岩（2012）认为应从重大热点事件、典型人物中提炼强符号，并用于国际传播之中以达到

① 此处提到的研究分别是：何佳讯，吴漪：《品牌价值观：中国国家品牌与企业品牌的联系及战略含义》，《华东师范大学学报（哲学社会科学版）》，2015（5），第 150－166＋223－224 页；何佳讯，《推进中国品牌战略需要凝聚共识》，《文汇报》，2017－06－02；何佳讯，朱良杰，黄海洋：《国家形象战略的有效性：国家形象如何影响“中国制造”的态度评价？——基于英美消费者的角度》，《华东师范大学学报（哲学社会科学版）》，2017（6），第 124－135＋172 页；黄海洋，何佳讯，朱良杰：《融入全球元素：中国品牌全球消费者文化定位战略的消费者态度研究》，《外国经济与管理》，2019（5），第 17－30 页；才源源，周漫，何佳讯：《“一带一路”背景下中国品牌文化价值观运用分析》，《社会科学》，2020（1），第 38－49 页；何佳讯，黄海洋，何盈：《品牌全球化、国家品牌形象与产品品类内外溢出效应》，《华东师范大学学报（哲学社会科学版）》，2020（6），第 137－151＋181－182 页。

② 孟繁怡，傅慧芬：《中国品牌利用文化元素改善外国消费者品牌态度的路径研究》，《外国经济与管理》，2016（4），第 46－62＋89 页。

③ 胥琳佳：《品牌形象的国际化传播：基于受众的态度和行为的视角》，北京：人民日报出版社，2016 年版。

④ 刘英为，汪涛，聂春艳，张伟：《如何应用国家文化原型实现品牌的国际化传播——基于中国品牌海外社交媒体广告的多案例研究》，《管理世界》，2020（1），第 88－104＋236 页。

⑤ 张文娟：《框架效应下的品牌网络形象传播机制——“中国品牌”的形象建构》，《黑河学刊》，2021（2），第 36－38 页。

⑥ 廖宏勇：《品牌文化适应力之刍议》，《湖南大学学报（社会科学版）》，2010（5），第 134－137 页。

⑦ 张敏，武齐：《发展中国家企业品牌国际化路径分析——来自韩国的启示》，《国际贸易问题》，2010（10），第 52－56＋63 页。

有效的国际传播[①]。段淳林（2018）认为品牌精神文化是维系品牌与消费者深层次关系的纽带及提高品牌附加值的重要策略[②]。方青、陈晞（2020）提出，对于中国品牌来说，率先引领价值观共创，将有助于塑造中国制造品牌以人为本、创新进取、开放包容的集体品格[③]。持类似观点的学者还有宫霖（2012）[④]、张哲（2010）[⑤] 等，他们都看到了品牌在国际传播中文化因素的重要性。

上述文献强调了中国品牌对于国家形象塑造的重要性，对中国品牌进行国际传播给予了足够的重视，并从多个层面提出传播的策略。然而，传媒环境复杂多变，中国品牌的国际传播是一个长期且复杂的议题，而进行传播之前的中国品牌生产亦决定着国际传播效果。同时，中国品牌的国际传播根本目的在于获得文化认同。然而，关于如何遵循"共商、共建、共享"的丝路原则、尊重文化多样性并选取恰切的传播策略以获取认同的研究，目前国内尚未见到。

二、中国品牌文化及生产

关于中国品牌文化，为数最多的讨论涉及中国品牌文化的概念、类型和基本构成，以及中西方品牌文化的对比分析。

国外研究集中在美国与法国。如张小云（Shiao-Yun Chiang）（2009），特里斯坦·克罗克（Tristan Klocke）、琼·马查多（Joana Machado）（2014），吉安娜·埃卡特（Giana M. Eckhardt）（2015），莎拉·宋·索斯沃思（Sarah

① 隋岩：《强符号的国际传播途径研究》，《当代传播》，2012（9），第13—14+23页。

② 段淳林：《从工具理性到价值理性：中国品牌精神文化价值提升战略研究》，《南京社会科学》，2018（9），第111—119页。

③ 方青，陈晞：《以价值观共创提升中国品牌全球认同》，《人民论坛》，2020（15），第80—81页。

④ 宫霖：《中国品牌的跨文化广告传播策略》，《黑河学刊》，2012（2），第33—34页。

⑤ 张哲：《中国品牌跨文化广告传播的策略探讨》，《现代商业》，2010（21），第133页。

Song Southworth）、君·哈-布鲁克希尔（Jung Ha-Brookshire）（2016）等[①]。

国内同类研究相对较多，金定海（2005）以及薛可、余阳明（2006）最早提出中国品牌的文化基因理论。金定海发文表示中国品牌急需有文化内涵[②]。薛可、余明阳将品牌看成是文化的载体，而文化是品牌的灵魂，是品牌做大做强的源泉[③]。后续品牌文化研究者大都继承这一观点并予以发展。如陈晓健（2013）[④]、蒋诗萍（2019）[⑤]、陈立彬（2020）[⑥] 等。

因此，有研究将中西方文化进行对比，寻求中国品牌文化的建设路径。较早从事该方面研究的学者是卢泰宏（1998），他于1998年发表文章，从中西文化差异角度讨论“中华老字号”与西方品牌的差异[⑦]。李思屈（2003）《东方智慧与符号消费：DIMT模式中的日本茶饮料广告》一书在“全球一体化”背景下，发挥传统东方传播智慧，建立了广告营销分析的东方符号学模式——DIMT模式，并用这一模式来分析日本的广告营销传播[⑧]。

当品牌与文化的共生共存关系得到普遍认识后，国内对中国品牌文化的研究逐步转向中国品牌文化的生产问题，较多的是讨论中国文化派生出来的“中

---

① 此处提到的研究分别是：Shiao-Yun Chiang. Interformative meaning of signs：brand naming and globalization in China，Social Semiotics，Volume 19，pp. 329－344，2009；Tristan Klocke，Joana Machado. Branding as a reflection of culture—An analysis of brand consumption patterns in China，Working Papers：Management. No. 1，p. 14，2014；Giana M. Eckhardt. Commentary：the cultural approach to branding，Routledge，pp. 86－112，2015；Dannie Kjeldgaard，Søren Askegaard，Giana M. Eckhardt. The role of cultural capital in creating “glocal” brand relationships，Routledge，pp. 88－100，2015；Giana M. Eckhardt，Anders Bengtsson. Brand Meaning Rigidity in China，Journal of Macromarketing，Vol 35，Issue 2，pp. 218－228，2015；Sarah Song Southworth，Jung Ha-Brookshire. The impact of cultural authenticity on brand uniqueness and willingness to try：The case of Chinese brands and US consumers，Asia Pacific Journal of Marketing and Logistics，Vol. 28，No. 4，pp. 724－742，2016.

② 金定海：《中国品牌急需内涵、活力和精细化》，《中国广告》，2005（6），第90－91页。

③ 薛可，余明阳：《中国品牌的文化基因解读》，《新闻界》，2006（6），第135页。

④ 陈晓健：《中国奢侈品现状与品牌文化建构》，《知识经济》，2013（9），第98－99页。

⑤ 蒋诗萍：《品牌文化现象的深层运作机制及其文化内蕴》，《社会科学》，2019（4），第186－191页。

⑥ 陈立彬，赵雅蓉，江林：《从品牌文化到品牌购买行为：一个认知过程的视角——基于扎根理论的分析》，《商业经济研究》，2020（7），第79－81页。

⑦ 卢泰宏：《商业传播中的儒家传统与现代规范——中国“老字号”与西方品牌的文化比较》，《中外企业文化》，1998（6），第39－40页。

⑧ 李思屈：《东方智慧与符号消费：DIMT模式中的日本茶饮广告》，杭州：浙江大学出版社，2003年版。

国元素”与中国品牌的结合。这类研究将品牌视作具象和意象的中国文化精神的承载体，每一个品牌所代表的内涵和价值，其最根本的就是品牌背后的民族和国家文化。

一是讨论“中华老字号”利用其文化优势进行品牌传播。如邵华冬、管倩（2010）提出在经济与文化的互动中，文化扮演着开路先锋的角色，它既是营销的手段更是营销的内容①。近年来，研究者对“中华老字号”与文化的结合研究不再将文化作为营销手段，而是强调品牌文化的现代转型，如王泗通、张继焦（2020）②。

二是讨论现代品牌与“中国元素”的结合生产。如张峻（2014）对传统中国元素在现代国际著名珠宝饰品设计中的应用做了分析，认为中国元素提升了品牌的附加值③。王晏殊（2018）分析了中国元素在品牌形象塑造中的作用机制④。近几年来，国潮品牌作为中国文化元素与中国品牌结合的典型代表，在中国商品市场以及海外市场大放光彩，因此，不少学者对国潮品牌做了解读。如姚林青（2019）对国潮的火热原因做了分析⑤，蒋诗萍、周诗诗（2019）对国潮品牌的文本形成机制进行了符号学的解读⑥。

三是从文化符号学角度剖析品牌文化的生产。如杨先顺、郝晟（2014）对奢侈品的意义赋值过程进行概括，认为昂贵的价格和奢华的外观、广告中的明星和场景、时尚领导与秀场文化、商场服务与氛围等市场营销方式的互动构建了奢侈品品牌符号价值⑦。再如林雅军等（2020）利用品牌符号三元素的一体化关系，通过实证研究证明品牌三角激活的动态匹配模型，再造和挖掘民族品

① 邵华冬，管倩：《老字号如何玩转文化营销》，《中国广告》，2010（2），第69－71页。

② 王泗通，张继焦：《文化融合视域下老字号品牌现代转型的路径选择》，《贵州民族研究》，2020（7），第126－131页。

③ 张峻：《基于珠宝品牌的中国元素的文化创意价值研究》，《包装工程》，2014（24），第119－123＋140页。

④ 王晏殊：《中国元素在品牌形象塑造中的作用机制》，《青年记者》，2018（17），第109－110页。

⑤ 姚林青：《“国潮”热何以形成》，《人民论坛》，2019（35），第132－134页。

⑥ 蒋诗萍，周诗诗：《论“国潮”品牌跨界的符号双轴关系》，《符号与传媒》，2019（2），第141－149页。

⑦ 杨先顺，郝晟：《奢侈品品牌符号价值生产的深层动因与形成机制》，《新闻界》，2014（2），第45－50页。

牌的符号价值①。

这类研究大都属于“问题”型和“对策”型研究，“对策”虽有重合，但各有侧重，缺憾主要在于未能意识到中国品牌文化的符号特性，对中国品牌文化符号的基本结构与生产规律研究还不够，提出的对策是基于经验的设想，缺少在学理上抽象出中国品牌承载并演绎中国故事的机制。

统而言之，首先，既有研究主要是通过论文的形式来展示成果，相关著作几乎没有，这说明现有的对该课题的研究缺乏系统性。其次，既有研究集中于从战略角度进行中国品牌文化生产与传播的研究，而从传播符号学视角关注中国品牌文化的符号结构与生产机制，并从文化认同视角关注中国品牌国际传播策略的研究并不多见。最后，文化是意义活动的总集合，中国品牌是中国文化在全球范围内进行意义交流传播的重要载体，如何通过中国品牌承载、演绎中国文化并使其获得认同，正是本书着力之处。

第三节　研究对象、方法和思路

一、研究对象

“品牌”的英文单词“brand”来源于古挪威文字“brandr”，意为“烙印”。其最早的使用者是美国西部的庄园主和畜牧业者，他们在自己圈养的牲畜身上印上一些标记，以表示其私有财产的所有权。后来，欧洲工匠为了方便顾客识别，开始在自己的手工艺品上烙下标记，最早的商标诞生。在中国，“品牌”一词是最近二三十年才得到广泛使用的，但具有该词类似含义的词汇如“牌子”“招牌”早已出现，如明清时期在北京等地出现的“全聚德烤鸭店”“同仁堂药店”“六必居酱菜园”“马聚源帽子店”等。这些品牌形式在当时具有相当高的营销功能与市场影响力。

可见，品牌概念最早是以有形产品为载体而出现的。后来，随着品牌的外延日趋扩大，品牌化的载体早已突破有形的产品范围，扩展到服务、个人、组

① 林雅军，黄德，谭武斌：《符号学视阈下我国民族品牌激活的动态匹配模型研究》，《河南社会科学》，2020（7），第112—119页。

织、事件、地理等，出现了服务品牌、个人品牌、组织品牌、事件品牌、地理品牌等。

服务品牌是指以无形的服务为载体的品牌。在当今时代，随着消费者对服务体验的日益重视，服务业快速发展，通信、邮寄、储蓄等服务类行业开始打造自己的品牌。除此以外，以制造为主的企业也开始创建服务品牌，如汽车4S店、家电售后维修部等。服务品牌相较于产品品牌而言，具有虚拟性、不稳定性、生产与消费的一致性等特点。如美国花旗银行，自1812年成立，在历经两个世纪的发展后，花旗银行已成为世界上规模最大的全能金融集团，其业务遍布全球140多个国家和地区。同时，花旗银行凭着良好的品牌声誉，已成为众多消费者心目中世界级的金融服务标杆。

个人品牌是以个人为载体的品牌，即“名人”。个人品牌兴起于好莱坞的明星，如玛丽莲·梦露（Marilyn Monroe）、查理·卓别林（Charlie Chaplin）等。如今，个人品牌已超出影视范围，将众多领域的知名人物囊括进来，如体育界、政治界、商业界、网络等，从而出现了名师、名医、名厨、网红，等等。

组织品牌是以组织为载体的品牌。组织是一个较为宽泛的概念，从狭义层面讲，组织可以等同于企业。但是对于企业而言，有许多企业的名称与产品品牌的名称一样，如谷歌、惠普等，尽管如此，产品品牌与组织品牌的塑造是两套不同的体系，建构以组织为载体的品牌，所涵盖的内容比产品品牌要广泛得多。组织品牌是产品或服务品牌的基础与平台，在产品品牌越来越多的今天，打造企业品牌是建立消费者识别信任的一条重要路径。

事件品牌化已成为常态，在艺术、体育以及娱乐行业内的商品由于其解释项的开放性，不同接收者的解释迥异，购买者往往较难通过观察来对其商品进行优劣评判，不得不依赖于已购买的消费者的相关评价或口碑。因此，品牌化在这些行业内的作用尤为突出。体育事件品牌的塑造已形成一套相对成熟的操作体系，许多体育活动并不由胜败的结果来决定其经营和运转，其财务来源往往是事件品牌，因此，体育经营者常常在塑造事件品牌化的知名度和品牌形象上不遗余力。

凯文·莱恩·凯勒（Kevin Lane Keller）指出：“像产品和人一样，地理位置或某一空间区域也可以成为品牌。”① 地理品牌近年来已成为一个重要概念，尤其是在旅游学领域。它是以地方和国家为载体，对地方和国家的品牌化、形象化。国家品牌、城市品牌、旅游胜地品牌等都属于地理品牌的范畴。

产品、服务、企业和人物、事件、地理是当前品牌对象选择战略的重点，而实际上任何一种需要沟通并且可以沟通的事物都能够成为品牌载体。针对品牌化事物的范围，张锐等人分别从纵向与横向两个维度，对品牌的外延进行探讨，“从纵向层次来说，可把品牌化事物划分为两大范畴（微观和宏观）、十大类别（产品、个人、社会组织、社区、产业、城市、地方、地区、国家和区域）。从横向协作来说，可划分为6个方面，即故事、事件、活动、技术、概念和思想等”②。据此可知，品牌是一个外延相当宽泛的概念。

本书名为“中国品牌国际传播：文化符号生产与认同机制”，这首先表示本书的研究对象是中国品牌。其次，无论是横向层次的品牌还是纵向层次的品牌，其本质与表意机制迥异，若在本书中将所有类型的品牌都作为分析对象，势必会使研究结果流于表面、泛泛而谈。因此，本书将研究对象限定为作者长期关注的“消费品品牌”，以管窥豹。“消费品品牌”，即以产品与服务为载体的产品品牌以及服务品牌。消费品品牌存在于消费市场行业中，是国民经济中的一大类商品，是大众最常接触的商品，属于生活资产的范畴。

最后，根据本书的研究目的，是要在“一带一路”和全球化语境下，充分借助中国文化的力量来带动中国品牌，并以中国品牌为媒在国际上发出主流的声音，以此达到提升中国文化国际传播能力的目的。这意味着中国品牌须根植于中国传统文化，由此决定了本书的研究对象主要有两大类：中华老字号、具有中国文化精神的新型品牌。

中国历史悠久，传统文化博大精深且形态多样，在诸多优秀物质文化中，存在着一种与中国故事完美融合的中国品牌，那就是“中华老字号”。这是指拥有世代传承的产品、技艺或服务，具有鲜明的中华民族传统文化背景和深厚的文化底蕴，取得社会广泛认同，形成良好信誉的品牌，如同仁堂、王致和、瑞蚨祥、全聚德等。这些品牌从建立至今已有百年，留下了中华文化变迁的历

① See Kevin Lane Keller, *Strategic Brand Management Building, Measuring, and Managing Brand Equity*, 4th Edition, NY: Prentice Hall, 1998, p. 48.

② 张锐，张燚，周敏：《论品牌的内涵与外延》，《管理学报》，2010（1），第147—158页。

史痕迹；中国的老字号品牌囊括餐饮、中药、百货与工艺品，能充分反映人们的生活方式与经营特点；“中华老字号”遍布全国，其所代表的地域文化特征凸显。不仅如此，历史悠久的成功品牌必定还承载着某种优秀的人文精神，比如“工匠精神”等。“中华老字号”是中国品牌的重要组成部分，理应成为“讲好中国故事，传播好中国声音”的重要载体之一。

另外，在中国品牌的版图中，更多的是近几年或近十几年发展起来的新型品牌。这些品牌产品品质参差不齐，其中也不乏高端品牌，这些高端品牌或具有过硬的技术，如中国高铁；或具有领先的工艺，如华为等科技品牌；或具有创新性，如阿里巴巴等。这些品牌是开拓未来“一带一路”沿线市场的主力军，将用其品牌形象书写中国的民族精神。还有一些中端品牌，其品质卓越，但企业品牌传播与管理系统性不强，导致品牌附加值较低，在国际市场竞争中处于较弱势的位置。这类品牌也可以以中国传统文化为依托，在传播与营销过程中充分借用中华文化元素，持续书写中国精神。如此，在提升自身品牌价值以达到品牌溢价目的的同时，亦将中国传统文化传播到全球范围内，一举两得。

二、研究方法与思路

（一）研究方法

本书运用传播学与符号学、话语分析等相关理论，根据中国品牌的国际传播特点，抽象出中国品牌与中国文化有机融合的形式规律，并对中国品牌国际传播中的文化认同作出分析解释，所涉及的分析方法具体包括：

1. 跨学科分析：本书涉及多个学科，在核心概念、基础理论以及理论运用方面尝试整合符号学、文化交流学和传播学的相关知识，实现学科交叉融合。

2. 定量分析：本书基于 Elan（EUDICO Linguistic Annotator）6.0 软件进行小型语料库构建。Elan 软件是荷兰马普心理语言学研究所设计和开发的针对视频、音频进行多模态话语分析的标识软件，用户可以自行编订赋码表，通过对视频音频文件进行多层级标注，借助频率、时长等统计数据，实现对声音、影像、文本、语调、视角等多方面的分析。在标记过程中，该软件视频播放精度可达 0.001 秒，帮助用户实现精准有效的分割和标记；在统计阶段，亦可实现多个视频文件之间横向、纵向的比较分析。

3. 定性分析：在获取典型中国品牌文化符号的基础上，用符号学研究方法分析各类符号文本的特性与其可能衍生方向；采用多模态话语分析方法，对中国品牌国际传播中的话语与身份进行分析。

（二）研究思路

本书研究的展开思路主要分为五大部分：

1. 理清基本概念：确定研究对象，明确“中国品牌”是什么，为进一步深入研究打下基础。

2. 构建理论基础：基于品牌传播符号学理论，抽象出一个关于品牌发展的总体模型。

3. 加强现状探讨：对中国品牌国家传播现状进行探讨，并根据品牌发展总模型，分析中国品牌符号所处的阶段与所归属的符号类型。

4. 深入分析探讨：基于中国品牌符号类型，分析中国品牌与中国传统文化有机融合的规律；结合现有的传播文本，对中国品牌在国际传播中的话语以及身份进行讨论；站在受众态度与行为视角，讨论中国品牌获得符号认同的机制。

5. 提出策略建议：在理论研究和应用实践基础上，提出构建品牌社群这一策略，并对品牌社群的符号互动机制进行分析。

具体来说，本书思考的问题主要是：各种不同形式的中国品牌归属于哪种符号类型，并如何与中国文化产生意义关联？中国品牌的文化符号生产路径是什么？中国品牌符号认同的规律和机制是什么？根据已找寻到的规律制定怎样的传播战略？如何构建品牌社群？品牌社群的符号互动机制是什么？如图绪一2所示：

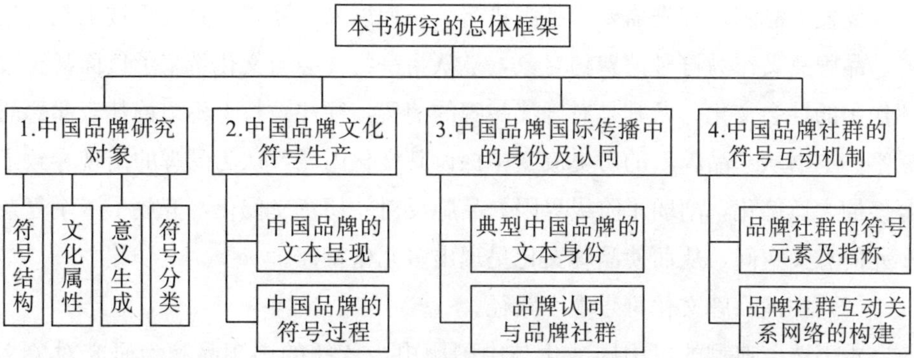

图绪－2 本书研究的总体框架

具体内容包括：

（1）符号学视域下中国品牌符号分类与文化意义。

中国品牌符号的表意活动，以各个阶段的相继“否定”前行为内驱力，呈现出格雷马斯符号方阵式的全否定格局。从无品牌附加值的“裸物”、具有指示区分功能的“牌子”、携带丰富内涵的“名牌”，再到成为某种精神象征的“奢侈品”，品牌的表意方式逐步否定、逐渐成熟，在此后，“奢侈品”作为品牌表意符号已彻底“神话化”，开启新的表意模式系统。因此可将中国品牌符号划分为四种类型，并探索各自的文化特征（见表绪－4）：

表绪－4 中国品牌符号类型

实	无品牌附加值的“裸物”/符号意义充盈的商品神话
名	具有指示区分功能的“牌子”
非实	携带丰富内涵的“名牌”
非名	成为某种精神象征的“奢侈品”

任何一种载体的符号文本再现体，都同时关联着其对象和解释项、传播方和接受方。从“裸物”到“牌子”，到“名牌”，再到“奢侈品”，最后到“商品神话”，这是品牌从低到高的发展形态。当品牌处于较低的发展形态时，由于符号载体本身具备的强烈的质符特征，传播者的意图解释项和接受者的效力解释项间有较多重叠部分，更能达成共同解释项；当品牌形态越往上发展，即品牌溢价能力越强，其指示性成分与规约性成分就越重，所以在品牌的传播中需要传受双方有一定的生活经验基础甚至共同的知识文化背景。

要发展品牌，首先需要为品牌正名。长期以来，品牌一直处于被批判的位置，品牌意义作为符号消费的对象，被认为是给社会与文化带来了负面甚至败坏作用的社会文化。尤其是对奢侈品牌的消费，往往被打上不道德甚至罪恶的标签。本书从“品牌”的历史流变中探讨其文化内涵，认为品牌的出现导致了奢侈的去道德化，削弱了阶级界限。品牌反对一切意义僵化，开放了一个复杂多元的意义空间，从而使品牌文化呈现出多元化特征。

（2）中国品牌文化符号生产路径。

本书选取典型的以中国文化与中国历史为依托的国潮品牌为研究对象文本，根据国潮品牌的主要传播形式，分析其文本特征；并根据其传播形式、传播的文化主题、符号文本形式，探讨国潮品牌的文本呈现，以明确中国品牌与传统文化的组合搭配方案。根据其传播的符号过程，分析国潮品牌从传播者的意图到文本的编码再到接收者的释义，探索中国传统文化与品牌符号载体和传播方式之间的配合规律。

（3）中国品牌国际传播中的符号身份与认同。

选取典型的已在国际上享有声誉的中国品牌，如中国科技品牌等，对其文化载体符号——如语言符号、图像符号、多媒介符号、叙述文本等做话语分析，研究这些符号所要构建的身份是什么，获得身份的符号在符号形式、文本阐释与认知空间方面有何特点。同时对符号身份的认同进行理论性分析，以获得并提出形成品牌认同的符号文本方案。

（4）中国品牌社群与互动关系网络的构建。

互联网技术的兴起，尤其是微博、微信等社会化媒体的出现，为打造网上“虚拟品牌社群”提供了良好条件。实体品牌社群与在线品牌社群圈定了与品牌有着价值共识的目标群体，维护着品牌文本身份的稳定。针对实体品牌社群，可以考察其用户成分、关于品牌的集会与活动的举办规律和内容以及影响成员凝聚在一起的因素。构建在线品牌社群，所做的研究有：对微信公众号、微博官方账号、豆瓣小组、小红书等 UGC 社区进行考察，探究其社区在社群的符号构成上的基本元素及作用，以获得在线品牌社群的认同机制与运作规律，并根据在线社群成员间的互动方式，研究中国品牌文化信息的互动关系网络的构建。

第一章　共同体话语中的中国品牌国际传播

国际传播是一个复杂的概念，指涉政治、经济、文化等多个层面。从广义层面来说，国家与国家之间的外交往来包括首脑访问、双边会谈等都属于国际传播的范畴。而狭义层面的国际传播是基于大众传播的国家间传播，随着大众媒介以及信息全球化的发展而逐步兴起。本书所提及的品牌国际传播属于后者。

关于国际传播的论述众多，卢嘉与史安斌通过对国际传播的理论进行综合回顾，提出国际传播经历了国际化、全球化、跨国化三个历史阶段的观点：在“国际化”阶段，“民族－国家”是驱动国际传播的源动力；在“全球化”阶段，国际传播的推动力依靠资本；在“跨国化”阶段，公民和民间团体成为传播的主要力量。更为重要的是，这三个阶段的更替是从“以传者为中心”向“以受者为中心”的转变，国际传播最终进入一个个体被赋权的场域之中①。

第一节　中国品牌国际传播的共同体话语转向

一、共同体话语转向与品牌认同

近年来，随着“逆全球化”和民粹主义思想的急剧膨胀，保护主义、单边主义抬头，为全球经济与政治发展带来了一系列不确定性。一方面，一些民族国家因无力解决移民、经济下滑、民众生活水平降低和社会福利下降等问题，

---

① 卢嘉，史安斌：《国际化·全球化·跨国化：国际传播理论演进的三个阶段》，《新闻记者》，2013（9），第36－37页。

只能通过保护主义、民粹主义的方式进行社会保护。另一方面，中国品牌与中国企业在国际上的强势崛起引起西方社会尤其是美国等国家的不满，受到他们的抵制和制裁。2020年，新型冠状肺炎的全球大流行，阻碍了国与国之间频繁的贸易活动、人员往来，加剧了西方国家的反华情绪，中国品牌在国际上的经营与传播面临着前所未有的挑战。

在此背景下，中国品牌的国际传播需要得到新的思考：是进行简单“互怼”而任由关系持续性对抗发展，还是谋求以双方对话交流的方式促成共识以建立一种建设性关系？这不仅关乎中国品牌在海外的长足发展，更关乎中国与西方的关系走向。在2021年的博鳌亚洲论坛上，习近平主席发表题为《同舟共济克时艰，命运与共创未来》的主旨演讲。在这次演讲中，习近平主席倡议亚洲和世界各国要回应时代呼唤，携手共克疫情，加强全球治理，朝着构建人类命运共同体方向不断迈进。建立人类命运共同体的倡议，不仅为中国的国际传播给出了方向和答案，更是为中国品牌的国际传播指明了方向——要构建中国品牌的共同体。

构建人类命运共同体的中国理念，有着巨大的形成全球价值共识的感召力，这为建设团结、合作、共建、共享的国际话语体系提供了理论源泉与路径指引，也为中国品牌的国际传播提供了思路：应遵循并践行共同体理念，创新中国品牌国际传播的话语方式，以推动消除偏见和歧视。

中国品牌国际传播的共同体话语转向，是要以话语弥合为话语建构和意义生产的前提，针对瞬息万变的国际形势主动设置“共同体”议程，以建设与维护品牌形象。这是一个中国品牌与国际消费者价值观共创，达成关于品牌的共识，并形成对于品牌的文化认同的结果。

这意味着关于中国品牌的国际传播，无论是从理论层面还是从实践层面，都将面临转变。首先，从理论层面讲，要从“传播”转向“交流”，从“交流学”的角度来研究中国品牌的国际传播，以适应新的传播现实与传播语境。其次，从实践层面讲，依赖于传受双方的沟通与交流以形成共识与文化认同，这才是中国品牌进行国际传播的目标。

（一）从传播到交流：从信息到达到意义共享

传播与交流，在英文中是同一个词：communication。该词源自拉丁词communis，意为“普遍”。随着时间的推移，该词的形与义不断演变，直到15

世纪后，communication的含义才基本稳定："常见的意涵包括会话、通讯、交流、交往、参与、分享等。"[①] 后来，在工业化技术飞速发展的背景下，communication的意涵再次拓展，被作为"'工具性、技术性的承载与运输'的抽象名词，应用于'公路、铁路、运河'以及随之出现的'通信技术'"[②]。

值得注意的是，通信技术与大众媒体的发展导致communication语义开始狭义化。15世纪，荷兰《安特卫普新闻》与德国《通告：报道或新闻报》开启了人类大众传播时代，其最大的传播特点就是传播内容丰富、传播向度单一，而后的广播、电视更是将这种单向传播的特点发挥到了极致，Communication几乎等同于大众传播，正如施拉姆在《传播学概论》(*A Look at Human Communicaion*) 中谈到的那样："哲学家肯尼思·伯克 (Kenneth Burke) 一九三五年向出版社送去一部著作时，他提议用《传播学概论》作书名。出版商否决了这个书名，他说，读者看到Communication (传播) 这个词会以为是论述电话电信的书！这就是伯克最重要的著作之一怎么会定名为《永恒与变化》(*Permanence and Change*) 的经过。"[③]

而中文"传播"一词意为"传送与散布"，具有强烈的信息单向传递意味，恰好与communication语义狭窄化发展的趋势吻合，于是，"传播学"的学科名称确定也从能指到内涵都具有了合法性，这一发展过程也是传播学范围自我缩小，变成建立在各种大众媒体基础之上的"大众传播学"，长期作为主流存在的经验主义传播学便是其集中体现。

经验主义传播学，"只能是一种'信号传播学'"[④]。信号作为信息的基本单元，它在传输的过程中，是发出者提供的某种确定的不可置疑的意义，即使要求受众进行解码，也是对发送方意义的再现，如此，信号成为一种客观存在，不会因为语境变化、传受双方的差异而更改。约翰·费斯克 (John Fiske) 认为："信息论是一种机械性的理论，用来测量某一确定信道所传输的

---

① 郭庆光：《传播学教程》，北京：中国人民大学出版社，2011年版，第2页。

② Raymond Williams. *Keywords: A Vocabulary of Culture And Society*, Oxford University Press, 1985, p.73.

③ 参见威尔伯·施拉姆，威廉·波特：《传播学概论》，北京：北京大学出版社，2007年版，第1页。

④ 胡易容：《从"信号传输"到"意义分享"——论传播理论模型中的符号观》，《符号与传媒》，2012 (2)，第38页。

信息总量，并寻求使这个过程达到效率最大化的途径。信息论视野中的信息是信号的物理形式而非意义。”①

这种传输模式最大的特点就是信息从发送者传递到受众，是一种单向性的信号传播。这一点尤其明显地体现在传播学经典模型上。早期传播学的经典模型，其基本构造就是基于物理信号的线性传播。在传播学学科史上地位不可撼动的“5W”模式、“香农－韦弗”模式，都是线性模式。1949 年，在美国贝尔电话实验室任职的克劳德·E. 香农（Claude Elwood Shannon）及其合作者瓦伦·韦弗（Warren Weaver）提出了一个通信系统的模型（如图 1—1）。

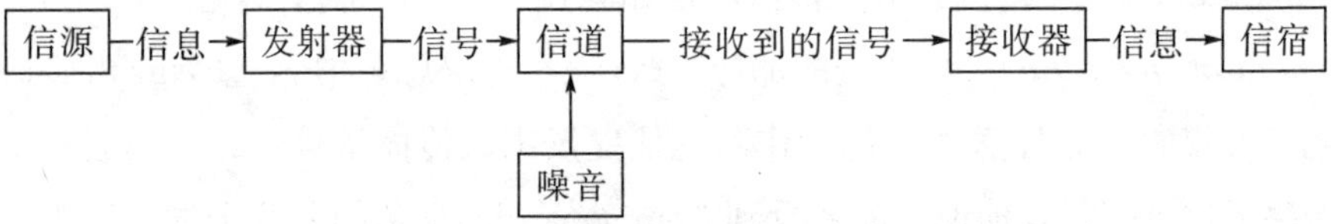

图 1—1　香农－韦弗传播模式

在该模型中，信源发出信息，经过发射器，把信息变换为信号，经过接收器，把信号还原成信息，传递给信宿。由于信号在信道中传递时会受到噪声的干扰，接收到的信号实际上是“信号＋噪声”，这可能会导致发出的信号与接收的信号之间产生差别。这一通信系统模型几乎构成了此后传播过程模式的基本模型。“今天，在所有促使人们普遍对模式发生兴趣的贡献之中，要数香农的贡献最为重要。就传播研究的技术方面来讲，后来在这方面的所作的许多努力，都是由香农的数学公式激起的。”② 如，德弗勒模式是在“香农－韦弗”模式上增加了“反馈”机制而进行的升级，奥斯古德与施拉姆的“循环模式”是在德弗勒模式上引入“释码者”概念。

费斯克曾对各种传播模型进行列举与总结，“我们迄今所考虑的各种模式，都在不同程度上强调了传播的过程性。它们都假设传播是从讯息 A 到 B 的传递。因此，它们最为关心的是媒介、渠道、转换器、接受、噪音以及反馈，因

① 约翰·费斯克：《关键概念：传播与文化研究词典》，李彬译注，北京：新华出版社，2003 年版，第 235 页。

② 约翰逊与克莱尔语，引自丹尼斯·麦奎尔：《大众传播模式论》，祝建华译，上海：上海译文出版社，2008 年版，第 19 页。

为这些都是与讯息的发送过程相关的术语。”[①] 费斯克一语道破这些以“香农－韦弗”模式为基础的传播模型的关键，即这些模型是以信号为核心，考虑的是物理层面的信息到达，而非意义的生成与解释。

20 世纪，大众传媒以报纸、广播、电视为主，信息到达与信息获取是传播的基本目标，所以“信号传播”与其是相适应的。但是如今，人类正在经历由互联网引发的传媒第三次突变[②]。社会进入“后真相”时代，信息从匮乏变为“过载”，受众通过获得信息意在寻求意义与真知，在此背景下，传播研究的问题也在发生改变——从“信息匮乏”转向“意义需求”。

在面临“人类命运共同体”这一宏大命题时，信息早已突破技术的壁垒而实现全球化通达，重点在于实现人类整体的“意义共同体”。即是说，现今传播应当以更开放的姿态，实现从“信息到达”到“意义共享”的转变。

具体来说是两方面的转变，首先，communication 一词回归于“交流”意涵，“传播”与“交流”的英文都是 communication，区别在于两个中文词的意义侧重不同——“交流重在人与人的意义传播过程中，如何把个人和社会文化集团的经验，变成人际的动态关系，强调意义表达、接受，以及反应中的文化制约；而传播注重传播行为、传播信息、传播过程、传播效果。”[③]其次是“交流”的过程及结果，应向“意义共享与认同”深化。这就要求当前的“传播学”转变为“交流学”，以适应新的传播现实与传播语境。

交流学（Communicology）是有关人类表达、人际交流的符号学与现象学研究。1922 年，胡塞尔在英国伦敦大学发表演讲，他将他的研究课题看作一种“先验的社会现象学，这种现象学映射出人与人之间意识主体交流的多重性”。这可视为交流学的历史源头。文化符号学家恩斯特·卡西尔（Ernst Cassirer）的《符号形式的哲学》，以标准的逻辑体系为基础，建立其文化模型，这构成了交流学理论模型的基础。1931 年，语言学家爱德华·萨丕尔（Edward Sapir）首次将“交流”（communication）词条写入社会科学百科全书，意味着交流学学科概念的出现。

---

① 费斯克：《传播研究导论：过程与符号》，许静译，北京：北京大学出版社，2008 年版，第 39 页。

② 参见赵毅衡：《第三次突变：符号学必须拥抱新传媒时代》，《天津外国语大学学报》，2016（1），第 67－68 页。

③ 陆正兰：《中国音乐文脉在一带一路的传播与交流》，《中国社会科学报》，2018 年 6 月 8 日。

1953年，于尔根·鲁斯克（Jurgen Ruesch）和格雷戈里·贝特森（Gregory Bateson）在《交流：精神病学的社会矩阵》一书中，将“交流学”的研究对象界定为人类交流话语中的四个网络层次：一是自我交流层次，二是人际交流层次，三是群体层次，四是跨群体层次。这标志着交流学在美国作为一门学科被真正提出，同时，四个网络层次理论也成为理解交流模式的基础。

1958年，罗曼·雅各布森（Roman Jakobson）基于皮尔斯符号学和胡塞尔现象学的相关理论，在印第安纳大学一次重要的符号学会议上提出了著名的交流六因素模型。雅各布森指出，一个符号文本同时包括发送者（addresser）、对象（context）、文本（message）、媒介（contact）、符码（code）、接收者（addressee）六大因素，这一理论是人类交流现象的内在体验，这一模型又在1959年、1960年两度修订，进一步推动了交流学的发展。

相较于传统意义上的“传播学”，“交流学”的学科方法论是“应用符号学与现象学方法解释全球文化中人类意识与行为的话语呈现”①。国际交流学学会（international communicology institute）沿用于尔根和贝特森四个网络层次为研究对象的观点，并将一些应用性子科学也纳入其研究对象，包括艺术交流学（art communicology）、临床交流学（clinical communicology）、媒介交流学（media communicology）、交流哲学（philosophy of communicology），等等。

可见，交流学的关键概念不是信号，而是“符码”（code），注重意义的交换与共享。菲斯克在《传播学研究：符号与过程》（*Introduction to Communication Studies*）中将当前关于传播学的研究范式进行总结并分为两类，一是注重传播效果的过程派，二是注重意义生产与交换的符号学派。尽管这种分法过于简化，却为交流学提供了认知上的便利，它属于菲斯克划分的符号学派。

这意味着将中国品牌的国际传播纳入符号学的研究范畴，以符号学的理论对其进行审视具有合理性与恰切性，这也是本书将符号学作为主要研究方法的缘由。

（二）品牌认同：中国品牌国际传播的目标

中国品牌国际传播的共同体话语转向，是要与国际消费者达成关于品牌的共识，并形成对品牌的文化认同的结果。具体来说，“国际传播应该强调一种

---

① 胡易容：《从传播学到交流学：一种符号学的路径》，《符号与传媒》，2011（1），第170页。

开放式的、理性的交流逻辑与姿态。也就是说，在中国与外部世界交流的过程和总体实践中，应该具有清晰的主体性和对象感。主体性和对象感是相伴相随的。相对独立的知识生产是一个国家基于长期的国族生存经验寻找到的一种稳定的理论性阐释。这种阐释形成了与世界沟通与交流的理性基础”[①]。同理，中国品牌的国际传播也要以主体性知识的生产为前提，以树立具有对话能力的文化自信为中心，形成进行国际传播的沟通理性。

面对当前的国际政治和国际传播秩序，张毓强认为：“首先要确定中国作为一个独立的国家和民族的战略需求。也就是说，应当在明确主体性的基础上，明确我们与世界其他国家、其他国际关系行为体的交往与交流方式，以及对话的姿态。”[②] 实际上，对于主体性的追寻一直都存在于国家建设与发展的理念之中，而当前国际传播中所出现的一些新现象，无非就是主体性构筑的问题。那么，主体性是什么？在中国品牌的国际传播中，主体性应如何通过与客体的交往而形塑？

主体性问题，无论是在西方还是东方，都是一个老生常谈的话题，尤其是在西方，“主体”已经演变成一个非常复杂的题目。以笛卡尔提出“我思故我在”为起点，主体研究成为西方哲学的基本问题。18 世纪，康德与黑格尔建构了关于主体的哲学，形成影响颇为深远的几种不同的体系；20 世纪的存在主义、现象学、精神分析学、结构主义、后结构主义等都尝试从不同角度重新思考主体问题。首先，马克思主义的文化哲学认为文化霸权与意识形态宰制了主体；胡塞尔的主体性是一个有着多层含义的概念，主体是关于“纯自我和纯意识”的，是“自我”与“他者”的复杂关系；弗洛伊德在精神分析中提出了无意识理论，“我思”的神话被打破。20 世纪 70 年代之后，“主体性”更是受到解构主义的毁灭性打击。可见，20 世纪关于“主体”的总体理论趋势是主体性被拆解。

“主体性”问题亦是符号学可以观照的问题，但在 20 世纪六七十年代，以格雷马斯为首的符号学家开始处理符号与主体、身份问题时，却面临很大的难

---

① 刘建平，张毓强：《以知识对话寻求共识：关于国际传播沟通理性的讨论》，《对外传播》，2020（11），第 53 页。

② 刘建平，张毓强：《以知识对话寻求共识：关于国际传播沟通理性的讨论》，《对外传播》，2020（11），第 52—53 页。

题，因为在经过几个世纪的讨论后，“主体性”论辩已过于成熟，而符号学的形式分析优势不能发挥，毕竟将问题分解为形式元素再找出元素间的关系与互动规律是一个基础性的前期工作，这使得“主体符号学”的相关论者不得不略过这一基础性工作，而直接跳至“主体性解构”这一前沿且时髦的话题。

这一研究路径的“著作让人觉得原理依然未讲清，讨论却不如文艺学和哲学激进”①。因此，赵毅衡在处理“主体性”问题时，首先厘清了几个纠缠不清的概念：主体（subject）、自我（self）、自我意识（self-conscious）、人格（personality）、身份（identity）、认同（identification）等，这些词都是以“个人”为词根，到如今，个人已分成了许多概念，而英译汉的翻译使这些本就纠缠的西语更加混乱。所以，赵先生避开了语言上的混乱所造成的混乱，转而从符号学角度分析“自我”（self）与“身份”（identity），再来理解主体性以及它们与符号表意的种种关联。

这一分析路径无疑是能很好解决上述问题的方案。任何符号表意和解释活动，都是发生在两个充分的主体之间，发出者有其“自我”意图，从符号学角度出发分析“主体”，可以将之与“自我”互换。而“自我必须在与他人，与社会的符号交流中确定自身，它是一个社会构成，人际构成，在表意活动中确定自身。而确定自我的途径，是通过身份”②。根据这一理论，反观中国品牌的国际传播，可以发现，中国品牌作为承载中国文化的媒介，在进入符号交流的过程之中，是中国品牌通过品牌身份与国际消费者进行对话，并在多次且长期的交流过后，形成品牌“自我”，亦即品牌“主体”。

二、品牌认同、品牌识别与品牌文本身份

英语 identity 一词，源自拉丁语 idem（相同），后随着语言的发展，演化出两层意思：第一层是辨认、鉴别，多译为“识别”；第二层是等同，多译为“认同”。但此词也有“身份”之意，如《品牌如何成为偶像：文化式品牌塑造的原理》③ 一书将“identity brand”译为“身份品牌”。在中文翻译中，当该

① 赵毅衡：《符号学：原理与推演》，南京：南京大学出版社，2011 年版，第 341 页。

② 赵毅衡：《符号学：原理与推演》，南京：南京大学出版社，2011 年版，第 346 页。

③ 参见道格拉斯·霍尔特：《品牌如何成为偶像：文化式品牌塑造的原理》，胡雍丰、孔辛译，北京：商务印书馆，2010 年版，第 15 页。

词有“身份”之意和“认同”之意时，中文不得不一词双译，翻译成“身份认同”。由于中国现有的品牌理论大都翻译自西方，这就导致了翻译“brand identity”时的混乱。最为常见的混乱是此中译本将“brand identity”译为“品牌认同”，彼中译本却翻译为“品牌识别”或“品牌身份”，导致西方的品牌概念到了中国以后一变为三，更有译本，如《创建强势品牌》将此词组翻译成“品牌形象”①。

这使本就混乱的品牌概念更加庞杂，如“品牌个性”“品牌形象”“品牌核心价值”“品牌DNA”“品牌定位”“品牌识别”等。这些概念本就区分不明，加上一些品牌机构为了彰显自身的“独特专业性”，往往自创一些品牌的概念，这些概念自成一派，与已有品牌概念的关系错综复杂，这种莫衷一是的混乱状况严重影响了品牌理论的发展，也成为品牌建设时难以跨越的障碍。

因此，笔者认为首先需要明确“品牌认同”“品牌识别”“品牌身份”三者的关系，以此说明本书所指涉的“品牌认同”到底是什么。

“品牌认同”“品牌识别”“品牌身份”的英文虽都是“brand identity”，但之所以在翻译时造成一个能指对应三个能指的结果，原因在于三个能指虽各有偏重，但又有着千丝万缕的关系。“认同”，所有学者几乎都毫无争议地将其分为个体认同和社会认同。在此基础上，品牌认同也被分为个体品牌认同和群体品牌认同。“前者指代消费者所感知到的个体形象与品牌形象的一致性程度；后者是指品牌所能展现的个体所属群体的特征或者个体期望所属群体的特征的程度。”②

前者与后者聚焦于不同的内容，个体品牌认同聚焦于“我是谁”，群体品牌认同聚焦于“他人眼中的我是谁”。“我是谁”是通过展示“我”与“他人”的区别来进行确认，而“他人眼中的我是谁”是通过群体间的相互认可与评价而形成的。

大卫·艾克认为，“‘brand identity’是品牌战略者希望建立并保持的一系列特定的品牌联想，这些联想表达了品牌所代表的东西，还表达了组织成员对

① 参见戴维·阿克：《创建强势品牌》，李兆丰译，北京：机械工业出版社，2013年版，前言第6页。

② 季靖：《身份动机对品牌认同的影响》，浙江大学博士论文，2014年，第33页。

顾客的承诺”[①]。在此定义下，艾克建立了一个模型——在中译本中大都被称为“品牌识别模型”，该模型将“品牌识别”分为4个维度——作为产品的品牌、作为组织的品牌、作为个体的品牌、作为象征的品牌。可见，大卫·艾克论述的“brand identity”是个人品牌认同，是品牌想要展示“我是谁”。在此，个人品牌认同等同于品牌识别。

在品牌识别相关理论中，吉恩-诺埃尔·卡普菲勒（Jean-Noel Kapferer）提出的“品牌识别六棱柱模型”有着重大影响。该模型将品牌识别分为六个层面（如图1-2），分别是体格（physical facet）、个性（personality）、文化/价值（culture）、关系（relationship）、对消费者的反映性（refleced consumer）、消费者自我形象（consumer mentalisation）。中译本之所以将“brand identity prism”译为“品牌识别棱柱”，也是因为该模型是要说明品牌想通过展示“我”与“他者”的差异和独特性来表达“我是谁”，这是个人品牌认同等同于品牌识别的另一力证。

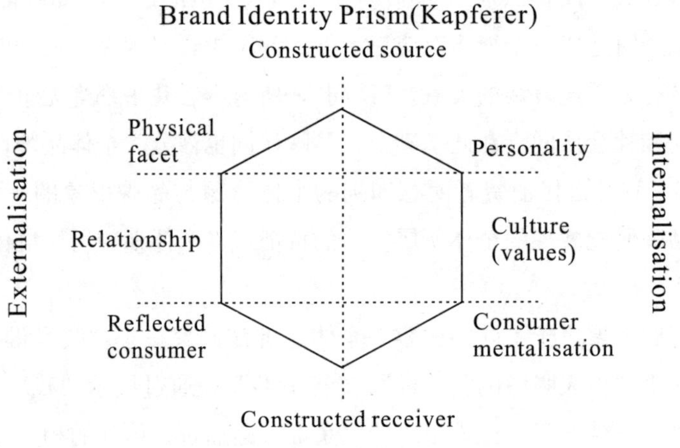

图1-2　品牌识别六棱柱模型

而群体品牌认同是“他人眼中的我是谁”，是作为个人品牌认同的“品牌识别”通过社会性的交往以后，形成区隔，由此品牌获得社会认同。这是一种群体间的、社群间的认可。这与美国社会学家查尔斯·H. 库利（Charles Horton Cooley）的“镜中我”概念不谋而合。在库利之前，“美国实用主义心

① David A. Aaker, *Building Strong Brands*, Florence: Free Press, 1995, p. 68.

理学创始人威廉·詹姆斯（William James）曾把‘自我’（self）分成‘主观我’（I）和‘客观我’（Me），‘主观我’是我自己感到是自己，即‘我是谁’；‘客观我’是通过别人客观地看到自己，即‘他人眼中的我是谁’”。

在此基础上，库利引申出“镜中我”的概念。库利认为，“自我的观念不完全是主观的，而是要依赖客观，是社会的；真正的自我是一个社会的我，是受他人态度影响而产生的我，其形成是主客观的结合过程”[①]。米德（George Herbert Mead）根据“镜中我”理论，发展了主我客我理论。“他将自我分为‘主我-客我’结构，自我是通过符号互动形成的，在符号互动中，自我的这两个层面与‘普遍他者’构成一种三元互动关系，从‘生物性自我’演化为‘社会性自我’。”[②]

可见，品牌认同就是不断确定品牌“自我”的过程。由于自我必须在与他人、与社会的符号交流中确定自身，而“自我的任何社会活动，不管是作为思索主体的表意与解释，还是作为行动主体的行为与反应，都必须从一个个具体身份出发才能进行”[③]。这意味着，在具体的品牌认同形成过程中，品牌的“主我”由品牌方设定，品牌“客我”则是消费者对品牌形成的看法和评价。品牌“主我”与“客我”的互动通常发生在品牌传播过程中，“主我”临时被“表意身份”替代，而“客我”暂时被“解释身份”替代。

那么，上述关于品牌识别、品牌认同与品牌身份的关系就清晰了，笔者可做如下判断：品牌识别等同于品牌“主我”、品牌社会认同等同于品牌“客我”，在品牌认同的形成过程中，品牌身份是变动不居的，它既可作为品牌识别的替身进行意义的表达，又可作为品牌社会认同的替代来作为意义的解释，正是品牌身份在符号互动过程中的一次次出现，才形成了品牌自我的集合，最后构筑了一个品牌认同。

如果将三者放置在皮尔斯所建立的开放性的、阐释性的符号学视域中，那么，无论是“品牌认同”还是“品牌识别”抑或是“品牌身份”，都是品牌符号的“解释项”，因为它们都属于“符号引发的思想”。

---

① 彭克宏：《社会科学大词典》，北京：中国国际广播出版社，1989年版，第10页。

② George Herbert Mead, *Mind, Self and Society*. Chicago: University of Chicago Press, 1934, p. 122.

③ 赵毅衡：《符号学：原理与推演》，南京：南京大学出版社，2011年版，第346页。

根据皮尔斯对解释项的三元划分[①]，可以发现，“品牌识别”对应于“直接解释项”，“品牌身份”对应于“动态解释项”，“品牌认同”对应于“最终解释项”。“直接解释项”，也可译为“即刻解释项”。品牌识别是品牌之间最容易区分的元素，它能够被“揭示出来”，是“能让消费者立刻联想到该品牌的表达方式”[②]。比如消费者立即想到的品牌标识，它是符号的意指对象，具有唯一性与独占性，只有该品牌的产品、服务能够使用，品牌识别将这些独特的元素聚集在一起，与其他品牌区分，成为品牌认同的起点。

而品牌身份是持续变动的，就是品牌“动态解释项”（dynamic interpretant），它是“符号作为符号而真正造成的实际效力（actual effect）”[③]。“用皮尔斯的话说，正是动态解释项使得意义可以在实际的传播中被扩散开来，因为它关注的是符号的意义或效力是如何从心灵转移到心灵的”[④]，即“它让我们准确地知道，什么东西可以使我们能够从一个事实（或一对事实）直接推断出另一个命题也为真”[⑤]。品牌符号在各种社会性传播活动中交流与互动，在消费者心里形成了共同的品牌认知，这个符号过程，即动态解释项的推导过程。

动态解释项的产物就是“诸如感觉、情感、印象、直觉、本能、观念以及可理解物等这样一类的事物。它们共同组成了一种常识、一个言述宇宙或一种共同基础”[⑥]。正是在品牌实际传播中产生了共同的、认同性的象征，使符号的意义或效力在消费者群体中产生凝聚。所以，动态解释项产生的也就是它最终指向的——品牌认同，也即“最终解释项”，它是对前面所有的解释项进行意义归结和终极解释的所在。“符号通过它（最终解释项）‘将自身再现来与其对象有关的’方式，它是终极的意义，符号过程无限衍义的终点。”[⑦]

---

① 皮尔斯将解释项分为“直接解释项”（immediate interpretant）、“动态解释项”（dynamic interpretant）、“最终解释项”（eventual interpretant）。维尔比夫人将这三者称为意思（sense）、意义（meaning）以及涵义（significance）。

② 阮子才：《基于品牌识别的家电产品形象设计》，《湖南包装》，2021（3），第64页。

③ C.S. 皮尔斯：《皮尔斯：论符号》，赵星植译，成都：四川大学出版社，2014年，第201页。

④ 彭佳：《民族自生系统论：符号学视域下的多民族文化认同体》，《民族学刊》，2020（5），第51页。

⑤ C.S. 皮尔斯：《皮尔斯：论符号》，赵星植译，成都：四川大学出版社，2014年，第241页。

⑥ C.S. 皮尔斯：《皮尔斯：论符号》，赵星植译，成都：四川大学出版社，2014年，第242页。

⑦ 彭佳：《民族自生系统论：符号学视域下的多民族文化认同体》，《民族学刊》，2020（5），第51页。

这种由社会群体或者说群体消费者共同生产出来的意义，在本书讨论的范围内，指的就是中国品牌的身份认同。虽然它在传播过程中是一个正在生产的、未完成的意义或效力，但是，在理论上，身份认同却是一个终极指示，它凝聚了不同社会群体及消费者群体的共同意识，赋予中国品牌整个意指过程的边界和目的。

第二节　坚守中国文化品牌身份：中国品牌的文化生产

一、品牌身份与隐含作者

品牌认同是一个不断建构的过程，是一个具有识别性的品牌文本不断被纳入社会使用而形成的群体性认知结果。在这个过程中，品牌的各种传播形式与活动都给予了品牌不同的身份，每一次社会性的活动都会有一个社会性的身份作为支持，可以称为“品牌身份”，直接作用于消费者接收。那么，品牌的身份从何而来？是品牌商加上的，还是品牌符号文本的社会属性赋予的？

应当说，品牌身份是整个文化系统直接作用于品牌符号表意的结果。因为，一旦品牌符号文本形成，进入社会传播活动阶段，品牌的身份就可以独立发挥作用，而无关品牌商给予的意图意义，作为体裁的社会文化便起到决定性作用。例如一款品牌包包，可以变成不同身份的文本，它可以被不明白其品牌价值的妈妈用于买菜，也可以被消费者用来展示其品位。品牌文本身份，超出了品牌商预设的身份，当它被用来买菜，就是菜篮；当它被用来展示品位，就是时尚之物。

因此，文本身份是符号表意的社会维度，一个品牌，其品牌拥有者是男性，但其品牌市场定位是女性，这就规定了它的文本身份是女性品牌。也就是说品牌文本身份，并不取决于品牌符号的发送者，而是取决于文化的“预设”机制：消费文化、符号价值、女性主义等。这意味着品牌文本身份比品牌商赋予的身份复杂得多，甚至品牌文本身份会与品牌商赋予的身份完全冲突。

那么，这二者，到底是前者构筑了品牌身份，还是后者建造了品牌身份？斯图亚特·霍尔（Stuart Hall）曾谈到文化身份既“存在”（being）又“变化”（becoming）的特征。尽管人类群体都共享着源自祖先文化的集体认同，但是文化身份“绝不是永远固定在某种本质化的过去，它们要屈从于历史、文化和权力的无休止‘游戏’”[①]。因此，霍尔将身份的建构看成是一种变动的过程：“我们先不要把身份看作已经完成的，然后由新的文化实践再加以再现的事实，而应该把身份视作一种‘生产’，它永不完结，永远处于过程之中，而且总是在内而非在外部构成的再现。”[②]

可见，品牌认同不可能完成，因为它要不断地与世界与消费者建立意义联系，而表现意义的品牌文本身份，会不断对品牌认同进行重塑。因此，不是品牌商赋予的品牌身份在建造品牌认同，而是品牌文本身份在构筑品牌认同。如中国品牌马应龙痔疮膏，品牌商为其所预设的品牌身份是痔疮膏，意图定点是被痔疮困扰的消费者群体，但当这一品牌进入社会性使用范畴后，被消费者发现对淡化黑眼圈有着良好的效果，于是一大批想要淡化黑眼圈的用户争相购买马应龙痔疮膏，使其文本身份从痔疮膏变成了眼霜。

韦恩·C. 布斯（Wayne Clayson Booth）提出的“隐含作者”（implied author）理论，实际上就是“从小说文本中寻找作者身份，从而构筑一个与作者的自我相仿的拟主体，一个假定能够集合各种文本身份的出发点”[③]。布斯是1961年在《小说修辞学》（*The Rhetoric of Fiction*）中提出该理论的。他认为，隐含作者是真实作者的“第二自我”。该概念使得文学理论尤其是叙述理论有了飞速发展，而后被评为“二十世纪文学批评最成功的术语之一”[④]。同时，由于布斯对“隐含作者”概念的阐释并未给出明晰的界定，该概念也引发了学界旷日持久的争论。苏珊·S. 兰瑟（Susan S. Lanser）对此有过明确表述：“长期以来，隐含作者概念不断地被攻击、捍卫、解构、复活、改进以及重新定义……很少有术语能像隐含作者这样，既使叙述学家们感到困惑又充满激情。”[⑤]

---

① 斯图亚特·霍尔：《文化身份与族裔散居》//罗钢、刘象愚编：《文化研究读本》，北京：中国社会科学出版社，2000年，第211页。

② 斯图亚特·霍尔：《文化身份与族裔散居》//罗钢、刘象愚编：《文化研究读本》，北京：中国社会科学出版社，2000年，第208页。

③ 赵毅衡：《符号学：原理与推演》，南京：南京大学出版社，2011年版，第368—369页。

④ Tom Kindt & Hans Muller, *The Implied Author: Concept and Controvers*, Alastair Mattews trans. Berlin: Walter de Gruyter, 2006, p. 119.

⑤ Susan S. Lanser, “(Im) plying the Author”, In Mieke Bal (ed.), *Narrative Theory*, London: Routledge, pp. 153—160.

在《小说修辞学》被翻译介绍到中国后，中国学者也对隐含作者的研究展开争论，重新界定、发展并延伸了“隐含作者”理论。乔国强将“隐含作者”扩展到非小说叙述领域里。“布斯‘隐含作者’概念的提出虽然是就小说修辞而言的，但作为一种学术概念和文本阐释方法为人们呈现了无限广阔的阐释空间”[①]。因此，他突破了这一概念本身存在的局限性——只囿于文学文本之内，而绝少触及文学文本之外——将其延伸到其他叙述文本和叙述形式中。

无论如何，“隐含作者”原先都是作为叙述学的核心概念而被讨论的。赵毅衡对此进行修正，扩大了“隐含作者”的使用范围。他从广义叙述的角度审视，认为“隐含作者”的使用范围，“不仅远远越出了小说叙述学的边界，甚至超出了叙述研究的边界。所有的文本都可以归纳出体现其意义——价值观的隐含作者”[②]，并提出“普遍隐含作者”概念，即任何符号文本都有隐含作者。

同理，隐含作者也存在于品牌符号文本中。那么，品牌符号文本的隐含作者是什么呢？我们不妨从隐含作者的概念入手。布斯指出：“隐含作者是真实作者的‘第二自我’。读者对隐含作者的感觉，不仅包括从作品所有人物的行动和受难中得出意义，而且还包括他们的道德和情感。”[③] 申丹认为：“就编码而言，‘隐含作者’就是处于某种创作状态、以某种方式写作的作者（即作者的‘第二自我’）；就解码而言，‘隐含作者’则是文本‘隐含’的供读者推导的写作者的形象。”[④] 赵毅衡认为“隐含作者，是解释社群的读者从文本中推导归纳出来的一套意义与价值”[⑤]。

以上对隐含作者的界定虽角度有异，但都承认一点，隐含作者是受众对符号文本的认知。所以，可对品牌符号文本的隐含作者做如此阐释：是消费者与社会公众基于对品牌符号文本的理解，从中得出的关于品牌的意义以及价值观。

---

① 何青志：《“隐含作者”研究在中国》，《社会科学战线》，2011（7），第172页。

② 赵毅衡：《广义叙述学》，成都：四川大学出版社，2013年，第211页。

③ 尚必武：《西方叙事学界的“隐含作者”之争述评——兼纪念韦恩·布斯去世两周年》，《山东外语教学》，2007（5），第7页。

④ 申丹：《何为“隐含作者”》，《北京大学学报》，2008（2），第137页。

⑤ 赵毅衡：《“全文本”与普遍隐含作者》，《甘肃社会科学》，2012（6），第148页。

从这个理解回过头来看品牌身份，可以发现，品牌文本的隐含作者就是品牌身份。它来源于品牌商所设定的文本身份，而公众基于从经验中（包括广告、用户体验等）产生的对品牌的信念，以及与品牌有关的推断和联想，最终在情感和认知上形成的对作为文本的品牌的总体感知和评价，这种价值认知既有情感因素，也有理智因素，因为我们的社群文化同时依赖二者。简而言之，品牌身份是消费者对品牌的认知，是对品牌文本人格的构建，是品牌符号文本中的隐含作者。

由于隐含作者靠受众对符号文本的身份来建构，而消费者对品牌的认同形成需经历一个传播过程——传播者是企业，受传者是消费者，这意味着对品牌隐含作者的归纳需经历两个阶段：一是就编码的传播者而言，隐含作者是企业想要传达给受众的品牌身份，我们可称之为“代理作者”；二是就解码的受传者而言，隐含作者是由消费者推导出来的关于品牌的身份，我们称为“推论作者”。“代理作者”与“推论作者”分别为从企业角度与从消费者角度建立的品牌身份。

根据符号表意过程：意图意义（发送者）——文本意义（符号信息）——解释意义（接收者），三种意义在场的逻辑先后为：后一个否定前一个，后一个替代前一个，不可能同时在场。品牌隐含作者的确定最终需要解释，发送者即使把一定的意义注入文本，也不能控制接收者的理解和阐释。“人的一切知识来自经验，人类经验范畴之间的互动产生意义（认知）。”[①] 所以，不仅是处于不同时代的意义接收者对同一文本的解释有差异，就算是处于同一时代不同的意义接收者对同一文本的解释也会有差异。解释是符号表意过程的最后一环，意义一旦被解释出来，就完成了符号表意的全过程。

对于符号表意来说，解释固然重要，但意图意义与文本意义也不容忽视，因为接收者解释某个符号，先决的假定就是这个符号是携带着意义，是可以被解释的。同时，由于文本被解读的意义具有不稳定性，假如每个意义接收者都对文本做出自己的个别性解读，那么文本的意义将很难被捉摸，难以统一。然而事实是，“人与人之间能够就同一文本进行交流，能够在今天还研读过去的

① 郭鸿：《认知符号学与认知语言学》，《符号与传媒》，2011（1），第60页。

文本，这表明文本的意义在某个范围内还是能维持在一个相对稳定的程度上的”[①]。

就品牌而言，文本意义被确定的前提是文本中蕴含的认知能够和接收者的认知相叠合，也就是“代理作者”与“推论作者”应在一定范围上具备共同的认知价值。而且，该范围越大，品牌的“文本身份”就越清晰，最终经消费者认知心理形成的品牌认同也就越鲜明，这是企业品牌构建追求的最佳效果。

这意味着，中国品牌的国际传播要建构品牌“共同体”以实现文化认同之前，应首先明确中国品牌的“代理作者”身份。即是说，中国品牌在进行国际传播时需要做的选择，到底是坚守中国文化身份，还是规避文化差异宣扬共识性文化？是坚持标准化，还是本土化？

对于这一议题有不少争议，泰奥多尔·莱维特（Theodore Levitt）在1983年发表著名的《市场全球化》（“The Globalisation of Markets”）一文，他认为，随着网络的全球覆盖和交通的日趋便捷，全球市场的消费者被愈加紧密地联系在一起，其产品需求、兴趣爱好、生活方式都逐渐趋同，以同一套产品和服务满足全球性的消费需求[②]。他的这一观点是支持品牌传播的全球标准化。但我们不得不承认一个事实：由于不同的市场中民族文化、法律法规、消费心理等普遍存在差异性，若品牌以全球标准化为原则进行传播会遇到很大的问题，甚至导致品牌的“翻车”事件。

面对争议与分歧，有学者尝试提供一种有效的解决方案。在对品牌国际传播的具体案例进行实证研究的基础上，有学者提出：“标准化和本土化并不是泾渭分明地相互抵触，在知名大品牌的国际传播实践中，二者相互折中相互杂糅，在不同层次选择了不同的策略。”[③] 具体来说，“在品牌文本的生产部分，需要坚持全球标准化策略，如在品牌名称和品牌标识的制作上，品牌观念的提

---

① 云燕：《从认知图式的角度重新定义隐含作者》，《河南师范大学学报（哲学社会科学版）》，2014（4），第127页。

② See Theodore Levitt. “The Globalisation of Markets”, *Harvard Business Review*, May-June 1983.

③ Forster J., Higgins E.T.. “How global versus local perception fits regulatory focus”. *Psychological Science*, p.635, 2005, 16 (8).

倡上，以及品牌产品的设计上保持全球一致性”[①]，为国际消费者提供同一品牌身份。而在品牌传播部分，包括品牌广告的创意、品牌代言人的选择、品牌传播媒介的选取和搭配等方面则采取本土化原则，根据不同国别市场的不同消费者，提供不同的品牌传播策略。

这决定了中国品牌传播的标准化和本土化，即在中国品牌文化生产方面，统一坚守中国文化身份，充分重视中华文化与民族文化对品牌的模塑作用，以民族文化为中国品牌赋能，形成品牌的独特价值。在中国品牌的国际传播方面，采取本土化原则，圈定一批具有相似性的目标消费群体形成不同的社群，由于同一社群具有相同的爱好及文化价值观念，便可以以社群为单位定制差异化的传播策略，最终形成以文化认同为核心的品牌共同体。

二、中华文化符号赋能中国品牌

随着数字化移动技术的不断发展，我们正在从所处的互联网时代迈入“互联网的下半场”。相比于互联网时代，后互联网时代呈现出一种解构一切、颠覆一切、打碎一切的特征，碎片化的信息裹挟着各式各样的语言符号迎面而来。在这个如此重视媒体互动性的后互联网时代，受众有充分的自由去解释、去消解、去创造大量的符号文本。

威廉·斯蒂芬森（William Stephenson）在《大众传播的游戏理论》（*The Play Theory of Mass Communication*）一书中曾这样说道：“大众传播之最妙者，当是允许受众沉浸于主观性游戏之中者。”[②] 他所表述的“传播快乐”就是一种站在受众角度的主观体验，而当下大众媒体的传播行为也正如斯蒂芬森所说的那样，愈发注重受众的主体意识，强调的是传播过程中主体的自由、投入与愉悦。

不难发现，数字化移动时代有着两套完全不同的传播机制。第一种仍是由广播、电视、报纸为媒体代表的大众传播机制，这是一个树状传播模式，有中心，有系统层级，有非常清晰的等级制。

---

① Riesenbeck H, Freeling A. “How global are global brands?” *The McKinsey Quarterly*, p. 7, 1991 (4).

② William Stephenson. *The Play Theory of Mass Communication*, New Jersey: Transaction, Inc., 1988, p. 1.

第二种是数字移动技术所带来的新型传播机制。移动互联网以即时性、便捷性的绝对优势迅速崛起，成为社会大众表达自己、传播信息的渠道，这导致整个传播渠道的失控，“人人皆为传播者”，传播内容也因此无限繁殖，“中心化发散型传播形态”被打破。这种传播机制类似于块茎状，没有中心、没有结构，呈现出开放的系统，充满无限可能。传播者与传播者、传播者与受众之间的壁垒完全被打破，所以参与者都能互相交流。这意味着一旦某个参与者发生变化，都会对传播的信息源造成影响。

这种传播模式也从根本上改变了品牌与用户的关系，品牌的角色正在从“用户的供给方”转向“用户的共生者”。宣传式、灌输式的品牌沟通方式也被对话式、互动式替代。这同时也意味着数字化移动时代的品牌传播非常不稳定，互动情境中发生的用户与用户的对话或者是用户与品牌的对话，都有可能会影响甚至改变品牌意义。

Z世代正逐渐成为新一代消费主力军，根据2019年年底腾讯联合凯度(Kantar)发布的《Z世代消费力白皮书》，2020年Z世代占据整体消费力的40%。Z世代是一群出生于1995年至2009年的年轻人，其数量约占中国总人口的19%。这群年轻人一出生就生活在一个数字化社交媒体世界里，他们经历并正在感受着各种文化冲突与文化碰撞，形成了独特鲜明甚至是“撕裂”的个性：他们既“朋克”又“养生”，既可以“佛系”也可以“元气”，既精明又精致，既要追随偶像又敢于“破圈”。

这反映在消费市场便是Z世代呈现出非常明显的多元化消费特征。在品牌消费关系中，他们有着非常强烈的个性化需求。最终归结到一点，就是他们希望自己不仅仅是消费者，更是生产者。品牌并不是一开始就由品牌商设定，而是他们自己在购买和使用过程中定义品牌，这使得品牌成为“养成系品牌”。

那么，在数字化移动时代，品牌应做出何种改变以迎接传媒环境变化而带来的挑战？面对新一批消费主力群体，品牌能否与Z世代消费者感同身受，满足他们的期许与向往？这两大问题有着同一个答案：重视品牌的身份价值，品牌的身份价值即品牌的“基因”。

首先，品牌的身份价值能在不同的传播环境中复制与延异，保证品牌传播链条的完整性，从而在一定程度上规避品牌出现“基因变异”的情况。其次，品牌的身份价值能创造客户价值，道格拉斯·B. 霍尔特(Douglas B. Holt)

研究发现："世界上许多具有价值品牌的发展都遵循相似的原理。这些品牌拥有消费者认同的身份价值故事，并成为他们表达自我意图的一种途径。"[①]

基于此，霍尔特提出"文化式的品牌塑造"（cultural branding）模式，这种模式强调文化尤其是民族文化对品牌的模塑作用，民族文化与品牌相联系能形成品牌的独特价值，使品牌成为"偶像品牌"（iconic brand）。

文化是当今激活中国品牌发展潜能的源动力，这一点已经成为中国品牌谋求发展的共识。中国传统文化在数千年的历史传承中，已形成了自己完备的文化体系和独特的思想体系。中国传统文化具有时代印记，但它是中华文明进步与繁荣的"源头活水"，有着永不褪色的时代价值，如现代社会治理所提倡的与时俱进的观念、德法兼治的理念、人类命运共同体的构想等，无不蕴含着先秦思想的智慧。在中国品牌文化创意领域亦是如此，中国传统文化早已脱离特定时间与空间的限制，变成很多品牌创新、传播的灵感源泉。

中国品牌文化的生产，可以提升自身品牌价值以达到品牌溢价的目的，更重要的是，中国品牌在国际传播中，能将中国传统文化传播到全球范围内，实现一举两得。首先，中国文化元素附着于中国品牌，是中国传统文化的一种新的表现形式，是传统文化的现代展示。每一个品牌所代表的内涵和价值就是品牌背后的民族和国家文化，品牌的生产、传播与消费也就是中国文化符号的再生产、表达与认同。其次，将中国传统文化，如持之以恒、精益求精、注重诚信、以人为本等优秀传统文化思想融入品牌创意，能为中国品牌注入独特的精神品质，从而形成独特的品牌风格，实现中国品牌重塑和品牌价值提升，促进中国品牌产业的发展。比如华为，它作为典型的中国品牌，在中美贸易战中，表现出来的"韧性"，源自中华文化流淌的"骨气"，成为中华民族品牌学习的榜样。

譬如"飞跃"鞋，从曾经的中国"臭球鞋"一跃成为全球时尚界宠儿，最大的原因便是品牌与中国传统文化的结合。"飞跃"诞生于20世纪50年代的中国上海，从60年代到80年代，与"回力""双钱"三分了中国运动鞋市场，但由于缺乏品牌意识，中国"飞跃"最终没能注册成一个商标，市场价格在

① 道格拉斯·霍尔特：《品牌如何成为偶像：文化式品牌塑造的原理》，胡雍丰、孔辛译，北京：商务印书馆，2010年，第3—4页。

12元到15元之间摆动。2004年，一名法国人帕特里斯·派斯特（Patrice Bastian）来华，成为“飞跃”发展的转机。派斯特是中国功夫迷，在上海发现“飞跃”球鞋，于是与“飞跃”品牌联系并进行合作，在法国注册了商标“feiyue”，并着手将这个拥有中国历史和文化的品牌推向海外。派斯特充分利用西方社会对神秘的东方文化的巨大想象空间，将飞跃与中国武术文化联系起来。首先，他推出特别的款式，将其命名为“少林精神”（Shaolin Soul）、“螳螂拳”（Mantis Style）、“虎爪”（Tiger Claw）等。其次，派斯特在法国推广“feiyue”时，设计的广告便是一个穿着“feiyue”的人的中国功夫剪影，并在背景中配上硕大的“少林功夫”四字。如此，派斯特将“feiyue”塑造成有东方色彩、有深厚历史故事和传奇的少林武僧“武术鞋”。它现在常被摆放在著名的体育用品商店Quarterback、百货公司潮店的醒目位置，成为第一个在国际时尚界获得承认的经典中国品牌。

第三节　品牌社群：实现中国品牌文化认同的路径

一、隐含读者与品牌社群

正如上文笔者分析“隐含作者”时所述，品牌身份越清晰，则越是要求品牌“代理作者”与品牌“推论作者”具备共同的认知价值。但在事实上，“代理作者”与“推论作者”完全吻合的情况很少出现，或者说“推论作者”并非能按照企业的期望被构建出来。很多人甚至商家皆认为，品牌意义并非消费者所能创造的，消费者进行品牌消费，是满足自我的消费行为。但是，事实是消费者根据自己的人生经验，形成关于商品的先在结构，有着自己的期待，并通过自身消费将对品牌的好恶体现出来，而商家则根据消费者体现出来的好恶调整自己的营销战略。

可口可乐公司就曾经有过如此经历。1985年，可口可乐为了应对百事可乐所带来的市场冲击，尝试改进传统配方。没想到的是，一周之内，可口可乐公司每天能接到5000多个批评可口可乐改变口味的投诉电话，美国媒体更是集中火力对可口可乐狂轰滥炸。公司迫于压力，于3个月后发表声明，宣布可口可乐恢复传统配方。对于这场风波，《纽约时报》认为是美国商界一百年来最重大的失误。这一失误产生的原因正是消费者与企业、消费者与消费者之间的认知图式存有差异，结果就是消费者头脑中建构的“推论作者”，与企业主观的“代理作者”不一致，不能达到企业传播所预期的效果。

为更好地实现品牌管理，上述情况需尽量避免，关键在于构建企业与消费者的良好互动关系，这要求企业能尽量按照消费者的认知图式对品牌信息进行编码，不悖于消费者的既有认知，“在接受活动开始之前，任何读者已有自己特定的‘期待视界’。……这种阅读前的意向和视界，决定了读者对所读作品的内容和形式的取舍标准，决定了他阅读中的选择与重点，也决定了他对作品的基本态度与评价”①。要使“代理作者”得到消费者肯定，企业就需打造出与消费者期待视野相融合的实践视野，否则品牌传播活动将难以进行。中国消费者对立邦漆“龙篇”广告、丰田“霸道”广告、肯德基“高考篇”等广告不买账，多是因为企业在对广告进行编码时忽视了消费者的认知图式。

以立邦漆“龙篇”广告为例。2004 年 9 月，《国际广告》杂志刊登了一则立邦漆广告作品，作品中有一个两柱各盘着一条龙的中国式亭子，左柱上的龙紧紧攀附，但柱子色彩黯淡；右柱虽色彩鲜亮，龙却跌落在地。杂志对作品的介绍是，右柱由于涂抹了立邦漆，滑得连盘龙都能跌落。该广告是想强化立邦漆“滑”这一特点。然而，能使盘龙跌倒这一“优点”并未引起受众共鸣，反倒引发一种联想——中国传统文化向日本的商业文明俯首称臣。在中国消费者的认知图式中，立邦漆是日本的符号，龙是中国传统文化的标志。日本的立邦漆将柱子刷得光亮，致使龙只能盘旋于地，失去腾空本领。

这是企业未能重视消费者认知图式而招致消费者的异质解读，导致“代理作者”与“推论作者”严重不统一，进而“隐含作者”不明晰，不利于品牌身份的构建。因此，企业在进行品牌信息的传递前应当对接收者的范围进行圈定，以更好阐释叙述文本，从而获得与“代理作者”具有较高一致性的“推论作者”。有研究者认为，“接收者能够理解叙述文本的基础就在于他能够具有和叙述文本相沟通的图式”②。

拥有与叙述文本相沟通的图式的接收者，被研究者们赋予了很多名字，艾

① 朱立元：《接受美学》，上海：上海人民出版社，1989 年，第 15 页。

② 云燕：《从认知图式的角度重新定义隐含作者》，《河南师范大学学报（哲学社会科学版）》，2014 (4)，第 126 页。

弗·A. 瑞恰慈（Ivor Armstrong Richards）称为“理想读者”，威廉·燕卜逊（William Empson）称为“合适读者”，米歇尔·里法泰尔（Michael Riffaterre）称为“超读者”，艾柯（Umberto Eco）称为“模范读者”等。斯坦利·费什（Stanley Fish）提出“解释社群”理论，指的是某些解释人群能够大致遵守一定的阐释标准。而能正确解读文本的接收者是拥有共同世界图式范围内的“解释社群”。这些术语可以统一称为“隐含读者”，以与“隐含作者”相对应。正如隐含作者不能等同于作者，隐含读者也不能等同于读者。隐含读者是“从叙述作品的内容形式分析批评中归纳推论出来的价值观念集合的接受者、呼应者，是推定作者假定会对他的意见产生呼应的对象”[①]。

于品牌文本而言，“隐含读者”表现为“品牌社群”。

德国现代社会学家斐迪南·滕尼斯（Ferdinand Tonnies）最早提出了“社群”的概念，本意是“共同体”，他在《社群与社会》（*Community and Society*）中写道：“社群是由生活在某一地区的人们组成的社会生活共同体。”[②] 他认为，社群居民具有强烈的认同感、情感主义和对社区其他成员的全面理解；社会人际关系具有陌生、厌恶、不信任等特征[③]。英国社会学家罗伯特·M. 麦基文（Robert Morrison MacIver）在《社群：社会的研究》（*Community: A Sociological Study*）一书中继承并发展了滕尼斯的观点，他将区域也纳入了社群之中并指出：“说到社群，我意指任何共同生活的区域——村庄、城镇或地区、国家甚至更广大的区域。”[④]

而后，关于“社群”的界定进入“综合”论说阶段，尤其是美国社会学家桑德斯（Irwin T. Sanders）在《社群论》（*The Community: An Introduction*）中把社群从一个简单的地点概念扩展到社会学、人类学的社会实体，丰富了社群的内涵[⑤]。这为“社群”概念进入消费领域奠定了基础。

---

① 参见赵毅衡：《当说者被说的时候：比较叙述学导论》，北京：中国人民大学出版社，1998年版，第20页。

② 唐晓阳：《城市社区管理导论》，广州：广东经济出版社，2000年版，第1页。

③ See Ferdinand Tonnies. *Community and Society*. New York：Dover Publications，2011，p. 54.

④ Robert Morrison MacIver. *Community, A Sociological Study: Being an Attempt to Set Out the Nature and Fundamental Laws of Social Life*. London：Nabu Press，2010，p. 7.

⑤ 李富钊：《移动互联时代虚拟品牌社群的建构与维系》，山西大学硕士论文，2016年，第13页。

后来，在1974年，美国学者丹尼尔·丁. 布尔斯廷（Daniel J. Boorstin）提出“消费社群”（consumption community）的概念，认为“消费者是在决定消费什么和如何消费的过程中自发形成的一个无形的关系群体”[①]。此时，“社群”由某一地域聚焦到一起的人际关系，转变为因为消费某一品牌而形成的人与人之间的关系。在此基础上，布尔斯廷创建了消费社群模型（如图1－3）。

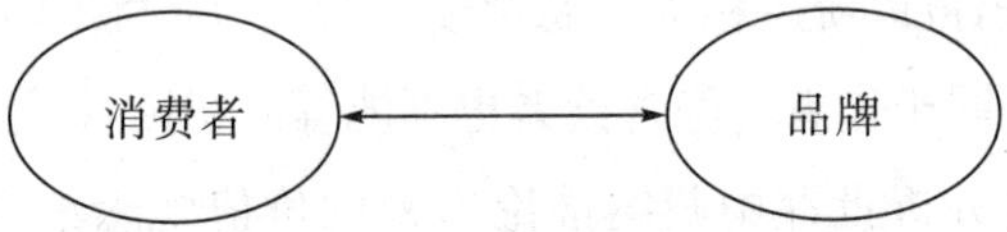

图1－3　“消费者－品牌”社群关系模型

品牌社群便由此产生了。“与消费社群一样，品牌社群最初也是由消费者自发形成的，但后来企业开始利用品牌社群的力量建立品牌忠诚乃至品牌资产，因此品牌社群逐渐成了企业营销的新利器。”[②] 品牌社群（Brand Community）的定义来自阿尔伯特·穆尼兹（Albert Mnuiz）和托马斯·奥古因（Thomas O'Guinn），他们提出了“消费者－品牌－消费者”模型[③]（如图1－4），强调了品牌社群作为中介，在消费者之中起着重要作用。

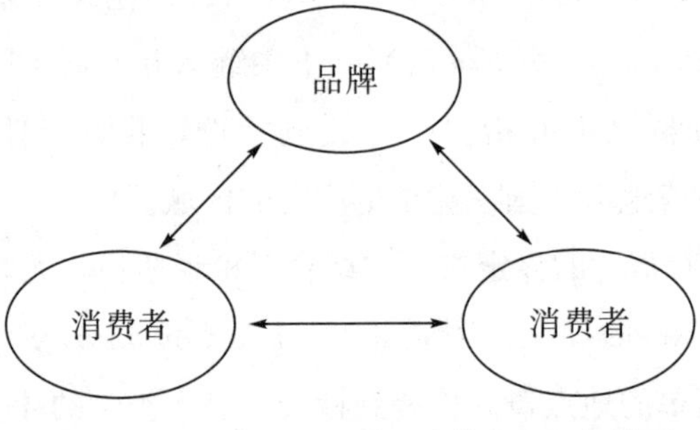

图1－4　“消费者－品牌－消费者”三角模型

2002年，J. H. 麦克亚历山大（James H. McAlexander）等人提出了一个“基于焦点消费者的品牌社群模型”（如图1－5），该模型包括四对主体关

---

① Daniel J. Boorstin. “Consumption communities.” //Daniel J. Boorstin. *The Americans: The Democratic Experience*, New York: Vintage Books, 1974, p. 89.

② 周志民，李蜜：《西方品牌社群研究述评》，《外国经济与管理》，2008（1），第46页。

③ See Albert Muniz & Thomas O'Guinn, “Brand community”, *Journal of Consumer Research*, 2001（3）, pp. 412－432.

系：消费者与品牌、消费者与产品、消费者与营销者、消费者与消费者，焦点消费者是整个关系网的核心①。

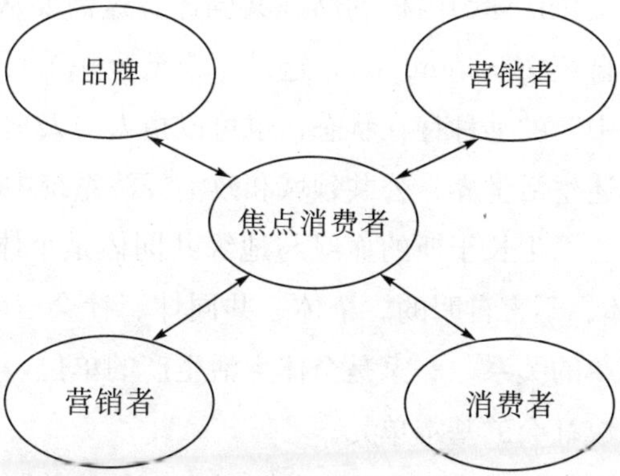

图 1-5　基于焦点消费者的品牌社群模型

林恩·亚普萧（Lynn Upshaw）和泰勒·厄尔（Taylor Earl）通过对Nokia、IKEA 品牌进行个案研究，提出了泛化的品牌社群模型（如图 1-6）。该模型认为一切与品牌有关联的利益经济体——雇员、顾客、股东、供应商、战略伙伴、其他利益相关者——都包括在品牌社群的概念之中②。

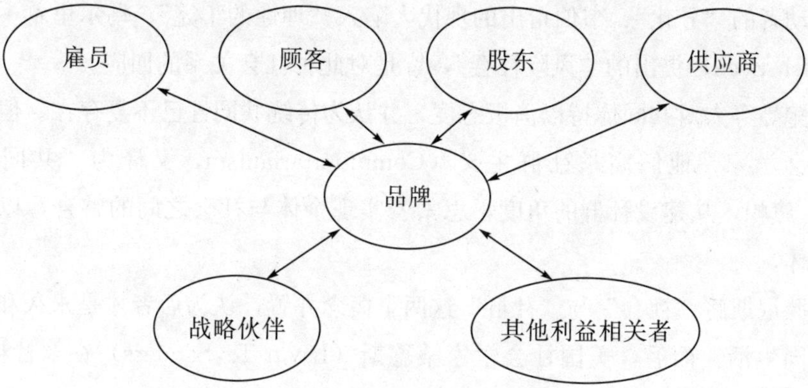

图 1-6　泛化品牌社群模型

① McAlexander J. H., Schouten J. W., Koenig H. F.. "Building brand community". Journal of Marketing A Quarterly Publication of the American Marketing Association, 2002 (1), pp. 38-54.

② Lynn Upshaw & Taylor Earl, "Building Business by Building a Master Brand", *Brand Management*, 2001 (6), pp. 417-426.

二、品牌社群：以文化认同为内核的品牌共同体

品牌社群是以文化认同为内核的品牌共同体。这需要从“共同体是什么”说起。共同体，译自英文 community，这是一个至今并无明确界定的概念，既可以指“人在人群中”的某种存在状态，也可以指人与人交流、互动的某类生活方式，还可以描述生活世界、公共领域和政治经济系统中存在的某些社会整合机制。在传统社会，生长于斯的血缘与地缘共同体是个体的“根”之所在，“根”是确定、具体、不言自明的。个体、共同体、社会三者以“家”作为联结，呈现出较为简单的关系——家是个体生活生产的单位，是个体归属的最重要的共同体，是构成社会的基本单元。

伴随着启蒙运动以及随之而来的现代性转型，传统共同体开始处于不稳定的状态，走向衰落，主要体现在三个方面：首先，个体的自我意识觉醒，个体在物质及精神上的需求多样化。其次，社会关系的脱域，个体不断从某种社会关系中抽离出来，又嵌入一种新的社会关系中，在持续变动的社会关系网络中，人人皆是流浪者与观光客。最后，松散的社会关系甚至引发道德伦理的失序。齐格蒙特·鲍曼（Zygmunt Bauman）论及的“液态现代性”、马克思谈及劳动者的“异化”、韦伯指出的现代人陷入“理性的牢笼”、乌尔里希·贝克（Ulrich Beck）提出的“风险社会”，皆是对此种社会关系的回应。

鲍曼等人对共同体持以消极态度，并认为传统共同性已不复存在。但有一批社会学家，他们高举社群主义（Communitarianism，又译为“共同体主义”）旗帜，从建设社群的角度，思索着实现个体与社会之间的整合，以重振共同体。

滕尼斯将“社会”与“社群”这两个概念并置，认为后者才是永久和真正的共同生活。而后，美国社会学家桑德斯（Irwin T. Sanders）在《社群论》（*The Community: An Introduction*）中把社群（共同体）从一个地点概念扩展到社会学、人类学的社会实体，他强调“社群（共同体）”是具有强烈的认同感、情感主义和伦理的建构性概念。

涂尔干（Émile Durkheim）认为在原始部落中，宗教仪式的举行会形成一种“集体意识”和“集体欢腾”，参与的个体的情感被迅速唤起，并感受到一种超出自我的集体情感，从而形成个体的社会情感。无论是滕尼斯的“社群”

还是涂尔干的“集体欢腾”，乃至威廉姆斯（Raymond Williams）的“情感结构”，都是在强调情感认同在构筑共同体时的强大作用。

20 世纪 70 年代，情感构筑共同体的作用得到进一步凸显，尤其是安德森（Benedict Anderson），他从媒介研究视角分析认同和情感，认为分布在不同空间的个体借由媒体技术产生了共时性，在想象的层次上发生了互动，形成了想象的共同体，包括民族在内的社群都是想象出来的。纸媒、广播、电视、互联网等媒介对于情感共同体的建构起到日益重要的作用。

1993 年，莱茵戈德（Howard Rheingold）提出“虚拟共同体”概念，即在网络空间中，一定数量的人员因为有着共同兴趣、话题或信息交流的需求，保持充沛的情感进行持久的互动，从而建立起一种类人际交往模式，其本质是一种网络上的社群。

这意味着，在现代性语境下思考共同体的重塑，是要重建有着共同情感、共享价值的社群。这决定了中国品牌在国际传播中塑造的共同体亦是一种情感共同体，途径是有赖于社会媒体的对话与互动性，建立一个有着情感纽带的品牌社群。

穆尼兹（Albert Mnuiz）和奥古因（Thomas O'Guinn）提出“品牌社群”的概念时认为：“品牌社群是一个不受地域限制的特殊消费群体，它是基于消费者使用某一品牌所形成的一系列社会关系。”① 品牌社群中的消费者之间相互影响、相互作用，使品牌社群表现出“传统社区”的三大特征：共同意识、共同的仪式和传统责任感。

品牌社群虽然具有类似“传统社区”的三大特征，但也略有不同。品牌社群于消费者而言具有重要意义：品牌社群是一个精神社群，社群成员加入社群主要是为了通过品牌来认知自我，寻求认同，并通过社群来构建自身想要的生活方式。

基于上述三大特征形成的品牌社群，成员之间拥有类似或接近的人生观、价值观，对品牌有着特殊情感，成员间容易产生心理上的共鸣。这种共鸣对于品牌认同的构建与维护起着重要作用。林恩・亚普萧（Lynn Upshaw）和泰

① Albert Muniz & Thomas O'Guinn, "Brand community", *Journal of Consumer Research*, 2001 (3), p. 412.

勒·厄尔（Taylor Earl）认为："品牌社群与品牌认同是相辅相成的关系，品牌社群的基础是良好的品牌认同，在品牌认同的过程中，品牌社群是非常重要的。企业应重视品牌共同体的力量，处理好品牌与品牌共同体的关系，以保持品牌的生命力和吸引力。"①

因此，创建网站或设立俱乐部已成为各大企业为实现品牌创建与品牌维护的新手段。各种各样的具体形式如"哈雷车主俱乐部""麦金塔用户组织""星战俱乐部"等，已成为品牌社群的经典范例，尤其是"哈雷车主俱乐部"，已成为品牌社群研究无法绕过的案例。1983 年，哈雷面临着巨大的困境，一方面，市场上受到来自日本性价比更高的摩托车品牌的冲击；另一方面，哈雷消费者的忠诚度降到最低点。哈雷公司认识到"brotherhood"可以成为哈雷品牌赋予消费者的一种精神象征，于是对从企业文化到管理构建的方方面面进行改革，以驱动社群的发展。这一品牌社群自建立，经过 25 年的发展，一直到 2008 年，会员超过 100 万，实现品牌价值超 78 亿美元。再如奥迪推出"英杰会"，邀请文化、商业、娱乐、体育界的杰出代表作为自己的荣誉会员，还邀请所有的奥迪车主为荣誉会员，通过在"英杰会"中进行高雅的社交活动，传递品牌内涵，深化并维护消费者对品牌的独特情感。

在大众传媒高度发达和流行文化盛行的后工业社会，特别是在网络营销盛行的今日，"品牌社群"出现一些新的发展动向，主要体现为"粉丝社群"崛起以及"在线品牌社群"的出现。尤其是"粉丝社群"，他们积极主动通过消费来建构自己生活和存在的意义，构成当前"不可忽视的文化现象"，并带动形成了庞大的"粉丝文化经济"（Fandom Cultural Economy）②。

> 2010 年 6 月，美国社交媒体调查公司 Syncapse 对 Facebook 社交网站上的诺基亚、阿迪达斯、星巴克、可口可乐、麦当劳等 20 多个品牌的 4000 多名粉丝进行了调查。调查报告显示，知名品牌的粉丝型用户贡献均值为 136.38 美元。相对于非粉丝型消费者，粉丝在自己所迷品牌上平均多消费 71.84 美元。品牌迷对于自己所迷品牌的持续使用可能性高达

① Lynn Upshaw & Taylor Earl, "Building business by building a masterbrand", *Brand Management*, 2001 (6), p. 417.

② See J. Fiske, "The cultural economy of fandom". Lisa Lewis, *The Adoring Audience: Fan Culture and Popular Media*, London: Routledge, pp. 30—49.

28%，对自己所迷品牌的推荐机率高达 41%，每年的向他人推荐该品牌的次数可达 10 次以上。①

这一类“超常的消费者群体”热衷的对象多样，可以是人物、物体、宗教、团队、思想、品牌等。当他们围绕一个品牌而产生狂热消费行为和崇拜情感时，这样的“粉丝社群”就成为品牌社群的升级版，即品牌教派（Brand Cult）。国外学者罗塞尔·W. 贝尔克（Russell W. Belk）与居尔努尔·蒂姆柏（Gulnur Tumbat）通过对苹果的麦金塔电脑（Macintosh）品牌社群的影像志和深度访谈发现，粉丝们已经成为苹果品牌的忠实“信徒”，并表现出一定程度上的类宗教特征。

具体来说，“苹果教派”中流传着与苹果品牌相关的一些传奇故事，主要包括以下四个。第一是诞生传奇。苹果的创始人史蒂夫·乔布斯（Steve Jobs）在车库里制造了第一台电脑，并经过艰苦的创业最终使苹果电脑一度占到了个人电脑市场百分之十五的份额。在粉丝的观念里，这简直就是一个奇迹般的创业经历。第二是英雄传奇。乔布斯离开苹果公司以及后来又复出的“历险传奇”被粉丝们津津乐道；作为商业领袖的乔布斯具有独树一帜的商业理念和反主流文化的“海盗”精神，这使他成为粉丝们心中的超级英雄和崇拜对象。第三是斗魔传奇。粉丝们坚定地拥护苹果电脑，并将其他强大的竞争对手视为“恶魔”；他们对苹果公司有着一种特殊的正义感，而对 IBM、微软等公司不屑一顾，并经常在社群里对其进行嘲弄和批判。第四是复活传奇。乔布斯成功复出并重建苹果公司。

粉丝们接受并认同这些品牌传奇故事，甚至一定程度上将苹果品牌神圣化，由此形成对品牌的忠诚心理。对粉丝们来说，苹果品牌的存在，并非是诱惑他们进行消费，而是品牌要主动为人类提供有创意的玩意。苹果粉丝们还积极劝说其他人使用苹果产品，以应对其他电脑巨头的“迫害”，顽强守护自己的“家园”。

随着互联网的不断发展，社群的形成从线下逐渐走向线上。霍华德·莱茵戈德（Howard Rheingold）最早于 1993 年提出“在线社群”概念，他认为，在线社群是“一群主要凭借计算机网络交流的人们，彼此有某种程度的认识、

① 刘明奚：《品牌迷的形成机理及培育策略研究》，湖南大学硕士论文，2013 年，第 1 页。

持续的公开讨论、分享某种程度的适合信息，相当程度上如同对待友人般予以关怀，通过网络建立个人关系，在虚拟实在中形成社会的集合体”[①]。

同时，品牌社群也逐渐与在线社群融合共生，形成“虚拟品牌社群”。罗伯特·V. 库兹奈特（Robert V. Kozinets）认为：“虚拟品牌社群是指品牌社群成员的传播载体，主要是网络。社群成员主要通过品牌论坛、个人主页和博客交流彼此的品牌体验和对品牌的态度。”[②]

传统的线下品牌社群是实体的，甚至是受地域限制的，社群成员之间通常进行面对面的交流，定期或不定期举行集会和关于品牌的活动，例如哈雷品牌社群、吉普品牌社群和单线滚轴溜冰社群等。实体品牌社群可以直接影响社群成员对品牌的态度和认识，社群成员对品牌的反应可以在参与品牌社群活动后得到直接的体现。

而虚拟的品牌社群指品牌社群成员交流的载体主要是网络，社群成员主要通过品牌论坛、个人主页和博客等交流彼此的品牌体验和对品牌的态度，StarTrek、星战迷和SunsJava中心社群等都是虚拟品牌社群。虽然虚拟品牌社群的成员不进行面对面的交流，但网络上的文字对社群成员的思想和行为也会产生深刻和直接的影响，其程度不亚于实体品牌社群对社群成员的影响[③]。

周志民和李蜜提出“有四个因素会影响品牌社群的形成，它们分别是信息价值、社会认同、品牌体验和种族或文化差异”[④]。从线下走到线上，以及线上线下联动，品牌社群的因素也逐渐发生变化，如社会认同还包括了网络社会的认同，就像是一种网络身份，一种拟剧论下的形象塑造。例如，游戏用户如果拥有了一个很难得的游戏皮肤，就像是一种特定场景中的社交资本，可以提升自身的特定环境下的社会认同。

网络信息时代，伴随着新媒体的迅猛发展，社群可以突破地理限制，将无限远的人们拉近并迅速集群，为打造“在线品牌社群”提供良好条件，尤其是

---

① Rheingold H. *The Virtual Community: Homesteading on the Electronic Frontier*. MIT press, 1993, p. 1.

② Robert V. Kozinets. “Utopian enterprise: Articulating the meaning of Star Trek's culture of consumption”. *Journal of Consumer Research*, 2001, 28, p. 68.

③ 王智阳：《新一年品牌营销下一站？社群!》，数英，https://www.digitaling.com/articles/21931.html? plat=ios，2016-02-15。

④ 周志民，李蜜：《西方品牌社群研究述评》，《外国经济与管理》，2008（1），第48页。

近年来，微博、微信、短视频等新型社交媒体的出现和发展，使得消费者呈现出圈群特征，人们会根据自己的喜爱和偏好结成群体，讨论分享他们共同的话题，如购物、新闻、娱乐等，这便于品牌通过空间内部庞大的活跃用户基数获取舆论支持。如此，大众被“圈群”分割成了众多碎片，然而，“每一个碎片就是一个小的受众群体，虽然每一个受众群体规模比以前小了，但同一群体的个体之间的相似度都增加了”[①]。这实际上更有利于价值共识，而群落与群落之间的不同又有益于品牌找寻、锁定其目标受众，实现品牌价值共振，从而完成“推论作者”与“代理作者”合一，促成品牌认同的形成。

“江小白”微博营销便是针对圈群实现精准传播的成功典例。2011 年，“江小白”白酒打出“以青春文艺的名义制造流行”的营销旗号，进入中国白酒市场。江小白与其他白酒的营销思路最大的差异体现在营销渠道上，它放弃了传统的营销方式，视微博为主要营销平台，在新浪微博上开启了全新的微博营销道路。目前，江小白的微博——“@冲浪少年江小白”粉丝已达到 620 万左右，成为江小白最主要的传播阵地。诙谐的标语被称为“江小白体”，由于“江小白体”易记、容易引起共鸣的特点，产生了病毒式的传播效果。

就连长期被视为“社会化媒体”的“悖论”的“奢侈品牌”，都开始寻求打造“在线品牌社群”：博柏利（Burberry）、爱马仕（Hermès）、蒂凡尼（Tiffany）等奢侈品牌开始设立官方网站，随着数字革命被证明有利于奢侈品牌管理，如客户关系管理系统能根据客户的职业、性别、品味、消费习惯等为客户提供个性化服务，越来越多的奢侈品牌发掘出新的网络推广方式，博客、Facebook、Twitter、YouTube 都成为奢侈品牌与目标客户建立情感的重要渠道。这甚至影响到了相对保守的高级珠宝界。2014 年，梵克雅宝（Van Cleef & Arpels）在巴黎旺多姆广场的精品店安置数字橱窗，用以展示商品并与路人们互动。

可见，在品牌社群中，成员基于一个或一些共同特征聚集成一个社区部落，并以与其价值观相一致的品牌作为连接媒介共同参与、共享和构建，以完成对品牌的“膜拜仪式”，形成对品牌文化的认同。在这一过程中，“品牌被看做是‘仪式’中的‘图腾’……品牌所代表的理念、态度和价值信仰是一种乌托邦式

① 花家明：《新媒介时代的广告》，《消费导刊》，2008（9），第 206 页。

的愿景，也是品牌消费者对自我的一种认同。这种愿景存在于每个消费者的心中，不同消费者虽都有不同的阐释，却能从信仰的角度对其产生向往与共鸣”①。

① 钱广贵，辜泓：《从传递观到仪式观的品牌传播转型》，《当代传播》，2016（3），第109页。

第二章　中国品牌的符号类型与文化属性

中国品牌数量众多，2020年国内商标有效注册量已达2800余万件，这些品牌分布在各行各业，拥有不同的品牌名称以及识别元素，其所引发的品牌联想以及品牌形象也迥异。就拿“中华老字号”来说，目前，商务部认定的“中华老字号”有1128家。“老字号”分布广泛，几乎覆盖了与百姓日常生活密切相关的主要行业，涉及餐饮、医药、酒业、服装、食品、茶业、珠宝、日化等。

这些企业面临的市场竞争日趋激烈，目前的发展状况与市场价值也参差不齐：有的企业实力雄厚，品牌竞争力强，呈现出良好的发展态势，如茅台、同仁堂；有的企业具有一定的品牌资产与品牌影响力，整体发展速度与态势较好，但在品牌管理或产品创新方面有待提高，如片仔癀；有的企业发展则不容乐观，如医药行业的北京德寿堂，2012年营业额仅为0.8万元，亏损额达到39万元。

可以看出，这些“中华老字号”的经营状况与品牌价值悬殊，如若在探讨其品牌国际传播的符号生产与认同时一概而论则会失之偏颇。因此，本书将先根据品牌的不同意义进行分类，厘清中国品牌的符号类型，并对品牌文化属性做出可能的判断。

本章第一节首先讨论品牌的意义生成，根据品牌意义生成的不同阶段以及品牌累积程度来对中国品牌进行分类。第二节将尝试对品牌的深层符号结构做解析，在此基础上探析当今品牌的文化属性与价值向度。

第一节　中国品牌的意义生成及符号分类

品牌是动态发展的产物，它必须持续演进，以在取得更多经验时应对顾客不断变化的需求，而后在不断变化的竞争中保持有利位置。即是说，任何一个品牌，都具有生命特征，在不同的阶段具有不同的属性与身份。而这种属性与身份的不同，集中体现在品牌符号意义的动态变化上，不同的品牌在构筑“拟真”世界方面的贡献机制并不是均等划一的，处于不同阶段的品牌，其所蕴含的意义以及对于消费者的意义是不一样的。

符号意义是品牌的关键，也是品牌价值的基础，这是品牌的最底层逻辑，品牌的诸种研究都是聚焦于这个逻辑的某些侧面展开讨论。在日常生活中，消费者常常通过对拥有“符号意义”[①] 的产品和品牌的购买与使用来进行他们自我的建构与表达[②]。在企业的营销实践中，企业则将其营销努力的重点从产品的物质和功能属性转移到对符号价值的创造[③]。

那么，品牌所具有的符号意义是如何生成的，即符号增值是如何实现的，这关系到企业品牌定位和沟通策略的选择与执行，毕竟随着中国经济的迅猛发展，商品所具有的品牌意义成为影响中国消费者购买行为的最重要因素。不仅如此，这也关系到中国品牌文化的发展，中国是具有丰厚文化底蕴的文化大国，若要对之进行有效开发，丰富品牌文化，也要求我们对品牌意义的生成机制进行观照。因此，品牌意义生成问题是品牌管理的最重要论题，也是当今文化的重大命题。

一、品牌意义生成机制研究及偏颇

对于品牌意义的生成机制，国内外各个领域的学者都对此问题表现出极大的兴趣，并展开了积极探索，提出了不少卓有成效的理论解释与理论模型。纵观现有的研究，笔者认为影响较大的研究成果，主要出自两个视角，一是营销

---

① 引文中被称为“象征意义”（symbolic meaning），本书将“象征意义”统称为“符号意义”。

② 参见王长征，周学春：《象征型品牌的效应：从意义到忠诚》，《管理科学》，2011（4），第41页。

③ M. McEnally& L. De Chernatony, “The evolving nature of branding: Consumer and managerial considerations”, *Academy of Marketing Science Review*, 1999, 2 (1), p. 1.

学层面的研究，二是以鲍德里亚、罗兰·巴尔特“神话理论”为代表的文化符号学研究成果。

（一）营销学者对品牌意义形成机制的研究

从营销学出发对品牌意义形成机制进行的研究，较具代表性的理论阐释与理论模型有：“文化意义传递理论、符号互动理论、谈判模型、品牌社群理论和自我概念理论以及体验模型。”①

“文化意义传递理论”的提出者是格兰特·麦克拉肯（Grant McCracken），他通过对北美地区的研究，从文化与品牌两者的关系出发讨论品牌的意义。他认为，“通过广告、时尚系统等行为，产品先从文化世界中汲取意义，时尚系统将意义传递到产品”②。品牌意义从文化世界传递到产品主要通过一个意义流动的过程。首先，意义从文化世界流向产品，而后再从产品流向消费者个体。在这两个流动阶段，广告、时尚与仪式分别起着关键性作用。因此，该模型被称为“流动模型”（如图 2-1），其缺憾在于没有考虑消费者的意义生产过程，导致这成了一个单向的意义流动模型。

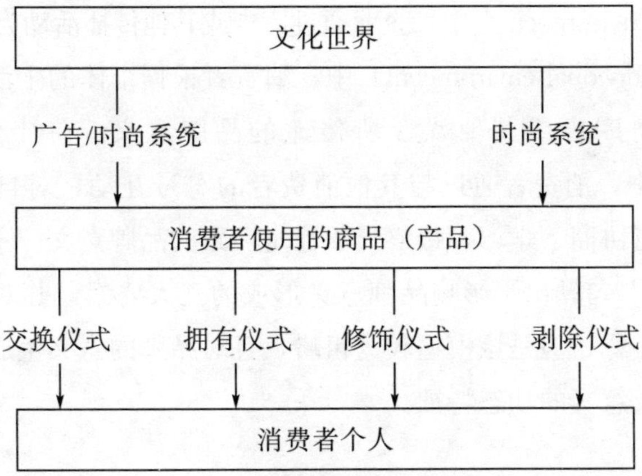

图 2-1 文化意义传递理论

“符号互动模型”是在 1967 年，由格拉布·爱德华（Grubb Edward）和哈里森（Grathwohl Harrison）从社会交流的视角提出（如图 2-2）。此模型认为品

① 朱丽叶：《品牌意义的形成、测量与创新》，《战略决策研究》，2011（1），第 46-47 页。

② G. McCracken, “Culture and Consumption: A theoretical account of the structure and the movement of the cultural meaning of consumer goods”, *Journal of Consumer Research*, vol. 13, no. 1, 1986, p. 71.

牌的意义是个体、受众和符号品牌三者通过“内在互动”（intra-action process）和“外在互动”（interaction process）两个过程生成。消费者通过使用品牌，将品牌意义过渡到自身，同时也通过其观众的评价和认可，进一步提升自己的形象①。“符号互动模型”强调了社会互动在品牌意义生成过程中的重要性，这一模型的缺点在于没有对个体与品牌间的意义流动进行分析和解释。

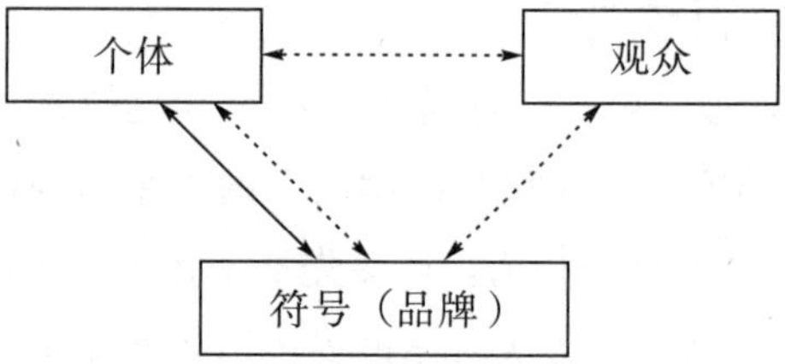

图 2—2　品牌意义互动模型

马特·里加斯（Mart Ligas）和朱恩·柯特（June Cotte）也提出了与爱德华、哈里森类似的观点，他们认为品牌意义的形成是个体环境、社会环境和营销环境共同谈判的结果，这一模型被称为“谈判模型”（如图 2—3）。“在市场环境（marketing environment）中，企业通过广告或其他传播活动为品牌注入意义；在个体环境（individual environment）中，消费者根据个体的生活情境与角色关联，阐释、理解广告或其他媒介所传递的品牌意义；在社会环境（social environment）中，消费者通过与其他消费者的符号互动，对自己所形成的品牌象征意义进行协商、学习，最终形成稳定一致的品牌意义。”②

“谈判模型”勾勒出了影响品牌意义形成的三大要素，并对三大要素间的交互作用做了解释，但是该模型较为粗略，且对品牌的意义生成特征描述是静态的，没有涉及意义的动态特征。

① Grubb Edward & Grathwohl Harrison, “Consumer self-concept, symbolism and market behavior: A theoretical approach”, *Journal of Marketing*, vol. 31, no. 10, 1967, pp. 22—27.

② Mart Ligas & June Cotte, “The process of negotiating brand meaning: A symbolic interactionist perspectives”, *Advances in Consumer Research*, vol. 26, no. 5, 1999, p. 610.

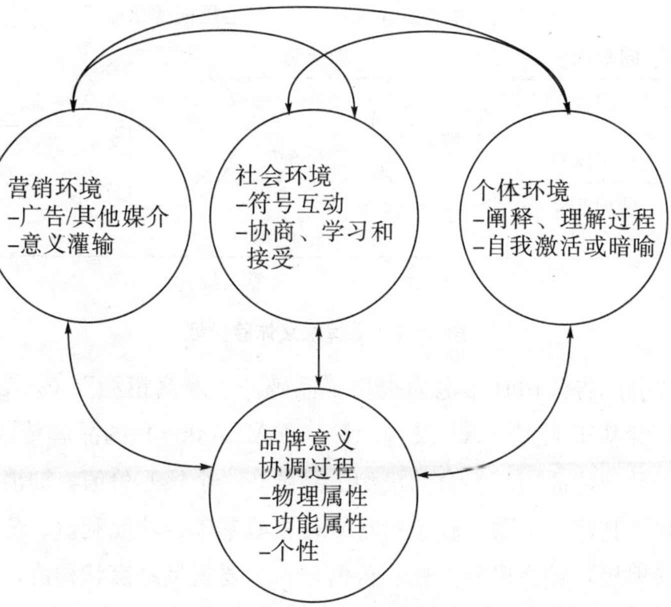

图 2—3　品牌意义谈判模型

理查德·艾略特（Richard Elliott）和卡. 瓦塔那苏旺（Kritsadarat Wattanasuwan）的“体验模型”是从消费者体验的角度研究品牌意义（如图 2—4），他们认为，“消费者通过广告等形成对品牌的间接体验，通过购买和使用形成直接体验，在这一体验过程中，形成对品牌的个人理解。个人理解通过各种场合的谈论（discursive elaboration）得到广泛认同，使个人理解所具有的个人特质、不稳定特征得以消除，成为一般性的、稳定的品牌意义”①。

“体验模型”分别解释了个人层面以及社会层面品牌意义的形成过程。但是该模型忽略了文化背景等对品牌意义形成的重要作用。

① Richard Elliot & Kritsadarat Wattanasuwan, “Brands as symbolic resources for the construction of identity”, *International Journal of Advertising*, vol. 17, no. 2, 1998, p. 131.

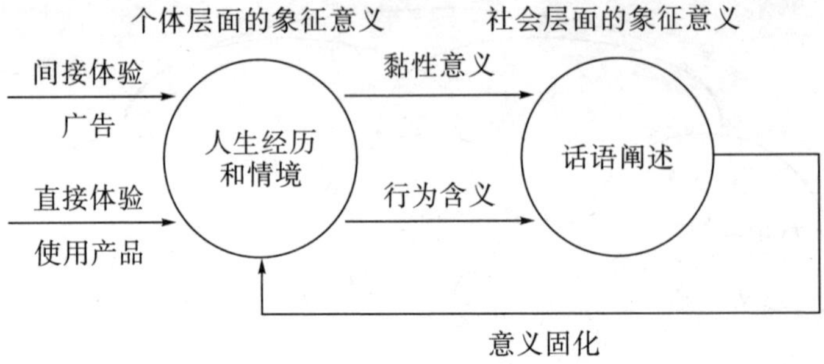

图 2-4　品牌意义体验模型

世界知名广告公司日本电通提出了品牌的“蜂窝模型”（如图 2-5）。这个模型的开发基于大卫·A. 艾克（David A. Aaker）的品牌传播识别理论，是一个基于品牌传播内容整合的模型。品牌有一个核心价值，即消费者对品牌的核心认同，其他六个要素则包括符号、权威基础、功能利益、情感利益、个性、典型（理想）顾客形象。核心价值与六大要素呈蜂窝状构成，六个要素围绕、传递并巩固这个核心价值。“日本电通蜂窝模型是一个卓有成效的基于品牌传播内容整合的模型，是电通公司在品牌目标与战略方案设立时的重要工具，也被视为电通一整套品牌构建系统中的核心工具。”①

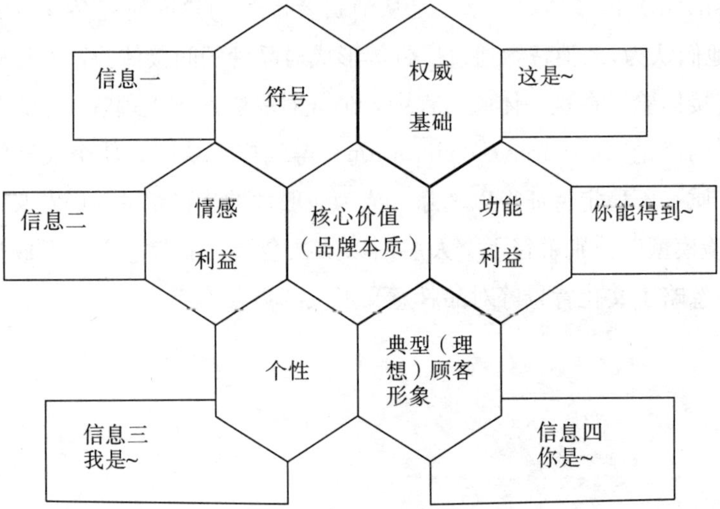

图 2-5　电通蜂窝模型

---

① 陈书舫：《基于日本电通蜂窝模型的欧莱雅集团品牌建构研究》，浙江大学硕士论文，2010 年，第 2 页。

穆尼兹是提出“品牌社群”概念的第一人。他从品牌社群的研究视角出发，提出了品牌意义形成的“品牌社群理论”。他认为，“社群内消费者建立和发展品牌意义要经历四个过程，分别是认识到品牌社群存在、分享个人的品牌经验、强化品牌意义的某些方面、拒绝品牌意义的某些方面等”[①]。穆尼兹的研究强调了消费者在品牌意义生成中的主导和创造者的作用，却忽略了企业对品牌意义的设定。

中国学者王长征、周学春提出了一个解释品牌意义形成机制的综合框架（如图 2－6）。他们认为，品牌意义的形成主要有以下三个关键过程或环节：“（1）文化意义的转移，即文化世界中的意义在企业和企业之外的社会力量的操控下被转移到特定的产品。（2）个体的意义汲取/注入，指消费者个体与产品之间的双向意义流动，即产品的意义被个体汲取和占用，以及个体把自己的个人‘自我意义’注入产品。（3）社会互动，即个体层面的意义通过个体与参考群体及其成员之间的互动上升为社会层面一般化、普遍认可和稳定的‘共享’意义。”[②] 王长征、周学春的这一模型是在借鉴麦克拉肯的“流动模型”以及“符号互动模型”的基础上，对品牌意义的形成提出的新看法，发展了“流动模型”与“符号互动模型”，具有重大意义。

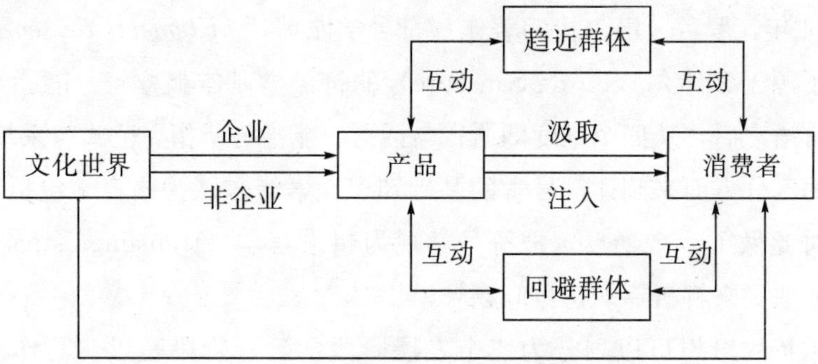

图 2－6　品牌意义形成机制综合分析框架

然而上述关于品牌意义形成的理论与模型，虽然都从不同层面与角度探索了在品牌意义形成过程中的某种主导性因素，但是也正如笔者一一分析的那

① Albert Mnuiz, “Brand community and the negotiation of brand meaning”, *Advances in Consumer Research*, 24 (1). pp. 308－309.

② 王长征，周学春：《品牌象征意义形成机制研究》，《外国经济与管理》，2009（11），第 60 页。

样，都存在某种疏漏与偏颇。不仅如此，这些理论与模型都较为宏观，大多以社会、文化或群体为对象对品牌做研究，而未从品牌自身出发，因此也就没能涉及具体的机制问题。

（二）文化学者对品牌意义形成机制的研究

文化研究者也关注品牌意义的问题。鲍德里亚（Jean Baudrillard）在论述符号消费时，强调象征交换，其中很大一部分是品牌的象征意义。“橱窗、广告、生产的产品和商标在这里起着主要作用，并强加着一种一致的集体观念，像一条链子、一个几乎无法分离的整体，它们不再是一串简单的产品，而是一串意义，因为它们相互暗示着更复杂的高档产品，并使消费者产生一系列更为复杂的动机。”① 但鲍德里亚并没有探究品牌意义的生成机制，也没有对文本进行细读。“在那些重要的后现代理论家中，很少有人对大众媒体文化的实际文本和实践作过系统而持久的审视。例如，鲍德里亚难得有几次提及媒体文化的实际产物，而且极其轻描淡写，支离破碎，而德勒兹和瓜塔里也是如此。”②

在文化研究者中，罗兰·巴尔特（Roland Barthes）曾尝试用符号学方法对消费文化进行研究。他所取得的研究成果成为当今众多学者进行相关研究的基础理论。因此，笔者将在此不耽笔墨对巴尔特的研究进行详尽论述。

1964年，罗兰·巴尔特的著作《符号学原理》（*Élements de sémiologie*）在界定了源于索绪尔（F. de Saussure）的符号学基本概念——能指与所指、语言与言语之后，从四个维度即语言与话语、能指与所指、范式与系统、外延与内涵的区分方面来阐述符号学的基础知识。索绪尔认为语言学包括符号学，巴尔特对此做了一个逆反，把符号学视为超语言学（translinguistics），并以语言学的法则来解析一切符号问题③。

巴尔特的思想可以划分为三个发展阶段：第一阶段是以《写作的零度》（*Le degré zéro de lécriture*）、《神话——大众文化诠释》（*Mythologies*）为代表作品的中产阶级意识形态批评时期；第二阶段是结构主义时期，以《符号学

---

① 鲍德里亚：《消费社会》，刘成富、全志钢译，南京：南京大学出版社，2006年版，第3页。

② 道格拉斯·凯尔纳：《媒体文化：介于现代与后现代之间的文化研究、认同性与政治》，丁宁译，北京：商务印书馆，2013年版，第65页。

③ Umberto Eco, *A Theory of Semiotics*. Bloomington, IN.: Indiana University Press, 1976, p. 30.

原理》（*Élements de sémiologie*）、《论拉辛》（*Sur Racine*）以及《流行体系：符号学与服饰符码》（*System de la Mode*）为标志；三是以《S/Z》开始的解构主义时期。

在《神话——大众文化诠释》一书中，巴尔特对食品、时装、玩具、摄影等日常消费文化进行了符号学的“祛魅”，其一生的写作都在跨越语言文本与非语言文本的研究界限。正如他所说：“我们这个世界充满了符号，数量如此之多，以至于有时失去了意义。”①

通过运用符号学方法研究各种消费文化现象，他在该书中提出了“神话”概念，打破了以往的神话内涵。在普遍意义上，神话是指远古人民表现对自然与文化现象的理解和想象的故事，而巴尔特的神话学则是用符号学的方法分析大众文化：“神话的概念我以为从一开始就阐明了这些明显的虚幻：那时，我是从传统意义上来理解神话这词的，不过，我已确定这样一个事实，我后来所有结论都源于此事实：神话是一种总体语言（language）。”②

对巴尔特来说，神话是一种意指方式，关乎的是形式而非内容。这一意指方式是由两个系统转换生成，第一系统符号即索绪尔所说的“能指＋所指＝符号”，表示符号明显的常识性意义，巴尔特称其为外延（denotation），第二系统符号即内涵（connotation），巴尔特称之为“神话”。

此概念影响深远，被广泛运用于各种文化现象的分析，当前众多学者在分析品牌意义的生成时，也善用此概念，使得“神话”概念成为品牌意义生成研究最主要的方法论。那么，运用该概念分析品牌意义是否存有局限？笔者认为要回答这一问题，首先需要回答的问题是神话理论到底是什么，神话如何被解读。

《神话——大众文化诠释》分为两部分，第一部分对四十种流行文化现象进行了神话学解读。巴尔特认为，随着资本主义新形态的开始，大众文化呈现出主导一切的趋势，成为一种新的神话，开始支配着人们的思想观念。大众文化的神话运作，通过一系列方式——将世界功能化，使人成为透明世界的拥有者；将社会形式化，使内容同质化为量的差别；等等——将历史性规定的事件

① 路易·让·卡尔韦：《结构与符号——罗兰·巴尔特传》，车槿山译，北京：北京大学出版社，1997年版，第269页。

② Roland Barthes, *Mythologies*, Annette Lavers trans. New York: Hill & Wang, 1972, p. 11.

与内涵自然化。

如果说第一部分是巴尔特对种种现象做出的种种反思，那么，第二部分——《今日神话》则是在对大众文化的神话学做理论性的建构。他认为神话需符合三个条件：

第一，“神话是一种语言”。“神话是一种言谈，是一种传播体系，它是一种讯息……由此可见，想要依据神话客体的本质进行区分完全是错觉……神话并非凭其讯息的客体来定义，而是以它说出这个讯息的方式来定义的。”①

第二，并不是所有的语言都能建构成神话，神话是对具有一定意义的素材进行意义的再创造过程。“除了口头言语，神话还可以是其他事物，它可以由文字或表象构成：不仅写下的话语，还有照片、电影、新闻报道、竞技、表演、广告等。这些都可以是神话存在的载体。神话不是以主题来界定，也不是靠其材料来确定，因为任何材料都可以被任意地赋予意义……”②

第三，“神话是语言”具有历史性规定，语言在神话的形成中受到了社会历史现实的建构。

因此，神话是以语言为中介组建起来的，神话面对的是由语言构建起来的一种“意象”，并非“事实本身”。于是，巴尔特在解码神话时自然而然与索绪尔的“语言符号学”相联系，并为他从语言学角度分析神话奠定了基础。

首先，巴尔特对神话的符号学结果做了分析。在《普通语言学教程》（*Course in General Linguistics*）中，索绪尔认为，语言由符号构成，符号由能指与所指构成，两者构成一种意指关系。能指指音响形象，如读“狗”时发出的声音，所指是概念，如“狗”这个概念。这里的符号，主要是一种心理现象与心理实体，与实物之间没有必然的联系，这与弗洛伊德的“等值厚度”概念对应。能指与所指之间的关系是任意性的，任意性被索绪尔视为语言符号的一个重要特征。

巴尔特认同索绪尔关于语言符号的一般理解，认为能指与所指是任何符号的两个必要因素。但在对能指与所指的理解上，巴尔特对索绪尔的符号学进行了转换。巴尔特将能指与所指的意指关系也加入进来，并把这三项归结为一

---

① 罗兰·巴特：《神话——大众文化诠释》，许蔷蔷、许绮玲译，上海：上海人民出版社，1999年版，第167页。

② Roland Barthes, *Mythologies*, Annette Lavers trans. New York: Hill & Wang, 1972, p. 110.

体。如此，经过两级的意指过程，能指从符号转向了被抽空具体内涵的实体，成为神话。比如恋人之间常以互赠玫瑰表达彼此的爱意。在这个符号表意中，玫瑰是再现的能指，爱情是指向的所指，能指与所指的结合构成一个符号，这个符号也是玫瑰。第一个玫瑰是真实的物，第二个玫瑰则被抽空了具体的内容，是符号。因此，“在经验的层面上，我无法使玫瑰和其所传递的讯息分隔，如同在分析的层面上，我也不能混淆玫瑰是能指及玫瑰是符号，能指是空的，符号是完满的，那是一种意义”①。

与索绪尔的语言符号学不同，神话是符号结构二重化的结果。在第二次符号结构上，神话开始产生效果，而第一层完成的符号在第二层中变成了一个空洞的能指，为更好地说明这个两级递进的符号结构，巴尔特画了图（如图2—7）：

<table>
<tr><td>1. 能指</td><td>2. 所指</td><td></td></tr>
<tr><td colspan="2">3. 符号
(Ⅰ. 能指)</td><td>2. 所指</td></tr>
<tr><td colspan="3">3. 新的符号</td></tr>
</table>

图 2—7　两级递进的符号结构

朱迪斯·威廉姆逊（Judith Williamson）对法国香奈儿（Chanel）5 号香水一则广告的分析，能很好地说明这一过程。这则广告有两副形象并置，一是一瓶香奈儿 5 号香水，二是法国著名女影星凯瑟琳·德纳芙（Catherine Deneuve）的肖像（如图 2—8）：

① 罗兰·巴特：《神话——大众文化诠释》，许蔷蔷、许绮玲译，上海：上海人民出版社，1999 年版，第 171 页。

图 2-8　德纳芙代言香奈儿 5 号平面广告

德纳芙是法国电影界的重要人物，被誉为“法国影坛常青树”“欧洲影坛第一夫人”。1995 年，法国人将德纳芙选为法兰西最具代表性的女性，时尚界传奇人物伊夫·圣·罗兰（Yves Saint Laurent）将她称作“心目中最完美的女人”。德纳芙一直是高贵、美丽、优雅的代名词。这则广告通过并置德纳芙与香奈儿 5 号，将德纳芙优雅、高贵的气质转移到了香奈儿香水上。

德纳芙与香水之间没有任何必然的联系，其关系完全是任意的，这则广告却让原本属于文化范畴的东西转变成了香水的自然属性，并强烈地诱导受众：想要拥有与德纳芙一样的优雅与美丽，那就购买一瓶香奈儿 5 号香水吧。这一过程，巴尔特称之为“自然化”，也即“神话”，是意识形态操作的结果。这一分析揭示了商品拜物教的内部运作机制，商品神话的意义生产过程亦一目了然。

巴尔特的神话理论资源基础是语言符号学。在法国哲学传统中，索绪尔的结构语言学模式对于语言学转向起到了非常大的作用，借助索绪尔的“能指-所指”符号结构，法国思想家们建立起符号学体系，并以此分析社会文化现象，发展出一种广义的符号学及一种文本理论。巴尔特认为符号学既是谦虚的，又是大胆的，“说其谦虚是因为符号学知识只可能是对语言学知识的一种模仿。说其大胆是因为，这种知识至少在构想中，已经被应用于非语言的对象了”①。也就是说，语言学模式被普遍运用到各种文化现象的分析中。

① 参见罗兰·巴尔特：《符号学原理》，王东亮等译，北京：生活·读书·新知三联书店，1999 年版，第 115 页。

然而，这种神话理论具有很明显的缺陷。从理论本身来看，神话学建立在语言学基础上：神话等于言语，但是非语言符号往往也是言语的表达方式。在语言未曾诞生之前，人类就使用图画、手势等符号进行表意。这一尝试体现出巴尔特在跨越语言文本与非语言文本的研究界限方面的努力，但其“神话”理论仍是结构性分析，是结构主义的成果。乔纳森·卡勒（Jonathan D. Culler）曾用“语言的牢笼”来形容法国结构主义。卡勒提出：“结构主义成功地去除了许多符号的面具。它目前的任务必须是进一步系统化，以便解释这些符号是如何工作的。它必须尝试制定每个程序系统的规则，并指明如何进行，但仅此而已。”[①]

语言符号学在对实际符号表意的解释上，其缺陷也是明显的。巴尔特的神话学是按照符号学方法来完成的，但处理的素材又不是纯粹的符号，这是其理论的另一个缺陷。这种研究必须借用自然语言这种中介。巴尔特后来在《服饰系统》一书中分析时装时，也不得不着重于被书写的服饰，而不是对时装本身进行分析。在分析绘画作品时，它也是只限于分析绘画的描述性语言。

巴尔特的大众文化批判，其立足点不再是法兰克福学派主张的真实需求/虚假需求以及真实个体/虚假个体的二元对立，而是开创性地运用语言符号学理论，从内在运行方式来揭示大众文化，具有创新性。同时其两级递进的意义结构理论在分析大众文化时具有一定解释力，“神话理论”被品牌研究者广泛运用于品牌传播分析中。品牌意义被认定是外延意义。“神话”的分析也就成为品牌符号学研究中最重要的论题。

著名符号学者马塞尔·达内西（Marcel Danesi）在营销、广告符号学研究方面颇有建树，但其对品牌符号的分析也是基于巴尔特的神话构建。

假如上述的研究（指罗兰·巴尔特以来的相关学者的广告符号学研究）有一个共同主题的话——这个主题也和本书的主题密切相关，那就是许多品牌名称、标识、包装设计、宣传、广告被解释为两个层面：表层意义（a “surface” level）和底层意义（an “underlying” one）。前者包含了各种风格独特的符号。这些充满创意的符号（图像、单词、颜色、不断重复的故事），创造了产品个性，同时也是“底层意义”的“反射”和“痕迹”。底层意义是文本隐含意义

① Jonathan Culler, *Structuralist Poetics*, London & New York: Routledge, 2002, pp. 308－309.

所在……一般说来，底层意义就像巴尔特在他的许多传媒和流行文化相关的文章中说的那样，是神话（mythic）意义，是原型（archetypal）意义。[①]

然而，“神话理论”将符号学简单地处理成了有关能指和所指、外延和内涵的学问，此研究目标过于狭隘。尤其是当今品牌已超越其起区分作用的“商标”范畴，更多的是为产品赋予符号意义，而对品牌意义的接收与解释，完全依靠接收者的努力。这是巴尔特的“神话”理论无法处理的。不仅如此，巴尔特认为，虽然符号学是意义学，其研究对象是所有的符号系统，但在具体理论中其展开研究的对象却是“内涵单位”。他给出的界定是针对普遍对象，但在处理某些文化文本时多有不足，比如具有叙述多重特征的品牌。因此，纯粹使用语言符号学方法，无法处理品牌文本作为叙述文本的问题。

因此，在处理品牌意义生成机制方面，巴尔特的“神话理论”显示出其局限性。

二、格雷马斯方阵模式下的品牌意义生成模型

从上述分析可知，关于品牌意义生成模式的研究，不管是营销学者爱德华、哈里森、里加斯，还是文化符号学家鲍德里亚、巴尔特，他们在涉及品牌意义生成逻辑时，虽然各有差异，但都忽略了品牌与品牌之间的区别，匀质化地处理了产品的符号化。实际上，品牌意义也并非一成不变，它是一个不断变动的动态过程。任何一个品牌，都具有生命特征，在不同的阶段具有不同的属性与身份。

（一）品牌是动态发展的产物

品牌是动态发展的产物，它必须保持不断演进，以在取得更多经验时反映顾客不断变化的需求，而后在不断变化的竞争中保持有利位置。1996 年，玛丽·古德伊尔（Mary Goodyear）按照发展时间顺序建立了品牌的演进模型（见表 2-1）。她认为，市场的品牌演进可以按照一系列保护消费者的运动来理解。品牌发展依次分为以下六个阶段，并随着发展时间的变化而逐级演进[②]：

---

① See Ron Beasley，Danesi Marcel，*Per-Sua-sive Signs: The Semiotics of Advertising*. New York：Moutonde Gruyter Berlin，2002，pp. 1－30.

② Mary Goodyear，“Divided by a Common Language”，*Journal of the Market Research Society*，1996，38（2），pp. 105－122.

无品牌（unbrand）：商品，包装的商品，强大的制造商；

品牌作为参照物（brand as reference）：名字用于识别，是质量的保证，广告传播产品特性；

品牌作为个性（brand as personality）：品牌名独立，具有情感的吸引力；

品牌作为偶像（brand as icon）：消费者拥有品牌，品牌进入社会价值的较高层次；

品牌作为公司（brand as company）：品牌成为一种复杂的身份识别，消费者的品牌评价全面；

品牌作为政策（brand as policy）：公司、品牌关系到社会和政治问题，现在是消费者决定品牌、公司和政治的时代。

在不同的阶段，品牌充当不同的角色，对消费者而言有着不同的含义。品牌从最初作为产品质量的保证与参照物逐步发展成具有个性的品牌，再成长为一个偶像，最后成为公司的代名词，甚至在社会文化认可中承担更多的责任。

表 2-1　不同阶段的品牌演进模型

品牌化阶段	时间	价值类型
品牌作为政策	↑	
品牌作为公司		最终的 ↑
品牌作为偶像		符号的
品牌作为个性		↓
品牌作为参照物		↑
无品牌	时间=0	工具的

2000年，杰斯珀·昆德（Jesper Kunde）“将品牌的发展分成产品、品牌概念、公司理念化品牌、品牌文化和品牌精神五个阶段”，被称为“品牌信仰模型”（如图 2-9）。五种不同类型的品牌之间的区别如下[①]：

产品：没有任何“附加价值”的一般产品，仅具备一些普遍要求；

品牌概念：在情感价值的基础上而非产品资产的基础上得以运行的品牌；

① 杰斯珀·昆德：《公司精神：塑造个性、精神与灵魂，建立一个强大的公司》，阿弥译，北京：华夏出版社，2013年版，第57页。

公司理念化品牌：与一个整体运作完全一致且和谐的公司相融合的品牌；

品牌文化：在消费者心目中占有很高的地位，以至于消费者将其等同于其所代表功能的品牌；

品牌精神：这是品牌的最高境界——对于消费者来讲，这种品牌就是一种必需的选择，就是一种信仰。

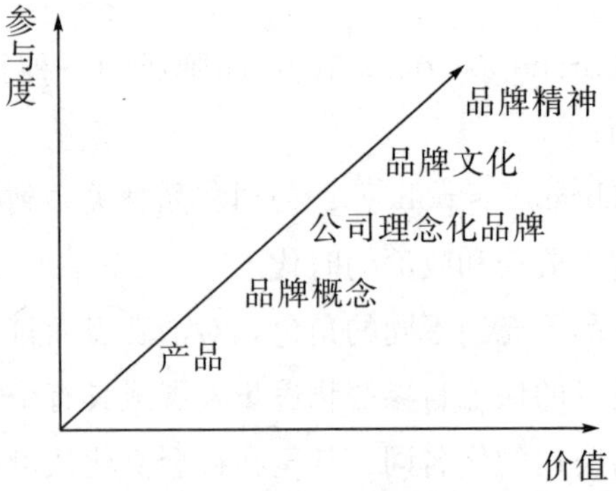

图 2-9　品牌信仰模型

约翰·马里奥蒂（John Mariotti）在 2001 年总结出了品牌发展的三个阶段（见表 2-2）[①]，他认为品牌的发展过程，是不断与产品相分离的过程，品牌发展到越高阶段，品牌相对于产品的独立性就越强。

表 2-2　约翰·马里奥蒂品牌发展三阶段

品牌发展阶段	品牌特性	品牌目标
第一阶段	品牌的功能只在于区别产品，很少用来与直接竞争对手区别服务	尽可能多地获取消费者支出的份额
第二阶段	品牌开始与其所代表的产品和服务分离，并对它们起保护作用。广告成为一种强大的力量，品牌延伸开始出现，消费者为了地位、身份、价值而选择购买品牌商品，品牌的价值凸显	尽可能多地吸引消费者的注意力

① 参见约翰·马里奥蒂：《品牌和打造品牌》，时健、李克良译，上海：上海远东出版社，2002 年版，第 6-7 页。

续表2－2

品牌发展阶段	品牌特性	品牌目标
第三阶段	品牌越来越具有独立性，它为公司的全球化提供了理想的手段，品牌被信息、娱乐、经验、形象和感情的混合物加强，广告的数量和重要性不断增加	尽可能多地获取消费者的生活甚至他们的精神份额

中国学者朱立从品牌文化角度对品牌发展过程进行了分阶段说明，他认为"品牌的发展过程就是品牌文化不断丰富的过程，是品牌文化由表及里、由浅入深的升华过程。在品牌发展中，品牌由纯符号逐渐演变为具有丰富附加值与品牌资产价值的价值复合体，因此，品牌的渐进式发展经历了符号文化、品牌附加价值文化、品牌资产文化和品牌文化多元化等四个阶段"[①]（如图 2－10）。

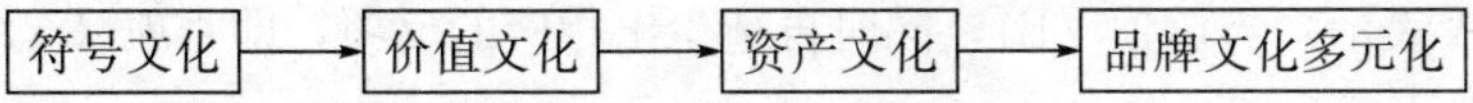

图 2－10　品牌的文化发展四阶段

从国内外学者根据品牌意义的发展而对品牌所做的阶段划分可知，不同的品牌构筑"拟真"世界的贡献机制并不是均等划一的，处于不同阶段的品牌，其所蕴含的意义以及对于消费者的意义是不一样的。更为重要的是，品牌意义的生成并不像巴尔特等人所理解的那样，通过"换挡加速"两步就能完成——如此处理将神话的进展过程过于简单化，而是要经历"三阶段论""四阶段论"甚至"六阶段论"。

因此，我们可以做如下论断：由于方法论的局限，关于品牌意义生成机制的研究，还有待进一步发展。

（二）格雷马斯方阵及其发展

格雷马斯（Algirdas Julien Greimas）是法籍立陶宛裔著名符号学家，是法国巴黎学派代表人，与索绪尔、皮尔斯、艾柯（Umberto Eco）并称为"四大符号学奠基人"。受胡塞尔（E. Edmund Husserl）和梅洛－庞蒂（Maurice Merleau-Ponty）哲学的影响，他从 20 世纪 50 年代起研究哲学和语言学；六七十年代，法国结构主义盛行，格雷马斯开始投身结构语义分析与叙述语义分析。

① 朱立：《品牌文化战略研究》，北京：经济科学出版社，2006 年版，第 77 页。

1976 年，格雷马斯编写《符号学：言语活动理论的系统思考词典》（*Sémiotique: dictionnaire raisonné de la théorie du langage*，*Hachette Sépérieur*）一书，集中贯彻了他将符号学作为社会科学认识论、方法论基础的构想。

格雷马斯一生著述颇丰，其主要贡献在于对语义学的探索，而“符号学方阵”（Semiotic Square）（也称“语义方阵”“符号学方形图”“格雷马斯方阵”）是其最富独创性和应用性的贡献之一。1966 年，格雷马斯在《结构语义学》（*Semantique structurale*）一书中首次提出此方阵图式，随后又在 1970 年出版的《论意义》（*Du Sens*）一书中对这个方阵进行了改造。他采用语义对立关系中四个相关的义素组成四角关系，结构主义的二元对立原则是“方阵”的方法论基础。[①]

格雷马斯认为，意义在意义轴的两个对立项之间运作，即正项（为便于表达，用 A 表示）与负项（B），同时再衍生出相应的反项，即否项（−A）和负否项（−B）。在这四项之外，有六个连接：正项和负项之间的正对拒连接（5）；−A 和 −B 负对拒连接（6）；−B A 否正连接（7）；B−A 负否负连接（8）；A−A 否正连接（9）；B−B 否负连接（10）（如图 2−11）。

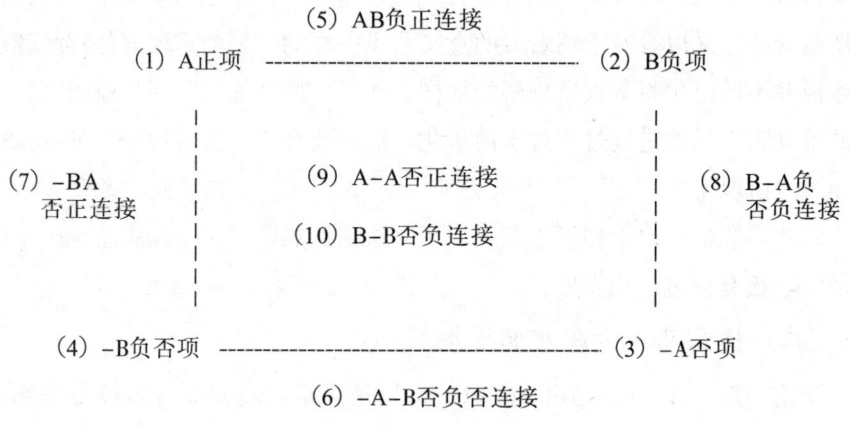

图 2−11　格雷马斯符号学方阵[②]

① 参见格雷马斯：《论意义：符号学论文集（上）》，冯学俊、吴泓缈译，天津：百花文艺出版社，2005 年版，第 141−146 页。

② 参见赵毅衡：《广义叙述学》，成都：四川大学出版社，2013 年版，第 202 页。

当格雷马斯首次运用符号学方阵来分析语义空间结构时，是和他的同事拉斯特（François Rastie）用于对法国文化传统中对婚恋关系看法的讨论（如图2—12）。该方阵由四项元素构成：A、B、—A、—B。A和B、—A和—B是相反关系，A和—B、B和—A是蕴涵关系，A和—A、B和—B则是相对关系[①]。

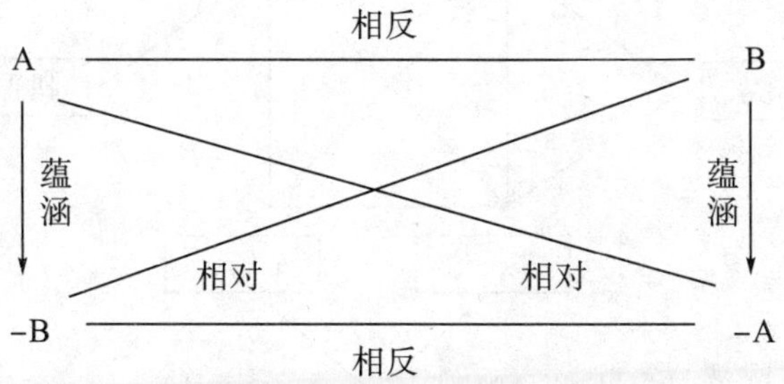

图2—12　格雷马斯"符号学方阵"四项关系图

格雷马斯和拉斯特将A、B、—A、—B四项分别与婚恋状况的四类情况相对应：A代表婚内性关系（夫妻之爱）；B代表"不正常"的性关系（乱伦、同性恋）；—A代表（不提倡的）"非婚内性关系"（女性主动的通奸）；—B则代表（不禁止的）"正常"的性关系（男性主动的通奸）。他们指出，在法国的文化传统中，A（夫妻之爱）是合法的、有规则可依的婚恋状况，—B（男性主动的通奸）是正常的（normal）、未被禁止或者说被默许的。—A（女性主动的通奸）是不合法且被部分禁止的，而B（乱伦、同性恋）则被视为不正常的（abnormal），是绝对的禁忌。

格雷马斯的"符号学方阵"提出后，许多学者将这一矩阵在论著中付诸实践，弗雷德里克·杰姆逊（Fredric R. Jameson）就是代表人物。他的成名作《政治无意识：作为社会象征行为的叙事》（*The Political Unconscious: narrative as a socially symbolic act*）就是用该方阵来分析巴尔扎克（Honoré de Balzac）和康拉德（Joseph Conrad）的小说。1985年，杰姆逊到北京大学，开设了有关当代西方文化理论的专题课，专门对符号学方阵进行了介绍，对《聊斋志异》里的"鸲鹆"做了较为详细的分析，还用符号学方阵精辟地分析了康拉德的《吉姆爷》（如图2—13）。

① A. Julien Greimas & François Rastier, "The Interaction of Semiotic Constraints", *Yale French Studies*. 1968 (41), p. 90.

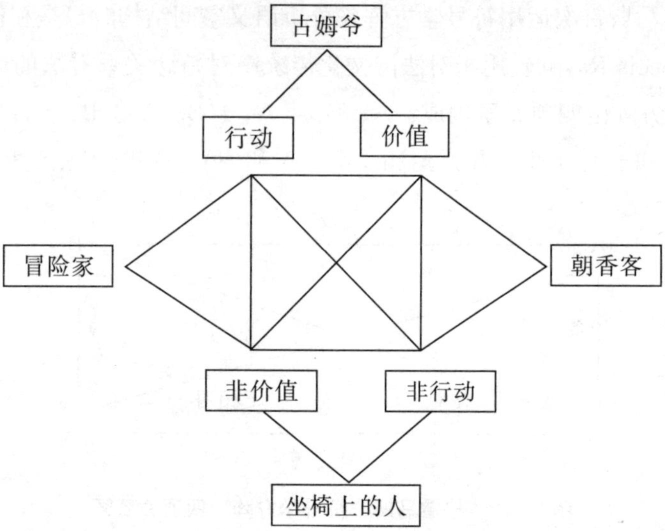

图 2-13 《吉姆爷》的符号学方阵分析

20 世纪 90 年代，国内不少学者因受杰姆逊影响，开始运用格雷马斯的符号学方阵进行文学批评。王一川曾用符号学方阵理论对《创业史》中梁生宝和周围人物的互动关系进行分析[①]。随后，大量学者将“符号学方阵”应用于小说分析，例如刘海波用来分析《祝福》[②]；刘雅虹用来分析克拉林（Clarin）的短篇小说《永别了，“小羊羔”!》[③]；李春青用来分析《三国演义》中的曹、刘、孙与其他军阀的对抗关系[④]；詹庆生用来解读《西厢记》的叙述语法[⑤]；等等。

大部分关于符号学方阵的论说，都是基于杰姆逊的研究，都是将其看作一个封闭的结构，也就是说，杰姆逊并没有认为符号学方阵可以产生不断延续的

① 王一川：《卡里斯马典型与文化之镜——近四十年中国文艺主潮的修辞论阐释》，《文艺争鸣》，1991（1），第 23－31 页；1991（2），第 8－16 页；1991（3），第 53－59＋64 页；1991（4），第 52－61 页。

② 刘海波：《挣扎在格雷马斯方阵中的祥林嫂——对〈祝福〉的另一种解读》，《济南大学学报（社会科学版）》，2001（5），第 40－43＋92 页。

③ 刘雅虹：《空间形象的格雷马斯符号学解读——以〈永别了，“小羊羔”!〉为例》，《安徽大学学报（哲学社会科学版）》，2008（6），第 90－93 页。

④ 李春青：《在文本与历史之间——中国古代诗学意义生成模式探微》，北京：北京大学出版社，2005 年版，第 67 页。

⑤ 詹庆生：《〈西厢记〉的结构主义解读》，《中国比较文学》，2003（2），第 91－107 页。

否定运动。为了使这个方阵适应叙述本身的多变，且不至于落入封闭结构，赵毅衡结合四句破，将这个方阵进行改造，使其成为一个不断运动展开的过程。“这个方阵可显示一个不断借否定进行构造的，无法封闭的过程：只要叙述向前推进，就必须保持开放的势态。这样理解，结构封闭的格雷马斯方阵，就成为‘全否定’性的符号方阵。”[①]

在这个新的方阵中，不仅这四项之间是否定的关系，甚至所有的连接也都是否定的关系。相较于早期的二元对立，它取消了对立之间妥协的可能性，而且通过增加二项的矛盾项，让否定累加而延续递进变化。由于从正项（A）到否负项（−B），总共四步，每一项都被否定连接包围，任何运动下一步必然是否定，事物就能在运动中走向新的环节。而且经过屡次否定后，跟叙述展开有个时间级差一样，逻辑展开亦有个因果级差，因此从否负项（−B）不可能再回答原来的起点（A）。

（三）格雷马斯方阵在品牌消费领域中的应用

杰姆逊强调格雷马斯叙事分析的关键，就是要在有意义的现象下找到构成意义的微观原子和分子。[②] 因此，符号学方阵被广泛应用于多个学科。1983年，吉恩−玛丽·弗洛赫（Jean-Marie Floch）将该方阵运用于消费价值观的研究，具有深远的意义。这个方阵（如图 2−14）以实用的/理想的这一对语义坐标轴为起点，由于触及了人类行为计划的最初机制而被广泛使用。

---

① 赵毅衡：《叙述在否定中展开——四句破，符号方阵，〈黄金时代〉》，《中国比较文学》，2008(1)，第59页。

② 杰姆逊：《后现代主义与文化理论》，唐小兵译，北京：北京大学出版社，2005年版，第109页。

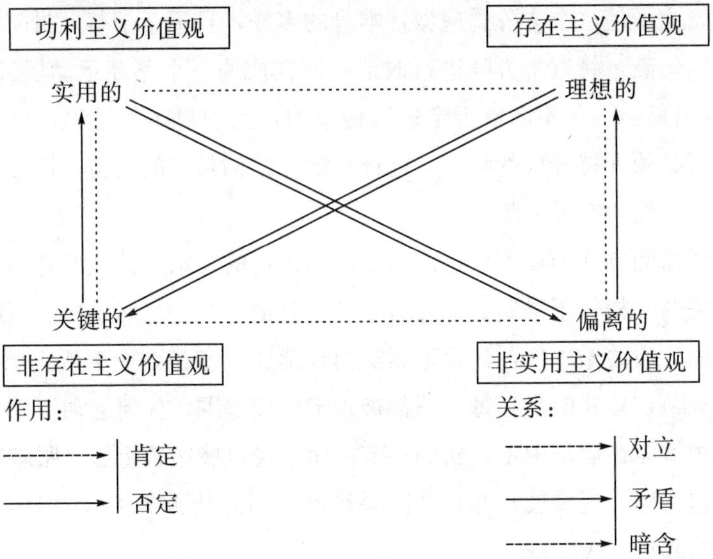

图 2-14　消费价值观的符号学方阵

资料来源：Jean-Marie Floch, International Journal of Marketing 4（1988）（North-Holland）

1992 年，弗洛赫与弗兰克斯·斯克韦伯（Francois Schwebel）一起从事菲拉格慕（Salvatore Ferragamo）的创意工作，那时，菲拉格慕正力图成为一个全球性品牌。他们使用符号学方阵，以实用的/理想的这一对语义坐标轴研究了菲拉格慕的品牌定位发展（如图 2-15）。在此之后，符号学方阵开始被广告客户、品牌管理专家和代理公司广泛使用。

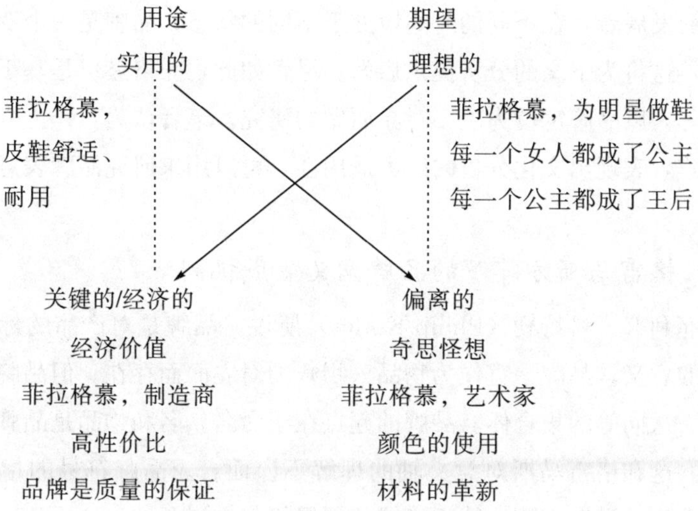

图 2—15　1992 年菲拉格慕的品牌定位分析

通过方阵分析，菲拉格慕意识到其品牌被定位在方阵的左边，即消费者对其的品牌认知是这一品牌的皮鞋质量好、性价比高。而此时的菲拉格慕正在努力寻求成为全球性品牌，于是，企业开始制订新的产品行动计划，在后期的传播活动中重点强调方阵的后边部分，即品牌的非实用层面。

卡尔文·克莱恩（Calvin Klein）推出 CK One 香水时，弗洛赫用相同的方法对 CK 旗下的所有香水品牌——CK One、迷惑（Obsession）、永恒（Eternity）、逃逸（Escape）做了定位分析。他以“文化/天然”作为语义轴，通过分析四种香水广告，将 CK One 与 Obsession 定位在文化层面，将 Eternity 与 Escape 定位在天然区域。他还提出另一个语义轴——“真实性/表面性”，并用来分析罗意威（Loewe）和巴利（Bally）的品牌定位。

弗洛赫最具启发性的论述是他建议将品牌分为两大类：“物质”品牌与“符号”品牌，并提供了详细分析所有品牌各自定位的方法。如他将路易·威登（LV）、博伯利（Burberry）、古奇（Gucci）、菲拉格慕（1993 年）归为“符号”品牌，将菲拉格慕（1930—1940 年）、普拉达（Prada）、圣罗兰（Yves Saint Laurent）视为“物质”品牌。

暂不论他如此分类的依据，但是他将品牌分为“物质”品牌与“符号”品牌，二者组成一个关于品牌的共时系统，相互区分又覆盖全域，不仅如此，根据不同的年代，他将菲拉格慕归为不同的品牌类型，说明任何一种品牌，随着时间推移而发展着，在不同的时间段处于不同的状态，品牌是一个变动发展的符号形态，这将为下文的分析提供启发。尽管如此，弗洛赫仍是基于静态的格雷马斯方阵，以品牌定位为主要对象而做的研究。笔者认为，作为方法论的格雷马斯方阵，表现出文化分析的巨大适用性，可以用来研究品牌表意的最基本方式。

（四）格雷马斯方阵下的品牌意义生成机制

正如菲利普·科特勒（Philip Kotler）所说，品牌是对产品的标示，是产品所携带的意义。品牌一直作为物品（物）的对立面而存在。但品牌本身是名称、标示、认同等的集合体。品牌的起点在于命名。名和物品是品牌表意的起点和模型。这和格雷马斯对意义轴的理解不谋而合。品牌符号的指称意义演变，便是在格雷马斯方阵连续否定式的因果级差中展开的。

任何一个品牌符号的表意，都是以生产出来的没有名字的物品为发端，物品（实）与牌子（名）可以作为将品牌表意向前推进的第一对立面；根据雷马斯方阵结构，实和名对应两项，即非实和非名。笔者认为，从品牌意义生成逻辑对这两项进行赋值的话，非实对应的是名牌，非名则对应奢侈品牌。

品牌意义生成路径一般包括以下四步：从正项（物品）到负项（牌子）的指示化过程（5）；从负项（牌子）演进为否项（品牌）的精神化过程（8）；从否项（名牌）演进至否负项（奢侈品）的象征化过程（6）；最后，从否负项（奢侈品牌）通过神话化回到正项（产品神话）。自此，物品演变成供社会追逐的商品神话。如此，后者不断否定前者，四大阶段逐次替代，品牌表意逐步复杂化，关于产品表意的符号方阵得以建立，构成产品变异四阶段图式（如图2—16）。

品牌意义构成的符号学方阵——

物品：实

牌子：（指称实物，因此非实物）名

名牌：（具有独立价值的）非实

奢侈品牌：不再是（指称实物的）名，而具有自我指称的“诗性”

商品神话：物品经过三重否定，进入下一层级的物

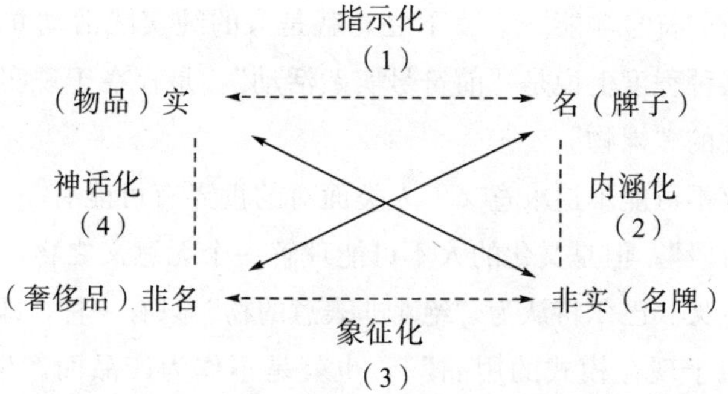

图 2—16　品牌意义构成的符号学方阵

三、中国品牌的符号类型

根据上述分析可知，品牌符号的表意活动，是品牌附加值不断累加的一个过程，它以连续否定为内驱力，呈现出格雷马斯符号学方阵式的全否定格局。从无品牌附加值的“物品”，到具有指示区分功能的“牌子”，到携带丰富内涵的“名牌”，再到成为某种精神象征的“奢侈品牌”，品牌的表意方式逐步否定、逐渐成熟。“奢侈品牌”作为品牌表意符号已彻底“神化”，开启新的表意模式系统，最后形成一个“品牌神话”。

因此，笔者从理论上将中国品牌划分为四大符号类型：牌子、名牌、奢侈品牌、商品神话。

（一）牌子

中国传统思想对“名实相对”有深刻的论述。先秦时期公孙龙提出：“天地与其所产焉，物也。物以物其所物而不过焉，实也。”实本身是自给自足的，但其事物性不超过本身。而“夫名，实谓也”，《庄子》说“夫名，实之宾也”，物是实的最主要形态。物品是整个品牌表意的起点，而名则是品牌表意的第一个步骤，这就产生了符号学方阵中的正项和负项，即物品和牌子，这两项之间的关系是指示化的关系。

品牌是人类创造的“纯符号”，但大多数符号都是有物质性源头的，品牌符号的“物源”是为其提供实物载体的“产品”，产品是相对于携带意义的物而言的。布拉格学派的穆卡洛夫斯基认为，符号学应当有两个阶段，即“前符号实践”以及“符号功能”①。言下之意就是人的纯实践活动并不具有符号意义。产品从某种程度上说是“前符号实践活动”，是存在于现实世界的、先于品牌表意活动的“裸物”。

人的生存不可能不追求意义，人类面对的世界有可能有一个“非符号化”的“前符号阶段”。但是文化的人不可能理解一个无意义之物，因为他必须在世界中找出意义。巴尔特认为“绝对非表意的物”只有一种，即“绝对随兴制作完全不类似于现存模式的用品”②，也就是不作为产品而产生的随机之物，这样的物很难在现代社会中存在。以产品生产活动来说，任何一种产品的出现，绝非随兴制作，它们都是生产商某种意识对客观存在的反映。生产商抱有一定的目的和动机，在制造产品之前需要找准市场。因此，“实”跟“名”在现实世界中并不是截然分开的。

就学理而言，实和名是相对立的两面，必须区隔开来。“物品”作为品牌表意要经历的第一阶段，是从车间生产出来的产品，它还没有被赋予品牌名，只具有通名，如衣服、食品、工具等。这一时期的“物品”，只具有使用价值，不携带意义，无品牌附加值，只为满足人类基本的生理需求，其存在的理由就是等待下一步的符号加工。这些产品所具备的某些特征，如材质、形状、颜色等，将为产品的命名以及视觉系统的设计提供部分甚至全部的依据，从而将“物”从“物的世界”拉入“人的世界”。

为产品取名，这是一个指示化的过程：用特定的符号指出此物品，从而将其与别的产品区分开来，由此，产品也就变成有牌子的产品。牌子是指称物的名，并非实物。产品的销售者为了提高产品的识别度，往往采用产品名和标识共同使用的方式，这也是通常所说的品牌识别系统（Visual Identity System）。作为品牌的第一张名片，名称与以标识为主的品牌识别系统是品牌存在的前提和条件，是第一时间向受众传达自己的信息、形成品牌第一印象的载体。

同时，品牌名称与 VI（Visual Identity）组成了品牌符号的文本形式，是品牌符号表意的基础。汉代刘熙《释名》说：“名，明也，名实是分明也。”是名让实变“明”，命名就是符号化。同理，为产品取名以及设计 VI 开启了

---

① Jan Mukarovsky, *Structure*, *Sign*, *and Function*, New Haven: Yale University Press, 1978, p. 56.

② 赵毅衡：《符号学文学论文集》，天津：百花文艺出版社，2004 年版，第 285 页。

“物（裸物）”转化为“名（牌子）”之路。名字与VI是指示符号，在众多的物中“指出”所指之物，是对物作为物的某种层次的否定。我们将这一否定过程称为“指示”。

“名”对“实”进行替换，不仅是否定，更是继承，品牌的命名总是跟产品保持着一定的关系。当品牌视觉识别系统的创意来源于构成品牌的实体产品的表现与特征，具有一种“透明感”时，产品与品牌视觉识别系统之间的距离近。“指示”过程依赖产品，产品成为指示符号形成的依据。指示符号在一定程度上等同于所指对象，并尽可能多地提供产品信息。一般而言，“指示”的产品信息包括以下三类：一是产品生产商的姓氏和名字，如羽西、张小泉等；二是产品所具备的效用、成分、品质标准、产地、目标消费群，如田七、茅台、十月妈咪等；三是产品所属的年代，如千禧之年等。

当品牌名称与识别系统的文本生成不直接来源于产品，则品牌与产品之间并无像似或因果联系，而是由决策集团任意制定，体现其主观意图的结果。此时，产品与其指示符号的距离远。品牌符号文本所指的对象重心不是作为对象的产品，而是意义。“名”侧重于信息本身，形成一种独立于产品的价值，与产品形成间接的指示关系。如Yahoo、Google、Zippo等。正是在这种替代中，“名”完成了对“物”的否定，“名”成为“实”的指示符号，而“实”在表意中被再现而退出在场。“实”的初步符号化过程得以完成，落入人的体验之中，成为一种社会文化符号。

（二）名牌

当裸物被命名而成为“牌子”之后，品牌的意图意义反映在文本之上，内在理据性得以建立，“实”与“名”形成固定的指示关系，品牌符号文本便完成了第一项功能。然后，内涵层面功能的拓展，是指将“名”成功否定化到“非实”，即是说品牌的意义得以强化，使“牌子”成为众所周知的“名牌”。

品牌名称与品牌识别系统具有两大功能：“一是外延性功能，使消费者对产品有所区分，以确定哪种产品想买或不想买。二是内涵层面的功能，产生某种超出简单识别功能的意义，使产品成为一种带有意义差别的‘物化’象征。”①“名牌”否定“牌子”之后，成为具有独立价值的非实物，“实”获得“非实”

---

① Marcel Danesi, *Why It Sells*, UK: Rowman&Littlefield, 2008, p. 57。

的性质，名字与视觉系统不再只是指示产品，品牌意义亦成为其所指对象。

牌子进阶至名牌，是一个否定性的内涵化过程，是让牌子获得独立的内涵意义，成为非实物的过程。这一过程漫长而且艰难，尤其是对于跟“实”距离较远的“名”来说，其内在理据性虽已建立，但相当微弱。若要将“牌子”上升为“名牌”，使其具有较大的符号附加值，必然需要使品牌符号文本组合被有效地纳入符号交流行为。因为社会性的使用，对于无论哪种符号，都有意义累加的作用。金·卡弗（Kim Carver）总结品牌特征：“任何产品在品牌初建阶段都很一般，但过了一段时间，品牌就会有自己独立的内容了。开始就如同把一个毫无意义的词附在一个新产品上，可是年复一年，却能形成一种含义，这种含义由记忆中的交流和产品组成，解释可及和不可及之处。”①

于品牌意义而言，其理据性的上升发生在长期不断的品牌符号传播活动中。品牌符号的传播活动，是借用文化中原有的符号，通过长期捆绑式的传播与呈现，将意义转移到品牌身上。这种捆绑式的传播活动，主要是指广告。广告用人文信息，尤其是卷入人物情节的叙述，来定义“物的世界”，是对物性的否定，也是将“实”进一步精神化的过程。

以凡客诚品为例，从最初成立到快速发展，再到后来的调整期，其广告带有鲜明的品牌精神烙印。成立之初的“凡客体”是对凡客品牌进行定义，将明星拉下“神坛”，还原成平凡之人——“我是凡客”；快速发展时期，凡客开始关注“品牌与人的心灵”，有了黄晓明的“挺住体”、韩寒的“无所畏”，这是一场柔软的、触及心灵的自我对话；后来，凡客将品牌意义与社会联系在一起，高举正能量旗帜；再后来，凡客借用文学作品的前文本力量，推出“生于1984”广告——“1984”是个特殊的数字，意味着变革、颠覆。这一系列广告就是一场精神与文化的饕餮盛宴，凡客不再仅是29元T恤的代名词，还是一个自我、清新、奋斗的平民形象。

（三）奢侈品牌

奢侈品牌是因价值高而成为商家追求的对象，但真正能实现这个转化的是极少数产品。商家推动“名牌”向“奢侈品牌”转变，实现表意模式的升级，

① 参见林恩·阿普绍：《塑造品牌特征：市场竞争中通向成功的策略》，戴贤远译，北京：清华大学出版社，1999年版，第8页。

从而获得最大的符号增值。由于奢侈品牌是携带某种精神意义的象征，我们将这一否定过程称为“象征化”。奢侈品牌不再是指称实物之名，而是具有自我指称的“诗性”非名。雅各布森在著名的“符指过程六因素分析法”中提出了“诗性”的解释。他认为，当符号表意侧重于信息本身时，就出现了“诗性”，也就是文本本身的品质成为整个表意的主导因素。

这是名牌和奢侈品牌的根本区别所在。名牌获得了某种特定的内涵意义，成为具有独立价值的非实物，其表意的主导模式在于特定的内涵意义，比如上文提到的凡客具有“平凡但自我”的精神意义。这个意义和凡客这个词本身的含义较为接近，品牌操作者取名时或许就是根据这一精神意义来取的。但奢侈品牌不再是指称实物之名，也尽量跳离了名牌所具有的内涵意义，回到了文本本身，并依据此因素成为整个品牌的依托。例如，英国奢侈品牌博柏利的标识本是骑士提矛骑马向前冲的形象，但在长期的传播过程中，这个原初的“勇往直前”意义已经被忽略。同时，在受众心目中，博柏利这个标识本身所带来的消费感受往往超越于产品自身。

不同于一般品牌，奢侈品牌与社会心理以及历史传承相融合，由此成为一种具有价值标志的文化角色。因此，从名牌到新奢侈品牌尤其是到奢侈品牌之路非常漫长。通过查看各大著名奢侈品牌的历史，便知此话不假。西方奢侈品牌爱马仕（Hermès）、万宝龙（Mont Blanc）、罗特斯（Lotos）、劳力士（Rolex）等都拥有百年历史。在这百年之中，品牌意义不断积累，不断挤压其功能实用性，最后使品牌符号价值远远大于使用价值，成为一种品牌象征。品牌象征不仅依靠大众传媒的力量，还需依托各种要素合力完成，是各种伴随文本联合表意形成的结果。

奢侈品牌与名牌在管理方式上存在差异，名牌追求的是大众的热捧，奢侈品则追求的是少数人的拥有，因此，奢侈品管理几乎与大众消费品和高档品市场繁荣模式截然相反。比如说，在名牌营销策略中，定位构成了品牌管理的核心环节——品牌是由其定位决定的，定位的目的是让自身品牌相对于市场上其他竞争者，能够对特定的目标消费者产生最大的吸引力。而奢侈品牌，从不提及定位问题。奢侈品牌培育的是身份的独特性，对产品相对于竞争者的优势，即产品竞争力，则不那么关注。即使客户会对不同奢侈品进行比较，奢侈品牌的管理也断不是依靠自身与竞争者的比较来实现的。

这种管理方式的变革预示了对品牌表意的别样理解。如果说在前三个阶段中，品牌名与VI系统、产品、品牌意义三者密不可分，品牌的对象与解释项都必须依靠品牌符号文本组合指示出来。在已经成为某种精神象征的“非名（奢侈品）”这一时期，品牌符号再现体却意图与所指意义分离，从所指意义那里游离出来。

赵毅衡为测试品牌价值，曾假设了一个实验：拿两个奢侈品牌包，一真一假，然后调换它们的牌子：“一个成了真货假牌子，另一个成了假货真牌子，两个提包我开出同样价钱，而且我把作假手脚全部告诉顾客，让他们挑选。绝大部分人会选择‘假货提包真牌子’。”① 在本文看来，这个测试不仅说明了品牌的符号价值对使用价值的挤压，更说明了奢侈品的品牌意义和产品之间的关联已变得几近于无。奢侈品表意方式有异于一般“名牌”，开启了品牌表意的新方式。

（四）商品神话

非名项是品牌表意的最后一项，形成了奢侈品牌。非名项是双否定项（－S2），杰姆逊将此项称为“爆破项”（Explosive Term），“它既不承认肯定项S1，又不承认否定项－S1以及S1与－S1的中间状态项S2，它提供一种超越二元对立的可能。在对三项的彻底否定之后，它就开始跃向新的符号表意形式，这也是任何一种表意方式必然出现的成熟化过程”②。这对于品牌符号表意的理解非常关键，只有理解了双否定项－S2，才能理解为何对于“奢侈品”的管理，迥然异于甚至相悖于大众消费品和高档品市场繁荣模式。杰姆逊则称这个双否定项“经常很神秘，开启了跃向新意义系统的可能”③。

品牌符号的表意形式依次否定、依次成熟。名（牌子）项“否定”了实（物品）项的非符号性质，非实（名牌）项“否定”了名（牌子）项只具有指示性的品牌功能，赋予品牌内涵，而非名（奢侈品）项则在成为精神化象征之后，意图将品牌符号文本与对象、解释项剥离开来，进而从前品牌阶段的纯物

① 赵毅衡：《符号学》，南京：南京大学出版社，2012年版，第368页。

② 孙金燕：《武侠小说表意形式“否定”中的前行及后果——从格雷马斯符号方阵看武侠小说的文体演进》，《海南大学学报》，2011（6），第122页。

③ Noth Winnifried, *Handbook of Semiotics*, Bloomington and Indianapolis: Indiana University Press, 1990, p. 39.

性、品牌符号的指示功能、品牌符号的意义表达等方面彻底颠覆品牌表意活动。在这意义的否定性演进过程中，一旦“名牌”被神化，成为某种象征，其奢侈品的形式得以确立，产品就不再是缺乏意义的物品，而是充盈着表意能力的商品。

从这个意义上说，商品是当代公众信奉的神话。所谓“神话”指的是几乎整个社会视之为“实在而自然”的符号价值有效性。品牌表意再也回不到其原初的各种状态，这宣告奢侈品作为一个“神话”后的符号载体，其表意方式已是对品牌的原初状态的否定，与纯粹的产品更不在一个层次上，它整个由符号意义组成，在符号构成上，已经有点类似艺术品，物作为符号载体依然存在，但作为符号的直接对象作用已经很小。

可见，尽管中国品牌可以被分为牌子、名牌、奢侈品牌、商品神话这几大符号类型，但就中国品牌的整个产业发展情况来看，大多数中国品牌还集中处于牌子阶段，名牌所占比例较小，奢侈品牌更是凤毛麟角。中国品牌要摆脱以往“中国制造”的刻板印象，需要大力发展品牌，提高品牌意识，打造一批走高端路线的名牌，培育具有中国特色的奢侈品牌。

第二节　品牌的符号结构与文化属性

长期以来，品牌消费一直处于被批判的位置，品牌意义作为符号消费的对象，被认为给社会与文化带来了负面作用甚至是败坏的社会文化。尤其是对奢侈品牌的消费，往往被贴上不道德甚至罪恶的标签。英文 luxury 一词来源于拉丁文的 lux（光），原意指“极强的繁殖力”，后来演变为浪费、无节制。中文“奢侈”一词出自《国语·晋语》：“及桓子骄泰奢侈，贪欲无艺。”[①] 它与“骄”“贪”等贬义词一道都是“恶名”。中国古代思想家往往将“奢侈”与伦理道德联系起来进行判定与理解，“奢侈”一般被认为是社会风气败坏的一种表现，不仅会导致民众“嬉游废农”，更是会决定“世运之盛衰”，因此需要做到“淳而不浇，朴而不侈”[②]。

① 左丘明：《国语》，上海：上海古籍出版社，2015 年版，第 322 页。
② 陆陇其：《陆稼书先生文集》，北京：中华书局，1985 年版，第 47 页。

然而，在当今社会，符号生产与消费已成为不容忽视的文化现象，而品牌作为附着在被消费商品或服务上的符号，浓缩了符号生产与消费的全部内涵，这使得品牌消费成为一种常规的社会文化现象和文化形态。为了不间断刺激消费欲望，产品翻新花样地生产，时尚各形各色地渲染，营销方式出奇出新，让当代品牌文化呈现出多样姿态。特别是近年来，轻奢侈市场的出现与繁荣，打破了以往的以大众消费与奢侈为主要两级的品牌等级生态圈，轻奢侈文化是大众文化与高级文化的汇流，形成一种新的“意识形态”话语。这种话语逐渐渗透至人们的日常生活之中，对人的意识、思维及行为方式产生了巨大的影响。

对于当今以品牌为主要对象的消费现象和消费文化，不少文化研究者都有著述论说，批判仍然是主要的基调。但是，品牌作为一种社会存在，有其合理性，我们不能一味进行批判，而应正视其经济作用：品牌的出现，让产品获得了原本不具有的意义，既促进了产品的销售，让商家获利，也促进了生产的发展，同时还催生了广告、公关、营销等行业，带动了就业，繁荣了经济。

因此，笔者认为，中国若要发展品牌，首先需要为品牌消费尤其是奢侈消费正名。显然，任何时代为奢侈正名都会激起一片哗然，就像曼德维尔（Bernard Mandeville）在《蜜蜂的寓言》（*The Fable of the Bee*）中为奢侈辩护而招致骂名一样。1752 年，大卫・休谟（David Hume）写了一篇《论奢侈》为“奢侈”正名，遭到一致的谴责，迫于压力，休谟不得不在保留原文的基础上将标题改为“论技艺的进步”。

在本节中，笔者将从品牌的历史流变中探讨其文化内涵，厘清“奢侈品”与“奢侈品牌”的差异，由此对当代品牌的文化属性做出可能的判断。基于此，本节拟以“历史意识”为切入点，以符号学方阵理论来讨论“品牌”的深层结构及运作机制，理解整个品牌的价值系统生成与再生产问题。需要指出的是，品牌文化的“后现代主义”特征之一是历史意识的消失，从而呈现出一种平面化特征。于是，以“历史意识”为切入点来研究无深度的文化似是一个悖论。但是，詹姆逊对资本主义文化的分期界定恰恰是因为他在研究中嵌入了历史意识，在历史的纵向性比较中得出了后现代主义文化的平面化特征。他认为，“任何个别的、孤立的文化分析都无法逃离历史，都必定能够在历史分期的论述里得到诠释——无论那历史的论述如何受到压抑、如何被人漠视”①。

一、品牌符号文本的深层结构

正如本章第一节所提及，法国结构主义语言学家格雷马斯致力探索符号文本整体意义的生成机制。他认为，一个符号的表意整体过程要经历三个阶段：深层结构—表层结构—外显结构。深层结构“定义了个体和社会的存在本质，从而也就定义了符号性产品的生存条件”②。他继承了亚里士多德逻辑学中的“对立”命题（enantiai）与“矛盾”命题（antikeimenai）思想，提出了著名的符号学方阵理论。格雷马斯认为：“如果一个意义 S（作为能指的宇宙之整体，或任何一个符号系统）在初次被人把握的水平上以语义轴的形式显现，那么它的对立面就是$\bar{S}$。$\bar{S}$与 S 相矛盾。如果我们同意语义轴 S（内容层实体）在内容层形式的层面上串联着两个对立的义素：S_1 与 S_2，那么，这两个义素就必然会有它们各自相矛盾的对立项：$\bar{S}_1$ 与$\bar{S}_2$。”③ 关于意义 S 的基本结构如图 2-17：

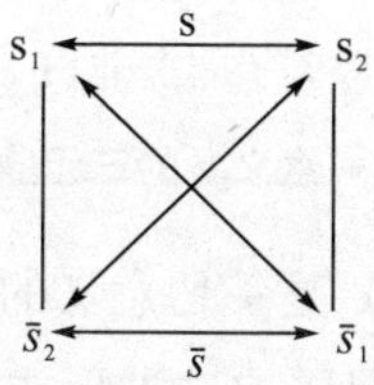

图 2-17　意义 S 的基本结构

该方阵以“结构是意义的存在方式，以衔接两义素的关系”④ 为特征，已知任一义素，就可以根据方阵的反义、矛盾关系推演出其他三项，例如，黑与白这两个对立的义素构成内容层形式，那非黑与非白就成为另外两项，在黑-

① 詹明信：《晚期资本主义的文化逻辑：詹明信批评理论文选》，陈清侨等译，北京：生活·读书·新知三联书店，1997 年版，第 426 页。

② 格雷马斯：《论意义：符号学论文集（上）》，冯学俊、吴泓缈译，天津：百花文艺出版社，2005 年版，第 139—140 页。

③ 格雷马斯：《论意义：符号学论文集（上）》，冯学俊、吴泓缈译，天津：百花文艺出版社，2005 年版，第 140—141 页。

④ 格雷马斯：《结构语义学：方法研究》，吴泓缈译，上海：上海三联书店，1999 年版，第 35 页。

白－非白－非黑矩阵中，黑与白、非黑与非白是对立关系，黑与非黑、白与非白是矛盾关系，这种矛盾关系比对立关系弱一些。也就是说格雷马斯超越了索绪尔的二元对立的结构主义，在极化对立关系中引入了弱对立的第三项，这种弱对立关系更为常见，非黑不一定是白，非白也不一定是黑，它处于中间地位，同时具有黑白两种属性，比如灰。格雷马斯将这两项称为“复合项”（complex term）。

这与巴尔特（Roland Barthes）晚年提出的“中性”概念类似——“我把中性定义为破除聚合关系之物……即通过一个第三项……甩掉、消除或反制僵硬的二分法。”[①] 近年，中国学者彭佳在标出性理论模式中对格雷马斯方阵进行检视，将“复合项”称为“中项”，并认为中项不仅是非正非负，也是亦正亦负，是混元多杂的漩涡式存在[②]。综上，黑－白－非白－非黑四项矩阵可转化为三元鼎立，如图 2－18。

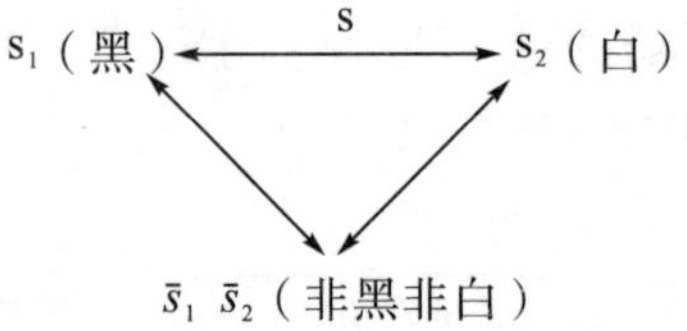

图 2－18　意义 S 的三元鼎立矩阵

格雷马斯认为，“这（矩阵）是一切意义的基本细胞，语言或语言以外的一切‘表意’（significance）都是采取这种形式”[③]。品牌是携带着丰富意义的符号，根据这个方阵理论，我们可以为品牌符号文本的意义找寻一种“内在”的界定，以达到对品牌文化现象背后深层运作机制的把握，从而可以更深层次地揭示品牌的深邃文化内蕴。

品牌是人工制造的符号，它出现并附着在商品上，为商品赋予文化意义以及身份地位，使商品不再仅仅具有使用价值与交换价值，还获得了符号价值，商品呈现出前所未有的样态——“符号－商品”。随着科学技术的进步与发展，

① 孟华：《“中性”——汉字中所隐含的符号学范式》，《符号与传媒》，2017（2），第 99 页。

② 参见彭佳：《中项漩涡：文化标出性与格雷马斯方阵》，《江西师范大学学报（哲学社会科学版）》，2017（5），第 92 页。

③ 詹姆逊：《后现代主义与文化理论》，唐小兵译，北京：北京大学出版社，1997 年版，第 108 页。

媒体生产的信息成为社会的基础，花样翻新的广告催生着大众消费的欲望，品牌成为刺激消费、加快流通的重要手段。当今，品牌已将其触角延伸至商品世界的每一角落，使所有商品都带上了表意特征，无品牌的商品已退缩到社会文化不起眼的角落，失去了存在的本体特征。同样，商品中的物品是品牌得以正确表意的前提，品牌符号也不能脱离物品而单独存在。更为重要的是，物品在经济史上的内部二元划分及对立发展逻辑促成了品牌的诞生。

在人类经济史上，消费物品长期被划分为对立的两类，一是被视为社会需要的必需品，二是被视为欲望的奢侈品，必需品与奢侈品的对立构成了社会规则的一部分。沃纳·桑巴特（Werner Sombart）在解读消费资料时提出："消费资料分为必要消费资料和奢侈消费资料，奢侈是超出必要程度的任何消费，只有知道何谓'必要的'才能去定义奢侈。"[①] 克里斯托弗·贝里（Christopher Berry）认为"必需和奢侈的关系是负面的或对立的……奢侈是通过说明需要不是什么而对它进行界定的"[②]。可见，将物品划分为必需品与奢侈品是以"必需"与"欲望"的对立关系为根本基础。

然而，必需和奢侈都是含糊的概念，因为思想家们对"必需"与"欲望"的看法并不统一。如亚里士多德认为，"欲望"和"不足"存在联系，而"不足"的规范标准是由所涉及的"物"的本性来决定的。黑格尔则将必需从具体变为抽象，认为必需分为实物上的必需和精神上的必需，这是人的需要与动物的需要之间的区分。贝里在梳理奢侈的历史时对"欲望"和"必需"的思想进行了总结，认为"欲望"可以转化为"必需"，奢侈的地位是暂时性的。提勃尔·斯托夫斯基（Tibor Scitovsky）也认为生活必需品和奢侈品的分界线不是客观的和一成不变的，而是因社会价值体系的不同而不同。

随着科学技术的进步，早期的手工业生产逐步被工业化生产替代，经济生产方式的变迁大大加速了商品复制与商品流通，在经济市场发展的要求下，生产、技术和商品合谋制造了一个符码系统——品牌。品牌的出现使得本就含糊的"欲望"与"必需"概念愈加难以界定。在品牌符号所标记的消费社会中，

---

① 维尔纳·桑巴特：《奢侈与资本主义》，王燕平、侯小河译，上海：上海人民出版社，2000年版，第86页。

② 克里斯托夫·贝里：《奢侈的思想：概念及历史探究》，江红译，上海：上海人民出版社，2005年版，第228页。

个人的实际必需依然存在，是通过消费生产资料来满足的，但是，这种实际必需被整合进一个远远超越其上的品牌符号系统，它被深层的社会符码（用索绪尔的术语来说即“语言”）操控。个人需求由社会的“语言”来给定甚至强加，而被社会需求置换，成为“言语”。

不仅如此，品牌作为整个物品符号系统中的解释项，意义丰富且多样，不仅高贵奢华、有独特个性，还有生活品位等意义。于是，品牌的存在使得物的世界被从二分的两项解构成了多元化的物品形式。从商品市场来看，品牌也打破了必需品和奢侈品的已有界限。品牌使得必需品与奢侈品分别品牌化，成为大众消费品牌与奢侈品牌，分别代表着必需与欲望。同时，一种具有非欲望非必需属性的名牌产品也应运而生，它作为一种新的消费资料在商品市场中流通。“名牌产品概念使我们能够明确区分品牌市场和大众市场，而不必去进行价值讨论。至于人们把它看作是必需品还是非必需品，对它地位的确立并不重要。”①

以往的以“必需”与“欲望”二元对立来区分物品世界的规则被打破，物品世界不再只有奢侈品与必需品，而是一个因为品牌价值差异形成的多元混杂的商品社会，其中有必需有欲望，也有非必需和非欲望。行笔至此，一个关于“品牌”的符号矩阵呼之欲出。如图 2-19 所示，必需与欲望是对立关系，分别指向必需品与奢侈品，复合项即中项，同时指向同一个对象——品牌（兼杂着必需与欲望、非必需与非欲望）。品牌符号三角所反映的深层结构是必需与欲望的对立。

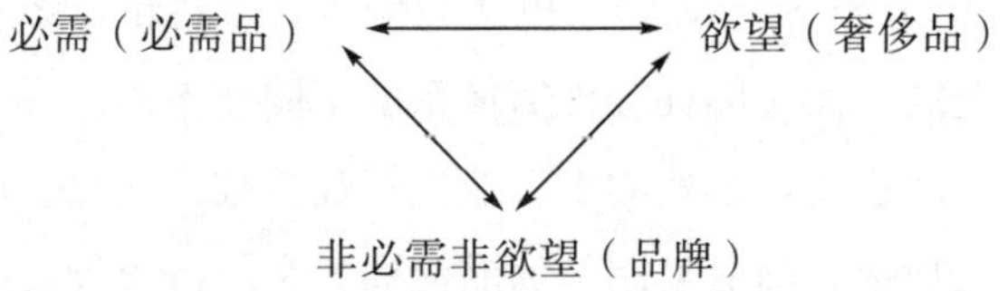

图 2-19　品牌符号三角矩阵

那么，品牌的历史文化意义以及其指向的文化趋势是什么呢？接下来，笔者从思想史、社会史、文化发展史三个角度对其展开论述。

---

① 拉茨勒：《奢侈带来富足》，刘风译，北京：中信出版社，2003 年版，第 46 页。

二、品牌符号的历史文化意义

（一）品牌：奢侈的去道德化

在西方思想史上，奢侈一直就是重要的议题，且名声长期不佳。古希腊时期，柏拉图将欲望分为“必需的”和“非必需的”两种，并以此为标准将城邦分为奢侈城邦和必需城邦，对奢侈城邦进行了指责与批评。亚里士多德对奢侈没有具体的阐述，但他的哲学思想的总体目的论直到17世纪都支配着有关奢侈的讨论。在罗马的思想和实践中，罗马道德家和立法者对奢侈极度关注，道德家将奢侈看成是软弱的、奴性的，并将奢侈看成一个政治问题，立法者设立种种限奢法，罗马对奢侈的对策在18世纪以前一直都是评价奢侈的基本体系。基督教时代，奢侈更是变成了淫荡的同义词，被视为一种罪孽。

17世纪末，西方的奢侈消费开始放量增长，过去只进入上等阶层的奢侈品越来越多地成为中等阶层甚至社会下层的消费物资，“从意大利的建筑设计、纺织品、玻璃和科学仪器，法国的内饰品、园林设计和法国陶器，到中国瓷器、印度织物、希腊和土耳其的古器以及来自亚洲、非洲、美洲珍稀奇异的食品”①。奢侈消费日益成为全社会关注的社会现象，这引发了西方从17世纪后期至18世纪关于奢侈消费的大讨论，这场讨论“从圣彼得堡到波士顿，从那不勒斯到阿伯丁的整个知识界”②。讨论的焦点聚集于什么是奢侈、奢侈消费与社会道德、奢侈消费与经济、奢侈消费与健康等主题。总的来说，对奢侈进行道德上的批判是讨论的主要倾向。

这种转变开始于约翰·霍顿（John Houghton）、尼古拉斯·巴尔本（Nicholas Barbon）等人，尤其是曼德维尔。霍顿在《英国的洪福》一书中列举了进口奢侈品对英国经济发展的好处；巴尔本《论贸易》也强调奢侈有利于外贸，能够增加财富。这种诉求把消费者的无限欲求置于经济增长概念的核心，将奢侈消费与经济增长联系了起来。曼德维尔更是将奢侈宽泛定义为“一

① George Cheyne，The English Malady，London：G. Strahan，1733，pp. 49—50.

② 克里斯托夫·贝里：《奢侈的思想：概念及历史探究》，江红译，上海：上海世纪出版集团，2005年版，第126页。

切并不直接满足人的生存需要的东西"①，该定义亦直接挑战了奢侈品和必需品的界限，公开反驳对奢侈的指控。尽管曼德维尔的观点受到不少人的批判与抨击，但他"对奢侈定义的挑战设定了随后讨论的框架，更有意义的是，他将奢侈和贸易的结合开启了一个更为广阔的对商业扩展和商业社会的讨论"②。随后，休谟、斯图尔特（James Stewart）都从经济发展的视角来看待奢侈消费，使得奢侈可以促进经济发展成为思想界的共识。

社会对奢侈的新认知促使制造商意识到生产奢侈品的重要性，他们结合时尚与品位，对产品进行模仿与创新，这大大拓展了奢侈品的数量和种类。更为重要的是，他们发明并创造了品牌，通过品牌授权这种商业模式，使奢侈品突破空间的限制得以大量复制，加上工业技术的普及，促成了奢侈品的规模化生产。今天我们熟知的国际奢侈品牌如路易·威登、香奈儿等，都是经由现代工业的洗礼锻造而成的奢侈品。添加了品牌附加值的新形态的奢侈已与传统的奢侈相去甚远，它们被称为"现代奢侈品"。由于现代奢侈品发展的最主要动力来自经济发展，至此，以品牌促进消费的资本主义经济发展逻辑使得奢侈完全摆脱了意识形态的管制与束缚，赦免了奢侈的道德罪恶。

在这个意义上，我们可以以图 2-20 的方式来理解品牌符号三角所构成的叙述：欲望与必需的对立是西方思想家从道德角度为奢侈建立的评价体系，这使得奢侈作为一种非道德、罪恶甚至罪孽遭到长期的批评与指责。曼德维尔等人将欲求与经济发展进行联系，开启了奢侈的去道德化之路，经济发展逻辑催生了品牌，直接将欲望与必需合二为一，完成了奢侈的"去道德化"过程。

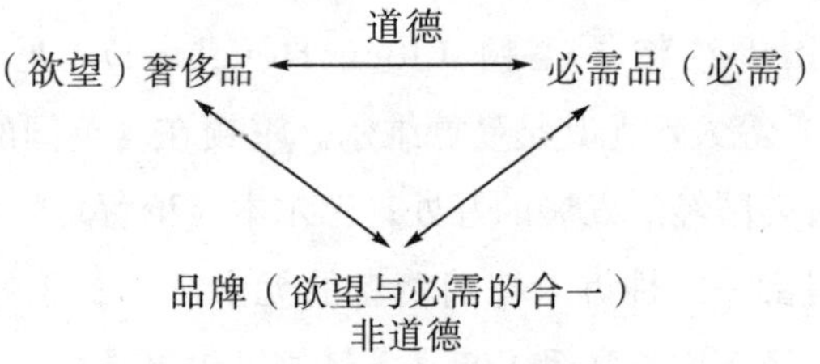

图 2-20　思想史角度的品牌符号三角

---

① 伯纳德·曼德维尔：《蜜蜂的寓言》，肖聿译，北京：中国社会科学出版社，2002 年版，第 84 页。

② Maxine Berg & Elizabeth Eger, eds., *Luxury in the Eighteenth Century*, London: Palgrave Macmillan, 2003, p. 10.

（二）品牌：消除阶级固定界限

必需品与奢侈品在社会发展史上的长期对立也是贫穷阶级与富裕阶级的对立，是等级森严的社会秩序的表征，正如哈罗德·珀金对法国阶级社会的描写："一大群对消费抱有抵触心理的农民与一小部分的奢侈消费人群的对立。"① 在原始社会，已经存在初级形式的奢侈品，它们主要是作为礼仪性馈赠和炫耀性消费的对象，但这种消费也必须服从原始社会的集体生活秩序。国家和阶级出现后，不平等的制度将社会阶级划分为剥削阶级与被剥削阶级，"奢侈消费资料一般用于满足剥削阶级过奢侈生活的需要"②。随着 14—16 世纪西方文艺复兴运动的兴起与发展，新兴资产阶级获取大量财富，开始占有以往贵族才能拥有的奢侈品，逐步进入奢侈阶层，但这并未从结构上改变奢侈品拥有者的身份。

这种阶级秩序的对立状态一直持续到 17 世纪后半期，彼时，西方的奢侈消费开始呈现几何级增长，贵族以及少数新贵们大量消费奢侈品。丹尼尔·笛福（Daniel Defoe）有描述："这个时代的奢侈所占有的分量几乎是不可思议的……'虚荣、欢乐和奢侈'是我们的主宰者，'挥霍无度'占了上风。"③ 到了 18 世纪，这种奢侈之风仍在蔓延，人们将大部分的商业花费用在了消费奢侈中。一些暴富人群和势利小人一方面为了物质享乐，一方面急切地想要跻身更高的社会阶层，也追求奢侈，开始了对上层阶级的仿效。这使得人们很难从消费对象角度对阶层进行区分，比如，"一些人无法将女仆和女主人区分开来，因为她们的服装太像了"④。这使得 18 世纪的西方社会呈现出极为开放的阶级特性，不同社会阶层间的流动越来越受到财富和经济的影响。

消费者对奢侈品的大量需求、经济发展的需要以及工业化的生产模式的出现，都对奢侈品提出了数量的需求，这催生了"现代奢侈品"。"现代奢侈品"是借用品牌的文化包装出具有奢侈品表象特征的物品，其生产不再受限于物性

① Harold Perkin，*The Origins of Modern English Society*，London：Routledge，2002，p. 91.

② 中国大百科全书出版社编辑部编：《中国大百科全书：经济学》，北京：中国大百科全书出版社，1988 年版，第 1088 页。

③ Daniel Defoe，*The Complete English Tradesman*，London：Sutton Pub Ltd，1989，p. 162.

④ Julian Hoppit，*A Land of Liberty? England 1689 - 1727*，New York：Oxford University Press，USA，2000，p. 317.

以及物的稀有性，开始规模化、批量化。随之而来的是消费群体的进一步扩大，新富阶层成为奢侈品的主要消费群体，中产阶级也成为奢侈消费的常客。对于下级阶层民众来说，只要积累一定财富也可以实现对奢侈品的拥有。这无疑为突破原有的社会等级限制提供了路径，使得全世界的专制王权逐渐被更平等的社会代替，拥有奢侈品成为人们在极具流动性的民主社会中建立社会地位的一种方式。

拉茨勒曾对此有论述，他将商业社会分为新经济社会与旧经济社会："新经济作为信息经济自然将知识置于中心地位，而旧经济作为实物经济则显然关注具体的物质。"① 新经济有三大特征——科技的进步性、传媒的重要性、极强的品牌内涵。只要拥有财富，新经济的奢侈品便是不分阶层的，任何社会阶层几乎都能欣然接受它，同时自然也会复制它："这一社会不再有旧有意义上的阶级。"②

从奢侈的社会史发展来讲，品牌的符号三角所构成的叙述如图 2-21：富裕与贫穷的对立将社会等级划分为富裕阶级与贫穷阶级，而少数人对奢侈品的拥有构成了社会的等级秩序。品牌出现以后，打破了奢侈品的有限性，消解了奢侈品的原生态，成为"现代奢侈品"，使得非富裕非贫穷的中产阶级甚至贫穷人民也能参与到奢侈品消费中来，在这场对奢侈消费的"狂欢"中，各种障碍和等级秩序都被打破，人们通过消费构建起一个新型的人际关系网络。

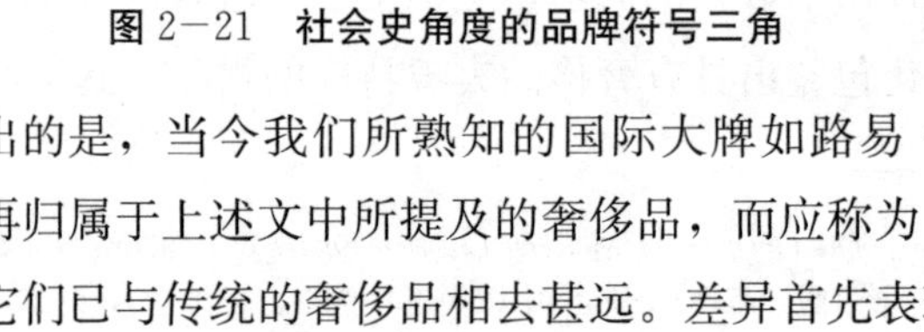

图 2-21　社会史角度的品牌符号三角

在此需要指出的是，当今我们所熟知的国际大牌如路易·威登、香奈儿等，本质上已不再归属于上述文中所提及的奢侈品，而应称为"奢侈品牌"或"现代奢侈品"，它们已与传统的奢侈品相去甚远。差异首先表现在现代奢侈品

① 拉茨勒：《奢侈带来富足》，刘风译，北京：中信出版社，2003 年版，第 10 页。

② 杰姆逊：《后现代主义与文化理论》，唐小兵译，北京：北京大学出版社，1997 年版，第 159 页。

是现代工业化的产物，他可以实现批量化与大量复制，已突破物质的稀有性与有限性；其次表现在价值添加上，现代奢侈品的价值添加主要依托于品牌，通过品牌授权这一商业模式，成为借用品牌的文化而包装出来的具有奢侈品表象特征的物品。所以，现代奢侈品更多的是代表着一种奢侈品文化现象。

三、当今品牌的文化内涵与文化属性

除了现代奢侈品，品牌也将其他消费物变成了符号，人类进入鲍德里亚所称的“消费社会”。在消费社会中，符号消费替换了物质消费，使用价值被置换成符号价值。消费者从最开始满足于商品的物质特性演变为对意义的消费。从表面来看，人类依然是为满足自然需求而进行的个体性消费，深层的则是对抽象的品牌符号价值的追逐，消费者在消费过程中获得了满足，但这种满足是对品牌符号意义的解释满足。这似乎遮蔽了人的真实的和自然的需求，使自然消失在了一个被符号化的过程之中。马尔库塞（Herbert Marcuse）对于这种品牌符号系统的深层控制曾深感绝望，他认为，在整个生产和流通系统中，人们已失掉了辨别个人需要的基本能力，只是“按照广告的宣传去休息、娱乐、处世和消费，爱他人所爱，嫌他人所嫌”[①]。鲍德里亚亦认为消费社会是自然的丧失，个人性的磨灭，乃至他提出的其他概念如“表征”“拟像”似乎都是对无根的文化现象的解释。

正是因为这样，鲍德里亚对品牌一直秉持批判的态度，认为品牌符号意义给文化带来了负面的影响。但是，鲍德里亚对于符号消费的分析是宏观层面的、意识形态的，而非基于对品牌符号意指系统的探究，也就是说，他对品牌的批判并不是建立在对品牌做表意规律研究之上。那么，我们不得不重新审视一个问题，即对品牌符号价值的追逐是否是对自然的扼杀？上文已经对品牌文化现象的深层运作机制做了分析，在此基础上，笔者将尝试从历史流变中探讨消费对象的文化属性，以探究当今品牌的文化内蕴与文化定位。

摩尔根将最早的社会形态称为蒙昧时代。在蒙昧时代，没有权力，没有商业生产的经济，是个乌托邦，在那里没有不能满足的需求，也就不存在欲望。

① 马尔库塞：《单面人》//上海社会科学院哲学研究所外国哲学研究室：《法兰克福学派论著选辑》上卷，北京：商务印书馆，1998年版，第494页。

那时的人类用自己的方式感知世界并对世界进行分类。列维－斯特劳斯（Claude Levi-Strauss）曾在《野蛮人的心灵》一书中对那时的人类思维方式进行探讨，他认为原始人有自己的知识，并用自己的方式来感知世界。但他们的知识是感性的，比如将食物分为可食用与不可食用，这种分类使整个宇宙开始有意义，却没有抽象思维和观念化的东西。他还对自然与文化做了界定——“那普遍的、自发的、不依赖于任何特殊文化或任何确定规范的东西属于自然。相反，那依赖于某种用以调控社会并因此能够使一种社会结构有别于另一种社会结构的规则系统的东西则归于文化。”① 根据列维－斯特劳斯对自然与文化的理解，蒙昧时代是一个自然与感性的时代。

当人类走出蒙昧时代，具有了思考能力，便不再只是以感性知识来区分物，而换用理性的抽象思维来为人类的欲望服务，于是人类开始对物进行命名与归类，食物不再只有可食用和不可食用的区分，还有好吃与不好吃、高级与低级的差别。这样的归类与划分是一个文化行为，被使用的物也具有了文化属性。所以，人类将物根据必需与欲望分为必需品与奢侈品，也是一种文化现象，诚然，物作为必需品与奢侈品的二元对立也是一种文化上的对立。在这一时期，人类对物的占有与使用是文化的、理性的。

伴随着 17 世纪末西方社会奢侈消费数量的激增以及长达世纪之久的奢侈消费大讨论，西方社会对消费与经济发展的密切关系有了共识，同时，科技的进步带来工业化的生产模式，西方进入消费社会，品牌应运而生。根据上文提出的品牌符号三角，品牌作为必需品与奢侈品的对立面出现，指向的应是自然。

在这个品牌符号三角中，品牌恰如列维－斯特劳斯提出的神话，它的出现是作为中立的第三项，是对自然与文化二元对立的调解。“对于列维－施特劳斯来说，神话是这样一种叙事过程：部落社会通过它可以找到一种想象性的解决办法，一种依赖于表象思维的解答，以消除基础结构同上层建筑之间的真正社会矛盾。神话在本质上是一种中立化的过程。”②

---

① Claude Levi-strauss, *The Elementary Structures of Kinship*, Boston: Beacon Press, 1969, p. 3.

② 詹姆逊：《批评理论和叙事阐释》//王逢振：《詹姆逊文集》第 2 卷，北京：中国人民大学出版社，2004 年版，第 24 页。

德里达曾将列维-斯特劳斯关于文化与自然的对立关系作为其解构的对象，并将第三项称为“接缝”“一个点”，它最大的特点就是文化成为自然的代理，自然消失于文化之中。金惠敏在解读时认为“德里达并不是要否认自然的存在，也许恰恰相反，他是通过‘擦除’粘附其上的‘文化’灰尘，通过提示‘自然’之不确定性来彰显‘自然’的存在……我们‘增补’，尽管‘增补’可能是‘增补’其自身，但我们依然‘增补’，在‘增补’中接近那不可接近的‘自然’”①。品牌作为第三项的“接缝”，表达了对回归自然的向往。

这也体现在具体的品牌传播活动当中，品牌往往以广告为手段来激发消费者的欲望。形式多样的广告占据着各大传媒网络，用最形象、最直观的文字与图像编织着关于消费的乌托邦、营造着理想化的消费模型，它麻痹着消费者的精神世界，并将这种麻醉引入消费市场，使得消费者处于一种无意识的感性的消费环境当中。在精神分析学看来，意识是“文化”实施压抑的场域，而无意识又往往与“自然”相联系。同时，欲望无限膨胀的内在趋势也理所应当的是“自然”状态。从这个意义上来说，品牌指向的也是“自然”。

但是，消费品牌所指向的自然已不复蒙昧时代对物占有时的状态，品牌是人类制造的符号，是文化的产物，对品牌的消费只能是“人化”自然。在“人化”自然中，文化与自然不再以对立方式独立存在，而是混合并存。德里达在谈“接缝”时指出，接缝自诞生就开始了一种“增补性之游戏”，增补具有双重含义：一是添加，二是替代。“在增补性之游戏中，人们总是能够把替代物与其所指联系起来，而后者将仍是一个能指。而基本的所指、被表征之存在的意义，更不要说物本身了，将永远不会在符号之外或在游戏之外亲身地给予我们。”②

品牌的“增补性之游戏”为奢侈品与必需品添加了符号意义，同时品牌化后的奢侈品与大众消费品以及各种名牌，已经取代了传统的奢侈品与必需品，这使得人们在品牌游戏中消费的对象变成一个新的身份和社会现实，是物与意义的综合体，是文化与自然的混合体。在唐娜·哈拉维那里，她从技术文化角度将这一“人化”自然称为“赛博客”，比喻“人机合一”，意味着自然与文化

---

① 金惠敏：《自然与文化的解构限度——思考在德里达“之后”》，《外国文学评论》，2008（4），第33-34页。

② Jacques Derrida，*De la grammatologie*，Paris：Editions de Minuit，1967，p. 373.

之间传统界限的消失，混合存在于“赛博客”中。这个叫法偏向于技术文化，或不足以概括其他类似的文化现象。在文学文化界，学者往往用“间性”一词来形容“你中有我，我中有你”的状态，因此，笔者认为可以将品牌文化属性称为“间性自然文化”。“间性”强调的是对立面的消失、边界的模糊以及归属上的双重性。综上，一个基于自然－文化维度的品牌符号三角形成，如图2－22所示。

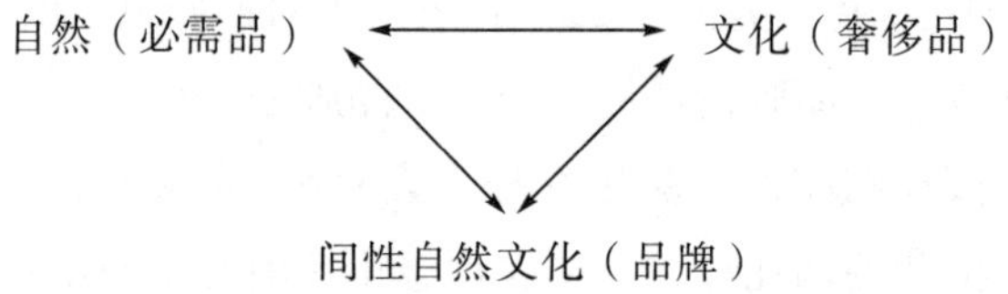

图 2－22　基于自然－文化维度的品牌符号三角

近年来，“轻奢侈品”这一新商品形态的出现与繁荣，将品牌文化属性表现得更为酣畅淋漓。“轻奢侈品”是奢侈品在经历品牌化后又向大众市场延伸而出现的商品形式，它以一种新的品牌解释项出现，再一次扩容了奢侈品世界和品牌世界，更为重要的是，当品牌不断发展至以大众消费品牌与奢侈品牌为对立两极时，它再一次以第三项的姿态出现将此品牌等级生态圈打破，并表现出品牌从未有过的共存现象：大众与威望、经济与时尚等二律背反。

至此，不难发现，品牌正如德里达对“增补”的看法：“增补”将是一个无止境的延异的过程。同时，品牌的文化定位是对既成文化规约的挑战，它就是要致力消除固有的意识形态规范，打破传统的文化与自然泾渭分明的界限，是对二元对立思想的调解。其基本立场是拆解有固定中心的旧结构，用解构的策略将旧结构转换为增补游戏的新结构。它反对一切意义僵化，开放了一个复杂多元的意义空间，从而使得品牌文化呈现出多元化特征。这与后现代主义文化的表现一致：后现代主义就是要消解崇高、戏仿神圣，使大众与高雅、神圣与世俗共存一体。正如詹姆逊所言，“后现代主义所表现的恰恰是这种对立面的衰落，即阳春白雪文化和下里巴人文化形式的新异文合并”①。

① 詹明信：《晚期资本主义的文化逻辑：詹明信批评理论文选》，陈清侨等译，北京：生活·读书·新知三联书店，1997 年版，第 424 页。

第三章　中国品牌文化符号的生产路径

本书在第一章谈到中国品牌是要用中国文化来讲品牌故事，需要坚守中国文化身份，重视中华文化与民族文化对品牌的模塑作用。那么，如何讲好品牌故事？即如何做到中国品牌与中国文化结合，实现中国文化为中国品牌赋能以形成中国品牌的独特价值？这就是本章要回答的问题。

本章第一节提出，国潮品牌是利用中国文化讲好中国品牌故事的典范，它是中国品牌文化符号生产的实践文本，并对国潮品牌的文本特征做了分析。第二、三节是对国潮品牌做符号学的审视，从双轴关系理论出发，以品牌国潮化的具体实践为具象文本，对国潮品牌的符号文本结构、国潮品牌的表意特征做出分析。

第一节　中国品牌文化符号生产的实践文本：国潮品牌

中国品牌文化生产可以提升自身品牌价值以达到品牌溢价的目的，这已成为一种共识。中国品牌实操也正在践行这一共识：当代品牌正在专注于将中国传统文化资源注入“品牌”的塑造之中，而老品牌，如中华老字号注重传统文化的延续与创新，形成一股传统文化重构中国品牌之风潮，即“国潮”。

一、国潮品牌：中国品牌与文化符号的结晶

国潮在近些年悄然兴起，并随着2018年天猫发起“国潮行动”而在全国范围内流行开来。这是中国品牌与传统文化的跨界合作，是传统的中国文化符号与现代商品的完美结合。有调查数据显示，超过75%的消费者会经常购买

国货，42.8%的消费者觉得国货具有深厚的文化底蕴，27.7%的消费者认为国货是优质代表[①]。国潮的发展势头强劲，2021 年 5 月 10 日，百度与人民网研究院联合发布《2021 国潮骄傲搜索大数据》，其数据显示，“国潮在过去十年关注度上涨 528%，过去几年，中国手机、汽车、美妆等热门行业的中国自主品牌的关注度全面反超海外品牌，2021 年国货品牌关注度达到洋货品牌的 3 倍”[②]。

最初，国潮集中于服装、食品、日用品等生活消费资料的品牌范畴，主要是一批“中华老字号”年轻化所用的一种营销方式。百雀羚就是国潮领军者，2017 年母亲节期间，百雀羚发布一条名叫《1931》的广告，展示了民国时期上海滩的风貌与时尚前沿。这则被网友称为“一镜到底的长图神广告”曝光量在 1 亿以上，为百雀羚博得了极大关注度，随后，百雀羚紧扣国潮，于同年 9 月联手京剧女老生王珮瑜推出京剧面膜；10 月与故宫合作推出燕来百宝奁美妆礼盒；2018 年再次与故宫携手打造百雀羚雀鸟缠枝美什件。

接着，国潮之风刮向中国品牌圈，手机、汽车、服饰等行业也借力国潮，诞生了一批优质商品，以中国李宁运动品牌为代表。2018 年年初，李宁以“悟道”为主题，运用传统苏绣的工艺技法，将中国元素的“红黄配”运用在服饰设计当中，并搬上纽约时装周的秀场，不到一分钟，秀场同款即在电商平台售罄。

在科技加持和全民文化自信驱动下，国潮的范围不再囿于中国品牌，其内涵不断扩大，国潮进入 3.0 时代，中国音乐、中国文学、中国美食、国产影视、国漫国游、文化遗产、大国科技都成为国潮的范畴，因此，为示区分，笔者在此将中国品牌与中国文化的结晶称为“国潮品牌”。

国潮品牌以品牌为载体，以文化为语言，在这一符号文本中，品牌作为具象和意象的中国文化精神的承载体，是中国文化的具体形式。

一方面，将中国传统文化融入品牌创意，形成了独特的品牌风格，不断推出爆款产品，实现了品牌重塑和品牌价值的提升，促进品牌产业的发展。从联

---

① 宫凤昌，邓成英，王柯钧等：《2018 年中国消费者对国产品牌的好感度调查报告》，环球网，https://china.huanqiu.com/article/9CaKrnK6V7D，2021-06-05。

② 人民网，百度：《2021 国潮骄傲搜索大数据》，百度网，https://baijiahao.baidu.com/s?id=1699340268889375178&wfr=spider&for=pc，2021-06-05。

名唇膏到开设快闪店，到大白兔等“中华老字号”传承文化和基因的力量成功破除圈层，获得新生；从回力帆布鞋、太平鸟到巴黎时装周上的李宁潮款设计，越来越多的消费者迷恋上了略带潮牌风范的国货；从故宫口红到稻香村的故宫联名礼盒，百年故宫成为超级 IP，小小物件就能掀起购买狂潮。

另一方面，中国文化元素附着于品牌，是中国传统文化的一种新的表现形式，是传统文化的现代展示。每一个品牌所代表的内涵和价值就是品牌背后的民族和国家文化，品牌的生产、传播与消费也就是中国文化符号的再生产、表达与认同。而年轻人成为国潮的主要追逐者，数据显示，“90 后和 00 后已成为拉动国潮消费的主力群体，为‘国潮’贡献了超过 57.73%的购买力，95 后则更是以 25.8%的占比成为‘国潮’第一大消费群体”[①]。这反映了当下主流消费者对中华文化的积极心理态度，是国民对国潮品牌以及中华文化的共鸣和认同，更是中华文化自信的提升。

“国潮品牌”是一个极具个性的文化符号，它存在于“外来文化潮流已成为大众流行”以及“社会大众对国货的刻板印象”所形成的对比环境中，即它既具有其他潮流文化所不具备的国货怀旧特性，又具有普通国货所不具备的潮流个性。

经济全球化的不断发展使得各类文化互相交融，日韩文化、欧美文化也逐渐走进我们的视野，甚至占据了比中国传统文化更多的注意力。随即，日系可爱纯美风、韩系妆容、欧美风穿搭、日式极简性冷淡设计等字眼越来越多地出现在我们的日常生活中，大众审美得到了极大的解放和扩展。在众多商家的争相模仿和追捧中，外来文化潮流得到了前所未有的发展，逐渐成为我们日常生活中的常客。

市场经济快速发展，许多老牌国货没能跟上潮流，发展止步不前，久而久之，大众对于中国品牌形成了质朴、廉价、低质的刻板印象。在这样的文化环境下，“国潮品牌”这一强调“国货潮流化”的文化符号，就被大多数人所认同的外来潮流文化以及大家对中国品牌的刻板印象联合排拒。此外，在国潮之前，中国品牌鲜有潮化的趋势，基本没有国货品牌在“潮”上做过有效尝试，而在国潮中，品牌方首次尝试将中国传统文化资源运用到大众商品上，也首次

① 文宗：《国潮“出圈”》，《新城乡》，2019 (12)，第 28 页。

尝试跨界联合推出出其不意的、偏离其本身产品线的“不正经”商品，国潮品牌也因自身符号文本的新颖性被凸显。

二、国潮品牌的文本特征：标出性

正如上文所述，国潮品牌存在于普通国货以及其他潮流文化所形成的对比环境中，其符号文本具有新颖性和独特性，因此具有标出性，是当今文化中的标出项。

“标出性”这个术语最初来自语言学，在中国也有学者将其称作“标记性”。布拉格学派的俄国学者尼古拉·S. 特鲁别茨柯伊（Nikolai S. Trubetzkoy）将标出性定义为“两个对立项中比较不常用的一项具有的特别品质”[①]。也就是说，当对立的两项之间不对称时，出现次数较少的一项，就是“标出项”，而对立的使用较多的那一项，就是“非标出项”[②]，标出性就是标出项的突出特征。

其实，标出性不仅仅存在于语音、语法等语言现象中，在社会文化中也是非常常见的现象。而真正将“标出性”引入符号学研究的是我国的符号学家赵毅衡先生，他认为标出性是普遍存在的，除了语言学领域，对于任何文化符号也同样适用。他认为由于实际中不可能存在完全相当的对立项，所以对立的不平衡性便成为标出性的基础，其中与标出项对立的，我们称之为正项，而实际所占比例最大的是趋同于正项的中项。中项并不居中，它的特点是无法自我进行定义，没有自己独立的表达体系，必须依靠对非标出项的偏向来表达自身。标出项之所以成为“标出项”，就是因为被中项与正项联合排拒。这种中项偏边的现象，是文化符号中判断标出性的关键[③]。

一方面，我们可以从以上定义中看出，正项和标出项是因为对方的存在而存在的，它们无法依靠自身的特性来自我定义，也就是说，离开了正项就无所谓标出项，反之亦然；另一方面，正项与标出项间不是绝对的关系，二者是动态的、可翻转的。“文化的二元之所以会形成意义上的对立，其决定性的因素

---

① Roman Jakobson (ed), *Nikolai Trubetzkoy Letters and Notes*, The Hague: Mouton, 1975, p. 162.

② 参见赵毅衡：《符号学：原理与推演》，南京：南京大学出版社，2016 年版，第 275 页。

③ 赵毅衡：《符号学：原理与推演》，南京：南京大学出版社，2011 年版，第 291 页。

就是中项会做出对其中一项的价值认同；如果没有这个价值认同，二元的概念只是意义上的不同项，并不会形成对立的态势。”[①] 即我们无法对正项和标出项进行单独判断，只能通过中项的偏向来进行判断。除以上两方面外，我们也应该意识到，被标出的事物自然会备受社会大众的关注，让人耳目一新的东西更容易获得大家的追捧，但相应的，也将更容易发生更迭和衰落。

在开始这部分的阐述之前，笔者认为有必要为“标出项”这一名词正名。人们很容易将“标出项”和“异类”等同起来，而在中国的文化语境中，“异类”是一个很大程度上具有负面感知的词语，但在符号学的研究领域，“标出项”并不具有这种感情偏向。在符号学的标出性理论中，标出项只是一种相对于正项的存在，是文化还未获得社会大多数认同的状态，是一种小众的次文化，并不存在任何感情的偏向和意识形态上的价值判断。

实际上，“标出项”不仅不是社会大众潜意识里无法理解的、错误的文化状态或形式——这只是一种主观性的判断和误解，相反，“标出项”是社会文化中必需的存在，就像赵毅衡先生对文化标出性提出的三个必须，即“必须划出少数异类，必须边缘化异类，必须容忍异类”[②]。一方面，虽然标出项代表着未被大多数人接受的形式或状态，但相对于正项而言，标出项由于其差异性和数量劣势，反而更容易受到社会大众的关注，从而成为焦点。在后互联网时代，繁杂冗余的信息无时无刻不在浪费着人们的注意力资源，而标出项的运用，则是在这种碎片化的信息环境中快速获取大众注意力资源的有效途径。另一方面，正项和标出项的存在都需要对方的对比呈现，两者之间有一种微妙的互相调节的机制，即当社会上正项占比过大时，标出项就会及时出来进行调节，反之亦然。

（一）国潮品牌初期塑造的标出性

国潮品牌在生成初期，多采用“符号陌生化”的方式来迅速展现其标出性，如李宁品牌一改往日简单朴素、设计感不强的运动品牌形象，将这些为人所熟知的、一目了然的符号删除，重新添加潮流元素进行设计；再如李宁“潮化”后第一次亮相就在纽约时装周，这是一个具有强烈时尚前沿意义的符号，

① 彭佳：《论文化“标出性”诸问题》，《符号与传媒》，2011（1），第67页。
② 赵毅衡：《符号学：原理与推演》，南京：南京大学出版社，2011年版，第294页。

也是与李宁以往的品牌形象完全不搭边的符号，而这两者结合起来陌生却又不违和，使得大众短时间内对其产生强烈的好奇心。而标出性的迅速形成也有利于国潮下的品牌在发展初期拓展出更为广泛的、可挑选的符号资源。

国潮品牌的标出性在某种程度上属于时尚的范畴，而大众习惯将时尚的审美归于艺术领域，他们清楚地意识到创作者和使用者追求的是一种“越搞怪我越爱”的时尚态度。因此，国潮品牌在发展过程中，常出现那些随性街头风的单品、各类风格混搭的复古设计、模糊性别的无性别穿搭。这些看似没有实用价值、难以为人所理解甚至不合常理的表现形式，在现实生活中并没有遭到大众那么明显的反感和排斥。接着国潮品牌不断借助丰富的符号资源和多变的表现形式，与社会大众越来越多地进行互动和交流，人们也越来越习惯于接受这些新颖、奇特的样式。别具一格的国潮品牌在时尚语境中也不再像最开始时那么难以理解，大众对其的接受度和包容度也正是在这样的循环中不断提高。

国潮品牌的初期阶段标出性特征尤为明显，这有助于快速吸引大众视线，博得关注度。值得注意的是，这一阶段国潮品牌需要自行筛选出一些具有代表性的符号来传达意义，同时借助相应的媒体平台来引导大众建立起符号载体与意义的联系，以便达到国潮品牌自身的“意图定点”，即“发挥中国品牌自身的优势，结合我国丰富的文化符号资源，掀起国货复兴潮流，新潮却不过分张扬，复古但不是土味时尚”。比如李宁在打造国潮品牌初期，用运动视角表达对中国传统文化和现代潮流时尚的理解，传递国人“自省、自悟、自创”的精神内涵，借助天猫平台和视频博主进行推广，在五个月里发起了“国潮”系列活动，强调的是“这次国货不一样”以及“用国货是一种正向的态度”。

（二）国潮品牌逐渐翻转为正项

正项与标出项间不仅存在相互调节的关系，二者间更是动态的、可翻转的，但这并不代表正项在流动过程中一定会翻转成标出项，标出项也不一定就翻转成正项，两者之间还有中项这一过渡缓冲地带。也就是说，正项有可能翻转成非主流文化的标出项，也有可能就停留在中项层面的大众文化，而标出项有可能翻转过来成为主流文化的正项，也有可能同样停留在大众文化，即中项层面。

上述国潮品牌在初期阶段已经获得了部分群体的认可，但为了得到更广泛的效果，国潮品牌还会继续借助大众媒体的宣传来达到拉拢中项群体的目的。

所谓中项群体，即在文化中暂时持中立态度，并未因为外界影响而产生偏向的群体。不像正项或标出项会因为互斥而产生对立的情况，占据人群绝大部分的中项群体大多数时候在文化中是一种依附和追随的态度，这意味着他们的态度及选择决定着国潮品牌这一异项能否翻转成正项。

从当下国潮品牌的发展可以看出，国潮品牌已经成功拉拢了大部分中项人群。我们最常见的，除了微信公众号铺天盖地式的推送，还有各路明星、网红穿搭示范带货，以及各大媒体平台 KOL（Key Opinion Leader）的国潮开箱测评、每个月的国潮好物大赏等形式。在媒体信息包围式的轰炸和真人带货体验的引导下，我们身边大部分人群开始认同并购买“国潮”带起来的中国品牌，人们开始主动关注并传播着相关信息，人际传播效能使得中项群体愈发偏向国潮品牌这个“异项”，国潮下的中国品牌所寄生于商品中的符号意义，也在中项群体的帮助下不断扩大影响力，最终获得了社会大众的认可。

由此，国潮品牌翻转成正项。此时，它就不再需要特别强烈的风格特征来占据社会大众的注意力资源，也不再需要投入过多的媒体广告来拉拢中项群体，此时人际传播效能和社群的交流引导发挥着巨大的作用，从众与模仿的心理机制成为社会大众主动了解国潮品牌并实施购买行为的主要驱动力之一。

（三）大量的模仿复制使得国潮品牌的标出性衰弱

大众流行文化中存在的从众与模仿现象在日常生活中其实很常见，就像我们口语上所说的“赶时髦”“追时尚”，都是社会大众对流行文化及其价值认同的从众与模仿现象。当社会上的大部分人开始认同国潮品牌所传递的品牌价值与“新潮”的符号意义，并乐于购买国潮品牌时，为了获得群体认同感和环境安全感，剩下的大部分人也会对国潮品牌产生认知和行为上的改变，因为这样的方式能够让个体在大环境中更加安心地进行选择，无须为自己不同的审美和品位负责。从众与模仿是进行自我保护和获得群体认可最直接有效的方式。

但也正是随着社会大众从众与模仿现象的日益加剧，国潮品牌的“潮流性”由盛转衰。这是因为作为国潮品牌的标出性特质之一的符号身份，在不断地模仿与被模仿过程中失去了其本身独有的个性标签与意义象征，当所有人共用一套符号体系，国潮品牌便丧失了其身份标出的独特价值。就像当国内所有的化妆品品牌都开始国潮化时，那作为国潮品牌代表的百雀羚，其身份就不再特殊。

此外，商家及广告公司对中国品牌国潮化模式机械般的复制粘贴，也会使得国潮品牌中“潮”元素的标出性特征减弱。当前我们可以看到，有了李宁跨界联名《人民日报》，就有安踏跨界联名可口可乐，以及大白兔联合郁美净推出润唇膏、RIO联合六神花露水……广告位铺天盖地全是跨界玩法；再如有了百雀羚故宫款，就有了润百颜故宫口红、稻香村故宫联名款、农夫山泉故宫联名款，甚至国外美妆品牌欧莱雅、YSL、MAC都要来蹭一波“故宫热”，似乎离开“故宫”美妆品牌便很难推陈出新。当“一切皆可故宫”后，故宫类文化IP的产品便不再“潮”了。

如此这般，不仅仅将国潮品牌刻板化、模式化，更重要的是，没有灵魂的“潮”会使得社会大众对国潮品牌的创新模式产生误解和反感，导致国潮品牌不再标志着新潮，国潮品牌的标出性特征消失。

第二节　国潮品牌的文本呈现

一、跨界：国潮品牌的生成方式

国潮品牌是中国品牌利用文化资源进行的一种有效增值与营销模式的结果，它能刺激新的消费需求，提升品牌价值感，而国潮品牌生成的主要方式是品牌多领域跨界。

第一种是品牌间的跨界产品联合，其中一方品牌为老字号这样的文化品牌，具体的操作是两种分属不同产品领域的品牌推出联合爆款，如生产奶糖的老字号品牌大白兔与护肤品牌郁美净推出联合款唇膏，在其天猫旗舰店上预售的半秒钟内卖空920支，成为老字号跨界合作的经典案例。

第二种是中国品牌跨界时尚文化潮流，主要体现在品牌产品的潮流化，如食品品牌旺旺推出带有街头时尚潮流元素的卫衣；产品设计上的潮流化，如电视品牌创维援引中国古籍《山海经》中“精卫填海、共工触山、嫦娥奔月、夸父追日”四大经典神话故事，推出一款结合中华传统工艺——刺绣而创新的刺绣电视；产品登上秀场，进军时尚圈，如中国潮流先行者运动品牌李宁，分别于2018年、2019年两次现身纽约时装周，成功跻身于运动时尚界。

第三种是借助文化IP联名跨界营销，最经典的案例莫过于百年故宫，它已成为超级 IP。2019 年，故宫新推出一款“古风神兽”雪糕，迅速上了热搜，成了名副其实的新网红，深受年轻人追捧。不只是美食，故宫 IP 席卷消费的方方面面，打造出一款又一款的潮品。

从符号表意过程来看，国潮品牌的形成是一个新文本的符号运作过程，是两个原先携带着不同意义的符号组合在一起的结果。老字号品牌之间的联姻、现代品牌与传统文化的结合，抑或是中国品牌潮流化，都是两个符号并置，形成一个陌生的符号文本。德国著名戏剧家布莱希特曾经说过：“对一个事件或一个人物进行陌生化，首先很简单，把事件或人物那些不言自明的，为人熟知的和一目了然的东西删去，使人对之产生惊讶和好奇心。”①

消费社会中由于符号更新迭代的速度加快，社会大众在符号层面的认知与实践不断积累，因此想要在一定时间内寻找到完全新颖的符号形式并不容易。而符号陌生化这样一种将原有的符号解构重组、重新排列的方式，成为编码者降低符号创新的“捷径”之一，因为它可以让社会大众对过去接触的符号及其意义产生陌生感，从而再次收获大众的注意力资源。

两个品牌或品牌与文化结合，实现文本陌生化，这实际上包含了一个选择机制，而任何符号文本的构建，都是符号双轴的操作，品牌跨界形成的国潮符号文本亦是如此。

二、国潮品牌文本呈现的符号双轴关系

双轴操作即符号的横组合与纵聚合关系，是符号学中的一对经典概念，最早由语言学家索绪尔提出，横组合又称为句段关系，指的是符号的线性组合，解决的是符号链的结构问题。在横组合中，我们考虑的是每个句段之间的相互关系和整体与部分之间的关系。而纵聚合又被称作联想关系，即在话语之外，具有某些共同性的词会在人的记忆中联想起来，并形成由各种关系支配的集合②。由于联想关系是基于人的联想而构建起来的关系，因此它是潜在的、无序的。

为了区分二者，索绪尔举了一个形象的例子：建筑物的柱子与它所支撑的

① 杨向荣，肖萍：《布莱希特“陌生化”的批判解读》，《陇东学院学报》，2010（6），第 55 页。

② 索绪尔：《普通语言学教程》，高名凯译，北京：商务印书馆，1980 年版，第 147 页。

屋顶出现在这一建筑空间内，它们之间就是横组合关系，但如果这根柱子是陶立克式的风格，就有可能会引起与其他风格（如爱奥尼式、科林斯式）的比较，虽然这几种风格现在不在同一建筑空间内，但它们之间的关系就是纵聚合（联想）关系。

从以上的描述中我们可以对横组合与纵聚合进行区分：其一，横组合所分析的重点是句段本身的结构，而纵聚合的重点是基于大众心理基础的联想作用；其二，对已经表现出来的文本部分来说，纵聚合关系是潜在的、隐性的，而横组合关系则是现有的、显性的。

罗兰·巴尔特进一步拓展了索绪尔关于横组合与纵聚合的观点，他列举了一个例子对自己的观点进行说明：到餐厅点菜时，菜单上前菜、正菜、甜品、酒类等每一个系列的选择就分别构成了不同的纵聚合段，但纵聚合段中的每样东西不会同时出现在你的选择中，每个纵聚合段只选其一才构成了你的餐食，餐食中具体的每道菜之间便是横组合关系。因此，纵聚合实质上是一个选择关系，任何现成的符号系统都是对纵聚合系统中若干并列的成分加以选择的结果①。随后，雅各布森对横组合与纵聚合的概念进一步深化，他将横组合关系称作"结合轴"，把纵聚合关系称作"选择轴"，认为结合轴的特征是"邻接性"，有一种转喻的意味在里面，而选择轴的特征是"类似性"，有一种隐喻的意味在里面。

国潮品牌符号文本的选取和意义的解释，便是符号双轴操作的结果。国潮品牌文本是已完成编码的陌生化文本，"在业已编码的文本的层面上，人们需要应对的既有显明的内容又有各种'看不见的'并且是被想当然的意义"②。"明显的内容"即符号文本的横组合，"看不见的意义"则是符号纵聚合传达出的意义感知。

在品牌国潮化的传播过程中，品牌方从潮流环境中提取符号素材，通过对所选取内容的重新组合，演绎出品牌的潮流意义。这个横组合的产生，是品牌方为了能够准确表达自身所要传达的意义而加以遴选和编织的，遴选和编织的标准便是品牌商关于品牌一系列意义的想象，这是一个从纵聚合探向横组合的

① 杨婧岚：《符号学横组合/纵聚合理论及其对广告的运用》，《西南民族学院学报（哲学社会科学版）》，2000（8），第80页。

② 尼克·斯蒂文森：《认识媒介文化》，王文斌译，北京：商务印书馆，2003年版，第127页。

过程。

而当消费者对国潮品牌符号进行解释时，就是一个解码活动。他们通过感知符号文本的颜色、文案、画面构成、纹样图腾、故事情节等在内的一切信息，即关于品牌符号文本的横组合，再结合自身社会生活经验与解释能力，触发了纵聚合层面上的联想与延展，从而解释出文本的独特意义，即这一过程是由横组合引发的纵聚合上的探知，与编码过程恰好相反。

国潮品牌符号文本主要包括品牌的名称、品牌所依附的产品以及品牌国潮化过程中的广告三部分。在国潮品牌符号的完整表意过程中，三大部分组合而成的符号文本的呈现即对符号元素的选取，组成了横组合，实现了对品牌意义的编码，消费者通过对横组合的感知，触发了纵聚合层面上的联想与延展，形成了对品牌意义的解释与延伸。

首先是在国潮品牌的名称上，比如大白兔和郁美净推出联合款唇膏，名为“郁美净×大白兔润唇膏”。大白兔的主营产品是醇香奶糖，之前从未踏足日化领域，多年来人们只要一想起童年记忆中的奶糖味就会想起大白兔这个品牌，但随着市场竞争的加剧和日本悠哈等国外奶糖品牌对市场的抢夺，大白兔逐渐淡出市场，成为一种记忆。品牌编码者将奶糖与唇膏这两个毫不相关的事物结合起来，显现的横组合是“奶糖味儿的润唇膏”，但在创造这一符号文本时，必须在各大品牌间进行聚合挑选，这些品牌可以是其他生产糖果的，也可以是生产其他食品的，甚至可以是非食品品牌，但最后大白兔品牌被选择，决定了挑选组合是以怀旧、童年记忆等为意义标准进行的符号活动。

其次是国潮品牌的产品设计，也是双轴操作的结果。以李宁品牌在纽约时装周上的“悟道”系列的潮化设计为例。李宁的整体设计围绕“悟道”，其中以“心之悟”来回望经典，以“型之悟”来展望未来。“心之悟”的灵感源于中国文化中的“天人合一”，将运动风格与复古潮流融为一体，并添加中国特有的文化元素，成功地重现了中国李宁在20世纪90年代引领中国运动时尚的经典风范，不忘初心，以复古致敬经典。

其中具有代表性的符码元素有李宁先生的照片印花、李宁第一套奥运领奖服VICTOR001的复刻还原等，甚至在设计中还加入了中国传统苏绣工艺技法，让人似乎瞬间回到了90年代。在这里，作为诱发刺激因素的横组合李宁的照片印花、奥运领奖服的复刻、传统的苏绣工艺等元素，让人一下子联想到

“复古时尚潮流”，让受众联想到八九十年代李宁引领中国运动风潮的时代，由此成为年轻人表达“复古潮流感”的重要元素，而李宁也因此带上了“潮”的标签——中国20世纪的复古既视感。

而展望未来的“型之悟”则又是另外一种风格。“型之悟”包括了“街头机能”“混搭美学”“未来主义”三个着力点，将中与西、虚与实、功能与潮流融合在一起，营造出了关于运动潮流的无尽想象空间。“机能性的绑带、多口袋的设计、面料的金属质感”“户外夹克混搭老爹鞋，不对称剪裁的oversize连帽衫，长短裤与足球袜……”这些元素组成的横组合引发了受众关于高端时尚的纵聚合联想。此刻在受众的心中，李宁已经完全脱离了单一枯燥的运动形象，成为国产运动品牌中的独特存在。

因此，不论是“心之悟”致敬本身经典的复古运动风潮，还是“型之悟”探索未来街头主义的风格，抑或是细节设计与外形兼具的各种混搭，这些元素组成的横组合，极易使人联想到时尚界的“复古风格、现代实用街头主义，以及未来运动趋势”三大潮流代表。这些具有明显标出性指向的横组合，不仅向全世界展示了李宁运动潮流的原创态度和实力，也使其在同类国产运动品牌中独树一帜。

最后，国潮品牌潮化过程中的广告表达，因为要与品牌自身的特质及意义感知（纵聚合）相契合，而选择具有这一特质的元素进行创新性的选择与表达（横组合）。比如百雀羚的长图广告《1931》，将百雀羚这一品牌人格化，使其化身为20世纪30年代生活在上海的一位“需执行特殊任务”的女子，并以其为第一视角展示了民国时期上海滩的风貌与时尚前沿，最后引出该女子的“特殊任务”即“与时间作对”。创新的条漫式广告形式首先吸引了受众的眼球，但其广告内容的选择与呈现才是其成为现象级广告的根本原因。

美妆品牌百雀羚创立于1931年，至今已有90年历史。尽管百雀羚在20世纪40年代一度拥有属于自己的高光时刻，名媛贵族、政界名流、巨星偶像都曾是它的支持者，但近年来随着市场经济的不断发展，外资化妆品进入中国抢占了本土品牌极大部分市场，百雀羚也无法幸免。虽然百雀羚一直保持着“经典国货”的形象，但这一品牌形象除了彰显其厚重的历史文化，也会被人有意无意地贴上“老化”“疲态”等标签。因此，经典国货首要解决的问题便是“如何使得品牌形象经典但不老套，从而得到更多年轻人的认可”。

《1931》这一则条漫广告很好地解决了这个问题。首先，它通过海派西餐、旗袍、百货公司、大剧院等元素的横向组合，描绘出20世纪三四十年代上海滩的繁荣景象。正如上文所提到的那样，这一年代也是百雀羚荣光最盛的时期，人们通过图文回忆起那个年代的标志性事物和人物，也会在这些横组合的互文下回忆起百雀羚当时的繁盛这一纵聚合，意识到当时该品牌是名媛贵族才用得上的护肤品，暗示现在的受众百雀羚曾经也是像现在的外资化妆品一样风靡时尚社交圈的，一改受众心中对百雀羚简陋、低廉的认知。最后以百雀羚人格化的形象来点题——原来这个特殊任务就是“与时间作对”，这既暗示了百雀羚帮助人类对抗时间带来的皮肤衰老的症状，又让人联想到百雀羚这个品牌在与时间作对，它要一改往日老派的形象，重新找回属于它的风靡上海滩的荣光。

由此，传统经典与现代科技结合，百雀羚从自身的品牌特质出发，将民国的文化元素进行创造性表达并融入其中，构成横组合关系，来引导受众感知该品牌所表现出的纵向标出性意义。二者一明一暗、相辅相成，令受众产生强烈的视觉及心理冲击感。

国潮品牌的形成还是一个转喻过程，在这个符号的解构和重组过程中，意义转移，新意义生产。朱迪思·威廉森在《解码广告》中也曾表示：“广告讯息意义建构的方式之一，就是将一个符号的意义转移给另一个符号。”[①] 比如，旺旺推出卫衣产品，就是要将卫衣所携带的意义转嫁到旺旺品牌中来，以重塑旺旺的品牌形象与品牌价值。首先，卫衣本身就是随性街头风的潮流代表，它已经成为潮款服饰的代名词，旺旺推出卫衣，则将这种潮流气息转移到旺旺来上，使旺旺俨然一变成为食品界的“潮哥”。不仅如此，旺旺作为老字号品牌，与时尚的结合还获得了复古意味，于是，旺旺又成为复古时尚潮流的典范。

三、宽幅的国潮品牌聚合轴

不同文本背后的聚合段宽窄并不一致，有宽幅与窄幅之分，宽窄的不一致，会直接影响到文本的风格。“一旦文本组合形成，聚合轴就退出操作隐藏起来，但并不是说它没有留下痕迹。聚合轴的影响始终存在，而且始终影响着

---

① 杨晓强：《从符号的双轴关系看广告传播中意义的增值》，《当代传播》，2008（2），第89页。

文本的各种品质。”[1] 比如，雅典和斯巴达作为古希腊城邦，文化差异却很大。雅典十分注重开放和自由，因此对个人职业选择的限制不严格。人们可以学习不同的知识，成为政治家、商人、诗人、哲学家，因此职业选择的聚合轴是宽幅的。斯巴达则崇尚武力，不重视文化，而是力图把每一个人培养为武士，职业选择的聚合轴就是窄幅的。这种聚合轴的宽窄差异使文本差异极大，雅典的文化十分繁荣，更崇尚自由，更加开放进步；斯巴达则是封闭的，保守的，崇尚武力。

就品牌跨界来说，国潮品牌跨界是宽幅的，因为它有很多的选择。首先，不同产品领域的品牌可以联合，如大白兔奶糖，与郁美净联合推出润唇膏，与气味图书馆联合推出香氛系列，与乐町联合推出服饰，与快乐柠檬联合推出网红奶茶，与光明联合推出大白兔奶糖味牛奶，等等。其次，任一品牌都能搭上时尚潮流顺风车，如旺旺推出卫衣后，老干妈、卫龙相继推出卫衣；李宁走过国际时装周秀台后，太平鸟、海澜之家也走了起来；大白兔有了香水以后，泸州老窖也推出酱香型香水。最后，同一 IP 也可以与任何品牌联合，如故宫 IP，自百雀羚出了故宫款，就有了润百颜故宫口红、稻香村故宫联名款、农夫山泉故宫联名款，甚至国外美妆品牌欧莱雅、YSL、MAC 都要来蹭一波“故宫热”。

而且这个跨界宽度还在不断增长，原因主要有两个。

其一是在互联网时代能指与所指的断裂与重组造成大量新兴符号涌入。在大众传播的过程中，能指的多样化为表意渠道的多样化创造了条件，使得话语符号的传播表征更加具有多元性、创造性和趣味性，社会大众间的交流也大多会借助“能指的解构和重新的排列组合”这一条捷径来处理和传达信息。这一点在网络语言的使用上尤为明显，比如用“666”来表示称赞；“红红火火恍恍惚惚”“hhhhhh”和“哈哈哈哈哈哈”实则为一个意思；“蓝瘦，香菇”源于一则短视频中广西男子的不标准发音，而后发展成全国人民“难受，想哭”的代名词；再如“对你笔芯”“是个杯具”实则是把“比心”“悲剧”的象声词这一能指当作它们自身所指的替代。

这样的例子不胜枚举，但不得不承认的是，在这一时代背景下，能指与所

① 赵毅衡：《符号学：原理与推演》，南京：南京大学出版社，2011 年版，第 163 页。。

指的断裂、解构与重组排列正在以前所未有的速度进行着，并迅速在传播与解读中获得理据性，进而进入大众传播的话语体系，其生命力或长或短，但这一过程所带来的能指的极大丰富以及表意的多元化，为国潮品牌跨界提供了聚合轴幅度加宽的可能性。

其次是符号在使用过程中必然会获得理据性，并且理据性会随着符号文本使用频率与范围呈正相关变化。当一个社群坚持使用一个符号，一个没有理据性的符号也能很快获得理据性，甚至成为高理据化的象征。相反，已经获得理据性的符号也可能会在使用过程中造成意义的磨损，从而产生“去理据化”现象，因此，理据性的上升与滑落是符号使用过程中的一种常态。

在后互联网时代，信息的快速流动和碎片化的呈现方式，也使得符号意义生成与滑落的周期大大缩短，理据性的滑动变得更为普遍。正是有了符号理据性的滑动，国货品牌潮化的表意行为才有了更丰富的表达与呈现。国潮品牌间的跨界联合、设计潮牌化以及依托 IP 推出限定款等营销行为，使得国潮品牌的跨界成为一场充满新奇感、创造力的活动，使得之前在社会大众心中固化、无趣、陈旧的国货品牌符号的意义生成与传达方式活跃起来，从而为社会大众提供了充满趣味性和颠覆感的国货潮化的认知体验。

语言的发展中有个规律叫做“词义弱化”，指的是我们的用词随着时间的推移和使用频次的增加，内涵大多会变得越来越弱。而后互联网时代“短平快”的特点也加速了这种弱化，比如现在的“美女”已经不足以称赞一个姑娘的美丽，“美女”的 2.0 版本——“女神”也在遭遇一轮语言界的“通货膨胀”后，迅速迭代成“仙女”。在当下社交网络上，人们大量使用顶格表达来发言，痛苦的要极致痛苦，美丽的要神仙一般，网上经常能见到“秒杀、完爆、千年一遇”此类形容程度的词。

词语的刺激使得大众表达的阈值不断增加，于是一旦新词被提出，人们就争先恐后地使用。这种短时间的频繁使用，会导致这个词贬值的速度更快，很快就被归为陈词滥调，继而又会要求更多的话语符号被创造出来。商业社会语境下，我们的话语符号变得很矛盾——既丰富又贫乏，因此，我们已经很难找到一个合适的词来描述处于美与丑之间的女性的样貌了。

同理，这种高速率的词汇迭代，也迫使品牌在具体的“国潮”化实践中每一次都突破之前的固定文本样式，为创意绞尽脑汁。

对于部分国潮品牌来说，它们能在这场跨界运动中成为创新的佼佼者，与国潮品牌跨界的幅度过宽与激增有关；对于大部分品牌来说，它们的跨界选择甚至自由到无法找到一个“自己的风格”，因为可供选择跨界的品牌和时尚太多了，在眼花缭乱的选择可能中，大部分品牌只能选取其他品牌跨界时所选取的标准。这就出现了“选择悖论”——它们在做跨界创意时实际上并无选择可言，“一切皆故宫”便是力证。

所以，在国潮品牌的实践操作中，这种宽幅实际上是一种假性宽幅，尽管看上去充满了无限的选择，但大部分品牌都没有自己的选择标准，只能跟着已获成功的“国潮”品牌走、跟着超级 IP 走。这种机械般的复制粘贴，虽然能为品牌制造一定的热度、带来一定的流量，但都是暂时的，这种热度和流量会迅速消失在下一波跨界联名中，而且品牌自己原有的品牌形象被稀释，或是造成自身品牌形象的纷杂化，于品牌长远的发展来说，这无异于饮鸩止渴，有悖于国货潮流化的初衷。

第三节　国潮品牌的意义生产

一、国潮品牌的符号过程

国潮品牌成为一种流行的文化消费对象，是由成百上千个中国品牌的每一次品牌“潮化”的努力而来的，潮化是国潮品牌文本传播的目的。因此，我们若要探讨国潮品牌的文本传播，即要讨论国潮品牌潮化的过程，这是一个国潮品牌符号文本传播、表达与接受的过程。具体来说，这是社会大众通过感知有关该品牌的产品、包装设计、营销方式等所附着的“潮”符号，解读出这一中国品牌中所蕴含的独特化、潮流化、复古化的意义，并对这些意义加以认可和推崇的符号过程。

在国潮品牌文本传播过程中，理想的效果是：品牌方作为信息的发出者，对品牌中所体现潮化的元素进行编码，即将品牌潮化的符号编织入符号文本中；而受众对符号信息进行解码，使得符号文本中所携带的关于“潮”的意义被正确解读并被接受，从而感知国潮品牌所要表达的意义。

可见，这是一个经历了两个甚至更多层面的符号活动。要传送一个意义，意义发出者能发出的只有符号文本，而接收者能接收到的也只有符号文本。但是接收者在接触符号文本时，如何确认其接收到的意义与发出者的一致？而意义发出者如何保证意义能被准确解释？这两个问题在国潮品牌的文本传播中特别重要，这直接关系到国潮品牌文本传播活动的有效性。

要说清楚上述问题，首先有必要对国潮品牌的符号过程进行分析。在任何一个符号过程中，都有三种不同的意义：发送者的意图意义、符号信息的文本意义、接收者的解释意义（如图 3−1）[①]。

发送者（意图意义）→ 符号信息（文本意义）→ 接收者（解释意义）

图 3−1　符号过程中的三种意义

这三种意义在文本传播的过程中互相排斥，当意义进入下一层次，后一意义就逐步替代前一意义。因此，三者不可能同时在场，而是轮流在场，最后成为解释意义。

在文艺理论中，有学者认为文本意义比意图意义重要得多，我们不用也没有必要去追溯发送者的意图。福柯认为“作者”这一概念只是现代概念，现代之前没有这个概念，有人提出《荷马史诗》或《水浒传》多半是在相当长历史中许多作者的集体创作。[②] 罗兰·巴尔特认为“作者死亡，写作开始”[③]。他们提出此类言说，实际是要强调解释者在文本接收过程中的作用。

但是，就国潮品牌来说，其必定都有意图意义，因为国潮品牌是有意识地展示传统文化以及潮流元素的品牌，因此，品牌商们在设计品牌和传播品牌之时，本身就带着强烈的意识。尽管我们很难去追溯意图意义，但一旦国潮品牌的意义在载体与媒介上发出，符号信息所承载的文本意义就取代了意图意义，解释者可以从文本中推导出一套有关国潮品牌价值的“人格”，即隐含作者。

解释意义不一定会被接收，可能是因为传播计划有变，制定的传播文本被

---

① 赵毅衡：《符号学》，南京：南京大学出版社，2012 年版，第 50 页。

② 参见米歇尔·福柯：《什么是作者？》//赵毅衡编：《符号学文学论文集》，天津：百花文艺出版社，2004 年版，第 513−524 页。

③ 罗兰·巴尔特：《作者之死》// 赵毅衡编：《符号学文学论文集》，天津：百花文艺出版社，2004 年版，第 505 页。

废弃，也可能是因为承载信息的传播媒介的普及度不高，没能大范围地推广信息，还可能是因为受众不感兴趣、没来得及接收符号文本。此时，国潮品牌就成为一个特殊的符号——潜在符号，“是作为符号被生产出来的人工制品（纯符号），因为各种原因没有被接收，没有完成符号传达过程”[①]。

尽管如此，作为潜在符号的国潮品牌依然是符号，因为它们确定地携带着品牌商们的意图意义以及文本意义，一旦条件成熟，如传播文本重新被启用，传播媒介突然爆红成为具有全民影响力的平台，观众恰好接收到文本信息，等等，国潮品牌就可以完成其符号表意的整个过程。

因此，国潮品牌的符号过程三个环节、三种意义都必不可少，它们环环相扣，直接影响到文本传播的最终效果。在具体的文本传播过程中，发出者的意图定点、文本意义的编码方式（承载信息的媒介传播方式、符号文本的形成方式）以及接收者的解释努力共同作用于国潮品牌意义的表达与解释，即文本客体、传播主体和接收者共同架构起国潮品牌叙事意义的阐释系统。接下来笔者将分别从这三个层面对国潮品牌的文本传播做解析。

二、符号发出者的意图定点

意图定点并不等同于意图意义，它是“符号发出者认为可以用各种手段达到的一个效果”[②]。对于国潮品牌的意义发出者来说，他们的意图是占领整个消费者市场，然而在现实中不可能达到此目的，因此他们只能采取折中的做法，设定一个解释的理想暂止点，也即“意图定点”，以取得一定的效果。

在此，笔者首先需要对符号的“无限衍义”理论做回顾。皮尔斯提出符号三元素方案，他把符号可感知的部分称为“再现体”（represenatum），把符号所代替的称为“对象”（object），而把符号引发的思想称为“解释项”（interpretant）[③]。他对解释项的定义是：“一个符号，或称一个再现体，对于某人来说在某个方面或某个品格上代替某事物。该符号在此人心中唤起一个等

① 赵毅衡：《符号学》，南京：南京大学出版社，2012年版，第59页。

② 赵毅衡：《符号学》，南京：南京大学出版社，2012年版，第184页。

③ Charles Sanders Peirce, “The idea to which the sign gives rise”, *Collected Papers*, Cambridge Mass: Harvard University Press, 1931—1958, vol. 2, p. 228.

同的或更发展的符号，由该符号创造的此符号，我们称为解释项。”① 这意味着，尽管解释项是意义，但是它同时又是一个新的符号，如此，解释符号的符号依然需要另一个符号来解释，符号过程便不可能终结。符号表意成为一个无限衍义的过程。

从某种程度上来说，元语言的无限衍义实现了观众更为广泛的参与，并拓展了品牌的意义，但无限衍义同时也代表了释义过程中的不确定性，而这种不确定性的存在使得受众的释义很可能会偏离品牌方的预设和意图，从而导致传受双方很难达到意义共通。

但是，在具体的符号表意中，意义解释因为各种实际原因，会暂时终止于某一点。“大部分符号由于解释过程中的实际原因——接收者的能力，解释意愿，或者简单地因为时间不够——总会停止于某些意义的积累点上，暂时不再延伸下去。任何解释活动，是解释推动，当这个意图消失，解释者已经满足于一种取得的意义，意义推演停止，此时无限衍义就变成一种潜在的可能。”②

国潮品牌符号表意的无限衍义是潜力无限，但衍义不会延续下去，而会暂时停止，形成大致的意义。这是因为任何品牌表意，最终的目标都是创造一个富有成效的品牌形象。连续一致的形象最终会真正确立明晰的品牌定位，从而形成市场壁垒的效用，获得对市场的独占性效果。而且，作为大众性的体裁，品牌面对的接收者是社会中的大多数人，品牌商的目标是让大多数人达到品牌意义发出者所希望的意义。

美国资深文案创作人路克·苏立文（Luke Sullivan）认为“品牌就是形容词”：“保时捷汽车速度很快。宝马汽车性能很好。那么沃尔沃汽车呢？它们……很什么呢？如果你说‘安全’，那么你的答案和几乎所有我问过的人的答案相同。”③ 他的意思是，品牌的解释项应该是简单、单一的。

因此，将一系列围绕品牌意图定点的传播内容，传递给圈定好的阐释社群，是形成品牌大致意义的主要途径，同时也是暂停品牌符号表意的最佳方式。品牌商把意图定点设定在某一点，如果成功的话，大部分消费者也会把解

① Charles Sanders Peirce. *Collected Paper*, Cambridge Mass: Harvard University Press, 1931—1958, vol. 2. p. 304.

② 赵毅衡：《符号学：原理与推演》，南京：南京大学出版社，2011年版，第108页。

③ 路克·苏立文：《文案发烧》，赵萌萌译，北京：中国人民大学出版社，2010年版，第34页。

释终止在那一点。

其次，阐释社群之外的接收者的具体解释行为过于多变，无法控制。正所谓“一千个读者就有一千个哈姆莱特”。就算是同一个解释者，在不同时间、不同场合、不同心态下，也会在同一符号中读出不同意义。如金利来，最初名字为“金狮”，对于内地人来说，狮子绝对是一个意义深远而内涵丰富的精神图腾，狮子象征着雄悍、英武，被人们视为高贵和英雄，但是在香港人眼里，却代表着不吉利，因为粤语中“金狮”与“尽输”谐音。这也是该品牌后改名“金利来”的主要原因。

于国潮品牌而言，解释项的无限衍义在所难免，但是一个成功品牌，恰恰能稳定解释项，将无限衍义暂停于意图定点，形成品牌意义。一旦控制不好解释项，品牌符号的变动就会发生，品牌构建活动也将以失败而告终。例如，2020 年 6 月，安踏“联合”诗仙“李白”，发布全新的“李白”系列运动鞋，邀请说唱音乐人黄旭和于嘉萌在线上进行一场“说唱云直播”，其意图意义是以李白的风骨为内核，为当代青年探寻自我寻找全新途径。这意味着安踏的理想接收群体具有两个特点，一是对李白的精神内核很了解，二是熟悉黄旭和于嘉萌的音乐风格，而大多数青年群体都符合这两个特点。所以，安踏此次国潮品牌活动，能让大多数青年受众接收到安踏品牌所希望达到的意义。

三、文本意义的编码设定

（一）符号文本的打造与升级

国潮品牌主要有两类，一类是由中国品牌通过在形象和内涵上的升级而形成，二是全新打造的初入市场的国潮品牌。无论是升级而成的还是全新打造的，其与文化的联姻首先体现在符号文本上。品牌的符号文本“是由‘再现体’与‘对象’构成，即品牌的标志或名称，企业及其产品或服务构成了品牌的符号文本”[①]。据此，国潮品牌的符号文本也包括两个部分，一是标识或名称，二是产品或服务。

一般来说，在由中国品牌摇身一变成为国潮品牌时，品牌的符号文本往往不会发生大幅度的变化，尤其是名牌名称，作为品牌中最重要的资产，不会因

---

① 蒋诗萍：《伴随文本与品牌叙述》，《湖南社会科学》，2012（1），第 182 页。

为与文化联手而改变。其文本的变化主要是体现在标识和产品的重新设计上，成为一个新的符号文本以为后期的传播做准备。比如，元气森林于 2020 年年底更换了自己的标识，其新标识以黑色打底，白字突出元气森林品牌名，简洁、辨识度更高，气字下面没有了原来的“乂”（如图 3-2）。元气森林更换标识是要打破一种不和谐的舆论之声——其原有的标识和包装设计是“伪日系”，这一改变是“要做‘国潮’品牌引领者”[①]，强调自己的国货属性，凸显文化自信。

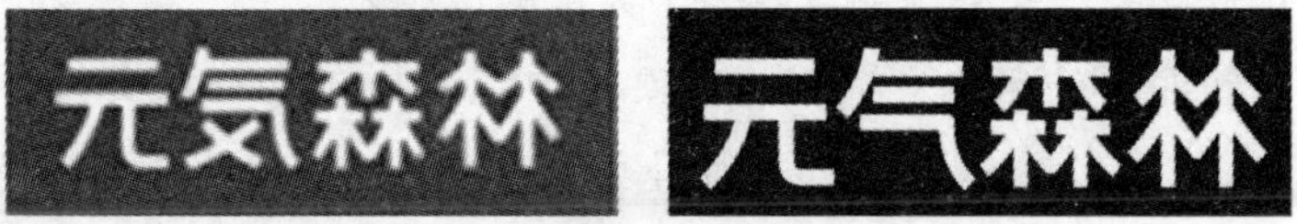

图 3-2　元气森林品牌标识前后对比

新兴的国潮品牌因为初入市场，品牌认知度低，在符号文本的设计上，首先是要顺势，即符合受众群体总体生活观、价值观及对事物的认知趋势，这构成符号意义的有效解读语境。顺势才可得“能”，编码者对消费者熟悉的符号资源进行有效开掘，创制出能够进行有效传播的、易于解码者理解并接受的符号文本，这是获得高起点传播的关键环节，也即获得了品牌符号势能。

这意味着国潮品牌的符号文本，无论是在原来的基础上改变还是全新的创造设计，都是一个新的符号文本，罗兰·巴尔特认为：“每一文本都是互文文本；在该文本之中，其他的文本———先前文化的文本与周围文化的文本———以或多或少可以被辨认的形式而在种种不同的层面上出场：每一文本都是由一些旧的引文编织而成的新的织品。”[②]

毫无疑问，国潮品牌符号文本的生成必定要受启发且得益于现成文本。这个现成文本从广义上来说是人类全部文化史，从狭义上来讲就是先于新文本产生并对新文本的产生有一定影响的文本。用符号学术语来说，这个现成文本就是新文本的前文本。

中国文化源远流长，其所包含的典故、神话、历史人物等都可以是国潮品牌符号文本生成的前文本。这些元素注入品牌文本，成为品牌的生成语境，从

① 喻奇树：《元气森林悄然换新 logo 要做“国潮”品牌引领者》，《封面新闻》，2020-10-20。
② 周启超：《现代斯拉夫文论导引》，开封：河南大学出版社，2011 年版，第 44 页。

而引导了品牌的意义。比如，国潮化妆品品牌花西子，借势于中国传统文化，将受众熟悉的文化元素予以加工，作为品牌的名称、标识以及对象。首先，花西子品牌名称中的“西子”二字，取自苏轼诗句“欲把西湖比西子，淡妆浓抹总相宜”，既指西湖，亦指美人西施，表达了花西子对消费者的美好愿望，恰如其官网介绍的一样：希望中国女性无论浓妆还是淡抹，一如西子般美丽动人。其次，花西子标识取形于园林“轩窗”。其产品设计与研发也融入了东方美学基因，不仅使用中国微雕、浮雕等传统工艺，更是挖掘丰富多彩的民族文化，如“苗族印象”系列产品，融入了苗银锻造技艺。

可见，花西子的名称、标识、对象集中统一指向合一意义——“东方彩妆”的品牌核心理念，这使花西子符号文本与意义的指向性异常明确，形成一种天然的理据性，能有效规避接收者误读的可能性，这无疑为品牌建设提供了一个传播的高起点。

文化也能成为产品包装设计的前文本。如饮用水品牌撩水物语，其源自名人辈出的沂蒙山，它巧妙地将当地的历史名人——曾子、荀子、刘洪、诸葛亮、王羲之、王祥、仲子、鬼谷子、王导、王献之、匡衡、蒙恬、兰陵笑笑生等——设计成精美的国漫形象并作为其包装，在有这些历史名人背书的情境下，撩水物语成为文化底蕴的象征，这股国潮风也迅速吹遍全国，使撩水物语成为饮用水品牌的一匹黑马。

国潮品牌符号文本生成后，自身携带的意义薄弱，属于塔拉斯蒂所说的“弱符号”[①]，其文本意义的表达往往需要依赖其他的辅助文本。正如赵毅衡先生所说：“任何一个符号文本，都携带了大量社会约定和联系，这些约定和联系不显现于文本之中，而只是被文本‘顺便’携带着。”[②]可以说，伴随文本积极建构了国潮品牌文本意义。

其中，附着于符号表面的伴随因素被称为符号的显性伴随文本，其主要代表是副文本。所谓副文本，则是显露的、出现在文本边缘上的元素，属于“框架因素”，比如电影这一符号文本的片头、片尾、演员、导演信息等。而对于国潮品牌来说，最重要的副文本就是“国货”与“潮”的视觉体现，这是十分

---

① Eero Tarasti, *Existential Semiotics*, Bloomington and Indianapolis: University of Indiana Press, 2000, p. 7.

② 赵毅衡：《符号学：原理与推演》，南京：南京大学出版社，2011 年版，第 141 页。

有风格特征的符号，只有把最重要的元素简单直接地展现出来，受众才能最直观地感受到该品牌与国潮的结合趋势。比如李宁就巧妙结合了这两个视觉元素，在街头风卫衣上将中国红作为固有色，仅搭配“中国李宁”四个字的标识，成为服饰上绝无仅有的元素。李宁将足够大足够亮眼的标识转化为独特的潮流视觉符号，受众在解读这一副文本时可以直观地感受到“潮”的气息，进一步解读到李宁大气随性的潮流态度。与此类似的品牌还有旺旺、飞跃、老干妈等。

另外在国潮品牌中还有一类更加宏观的副文本——风格框架。例如品牌跨界、借助故宫等文化 IP、设计潮牌化等，这些形式作为一个意义丰厚的符号文本贯穿于国潮品牌文本生产过程之中，尽管它只是作为文本显性的伴随性因素呈现，但对于符号意义的解读起到了关键作用。在这里，笔者需要强调的是，如果过度热衷于副文本因素，可能会让人放弃独立的个人解读判断，副文本永远不能取代文本本身，品牌方传达标出性特征时也不能只局限于它所携带的副文本。如果过度执着于副文本，品牌方可能会只看重框架判断，而忽略了商品的美感、实用性等更有品牌价值的要点，比如马应龙口红、小杨生煎版本的稚优泉面膜、冷酸灵火锅牙膏等，都是过于偏向副文本、流于形式的失败案例。

与生成性伴随文本相比，解释性伴随文本与符号文本本身有着更为直观的联系。其中较为重要的是先/后文本，二者之间存在十分紧密的关系，后文本的生成直接源于先文本。比如近年来最先在潮牌界流行的潮牌街头风，作为滑板少年和嘻哈说唱者的最爱，其极具标出性的造型设计和与众不同的叛逆符号，成为深受当代年轻人追捧的风格。于是，oversize 的卫衣和 T 恤、滑板裤、涂鸦长袜、运动短裤这些元素成为街头风代表，随性的涂鸦标识、个性标语、复古照片等元素成为展现“潮牌街头”的标配。因此国潮品牌也复制这种街头风，比如旺旺卫衣将二者的标识做涂鸦式的街头风处理；太平鸟和李宁的秀场中总有 oversize 的元素；各类有着强烈视觉冲击的撞色，大面积的亮黄色、粉紫色……各大品牌通过复制这些元素而将“时尚”“潮流”风格转喻到国潮品牌上来。

广告作为品牌的评论与脚注，在品牌文本意义构建的过程中起着重要作用。“广告的使命就在于通过一种任意的、系统化的符号操作，努力构建一种商品意象的拟态环境，并通过典型的神话缔造方式来建构品牌意义。”①

元文本是关于文本的文本。赵毅衡在讨论元文本时，提出元文本是解释性伴随文本的一种，是“此文本生成后被接收之前，所出现的评价，包括有关此作品及其作者的新闻、评论、八卦、传闻、指责、道德或政治标签等等”②。据此，国潮品牌的元文本就是其广告。可以说，任何一个国潮品牌符号文本意义的编织都主要依靠广告。

擅长讲中国风故事的厨电品牌方太，于2018年发布了以《山海经》为主题的广告。在广告中，方太结合《山海经》中的八大祥瑞，为产品赋予传统的意境和美学，运用潮流动画的表现形式，让传统与时尚在碰撞中营造出独特的东方视觉美，在展现文化美的同时也表达了对热气腾腾生活的向往，打破了方太不够时尚、不够创新的刻板印象，重新定调了方太的品牌意义。

另外，“明星效应”也是重要的元文本。当某个明星的机场秀被宣传出来、搭配受到一致好评时，受众会对明星的搭配和单品进行追捧。比如回力小白鞋，男星奥兰多穿着它亮相曼哈顿，杨幂、刘雯等明星穿着它出现在机场，这使得回力小白鞋成为全球时尚圈的宠儿，法国时尚杂志*ELLE*曾4次评价回力小白鞋，认为它“绝对是挑战匡威在年轻人心目中的时尚主导地位”③。回力小白鞋成为人人必备的潮流单品，回力亦成为国潮品牌的代表。

（二）媒介组合

文本形式上的编码会直接影响文本意义的生产，除此以外，话语结构中的所有元素都承载着信息，尤其是承载着信息的媒介。西摩·查特曼（Symour Chatman）认为，这种“编码”不仅指意义的叙述方式，还指“它在具体材料化媒介中的呈现”④，即文本话语还隐含着媒介环境对文本意义的影响。同一话语在不同的媒介环境下可以有不同的表现方式，也可能会因为不同的叙述框架而呈现出截然不同的意义与内涵。正如尼尔·波兹曼（Neil Postman）所

---

① 蒋诗萍：《伴随文本与品牌叙述》，《湖南社会科学》，2012（1），第183页。

② 赵毅衡：《符号学》，南京：南京大学出版社，2012年版，第148页。

③ 转引自李雪：《复古风尚与现代服装设计》，《美与时代》，2015（1），第103页。

④ 西摩·查特曼：《故事与话语：小说和电影的叙事结构》，徐强译，北京：中国人民大学出版社，2013年版，第8页。

述："一种重要的新媒介会改变话语的结构。"[①] 在他看来，媒介决定了文本的表达形式和意义，控制着文本内容的传播模式和扩散方式，同时也影响着受众对文本的感知和阐释。

互联网时代，传播媒介的形式日益多元化，传媒环境已经从大众传媒垄断话语表达的时代，演变为社会个体自由多元链接的传播主体多样化的网络群体传播时代[②]。在这种媒介环境下，媒介与受众间互动性更高，大众有越来越多的机会来表达自身真切的感受和体验，为自己喜爱的品牌注脚。各种各样的媒介形式也成为国潮品牌表达意义的载体。

纵观国潮品牌传播时所用的媒介方式，不外乎是传统媒体和新媒体两大类。其中传统媒体以时尚类杂志为主力军，如*VOGUE*、*ELLE*、《时尚芭莎》等，它们凭借长久以来关于时尚最前沿的报道、最新奇的玩法、最潮流的资讯奠定了在大众心目中"国际时尚前沿风向标"的地位，刊登在这些时尚杂志上的品牌或商品，会被大众自然地认为是当下最受追捧的潮流趋势。因此，当国潮品牌借助这些杂志进行宣传时，便把这些杂志自身长久以来关于时尚的辨识力和权威性等意义编织进品牌文本之中，通过转喻的方式将这些意义转移到品牌身上来。

而在新媒体层面，品牌方采用了更为多样式的宣传方式，以各类媒体的属性为展现基础来凸显品牌的个性。如微博、微信等社交媒体中的时尚大V，B站、抖音等视频内容的"种草""安利"，创新性广告形式的条漫广告等，都属于媒体独特的广告形式。首先，社交媒体中的时尚大V通过对每一季度国际时尚发布、明星穿衣搭配和潮流趋势的解读，成为这一领域颇具有话语权的意见领袖，其自身也成为时尚的象征。这些时尚大V作为意见领袖（KOL），其对国潮品牌产品的解读和评价直接成为影响受众对品牌进行感知的元文本。

而借助B站短视频、淘宝直播这种视频内容的媒介形式，则是选中了这一媒介形式的符码体系中所携带的真实性和沟通性。视频上传者和博主的推荐是以真实的使用体验、实用的穿搭技巧作为内容，其所见即所感的特征增加了

---

① 尼尔·波兹曼：《娱乐至死·童年的消逝》，章艳、吴燕莛译，桂林：广西师范大学出版社，2009年版，第25页。

② 隋岩，唐忠敏：《网络叙事的生成机制及其群体传播的互文性》，《中国社会科学》，2020(10)，第177页。

内容的可信度，从而提升受众的接受度。同时，采用条漫等创新型广告的媒介形式，则是因为这种媒介形式的符码体系中所携带的艺术性特征。时尚和潮流从来都与艺术不可分割，以艺术性的广告表现方式则更能凸显品牌在潮化过程中的标出性特征。

在传播媒介日新月异的当下，值得一提的是网络直播这种实时互动的形式以及依托这一形式的品牌传播。直播媒介所具有的互动性打破了传统商业模式下文本意义的生产—意义传播—意义消费的线性关系，缩短甚至取消了意义在时间和空间上的限制，实现了传播即消费。而这种互动性不仅打破了这种线性关系，其带来的反馈还打破了原来不可逆的线性关系，转而成为可逆的回环关系。因此，“国潮品牌”的文本意义便是在一种不断循环往复的过程中实现了传受双方意义的交流与磨合。主播会根据受众的互动反馈及时调整直播中品牌文本的展现方式，如有的受众会要求主播换一种表述方式、多一些搭配等。因此，主播以及其直播时的表达方式构成了品牌符号文本意义传播的重要影响因素，其意义也在主播与观众的互动中不断地生产、更新、再生产。

在传播媒介层面同样不可忽视的是，这些媒介自身的特性不仅仅影响了国潮品牌符号文本的意义展现方式，更是在各类媒体的报道和解读下，扩展了受众对国潮品牌的认知范围和元语言范畴。

四、文本释义的元语言共振

任何符号文本意义的交流与传播都将受到特定的社会文化背景和文化语境的影响，这一影响的集中体现是文本有着自身的形成规则和解释逻辑。我们把构成符号文本意义的规则称为“符码”，把符码的集合称为“元语言”。“元语言是理解任何符号文本必不可少的……只要被当做意义传播，就都必须有相应的元语言，来提供解释的符码。”① 1920 年，罗素（Bertrand Arthur William Russell）给维特根斯坦（Ludwig Josef Johann Wittgenstein）《逻辑哲学论》写的序言中曾写道：“每一种语言，虽然对自身的结构不可言说，但是都有一种可以处理和解释前一种语言的结构（能力），且自身又是一种新的结构。”②

① 赵毅衡：《符号学：原理与推演》，南京：南京大学出版社，2011 年版，第 228 页。

② Bertrant Russell. Introduction，*In Ludwig Wittgenstein*，Tractatus Logico Philosophicus，London：Routledge，1987，p. 7.

此处提到的“可以处理和解释前一种语言的结构（能力）”即元语言所具有的能力。简单来说，关于 a 的 a，我们称之为“元 a”，元语言就是“关于语言的语言”①。

元语言本身就有着属于自身的一套完整的意义系统，由能指以及其相对应的所指构成，而因为其所指本身已是一个完善的意义系统，因此，能指可以据此做出相应的改变，从而呈现出更加多样化的形态，但在改变的同时，能指自身的特性不能脱离所指所特设的意义范围和解释潜力，这里的能指便是指符码，特设的意义范围和解释潜力便是指元语言环境。

根据以上观点，在文本传播的具体实践中，一方面，国潮品牌所选择的能够凸显品牌意义的符码应该基于国潮相关的元语言环境，以此才能触发受众调动相应的元语言进行感知与释义；另一方面，国潮品牌所选择的符码的集合又能对现有的有关国潮品牌的元语言进行补充与引导，从而对受众关于该品牌的认知与评价产生影响。

赵毅衡先生在符号过程中考察元语言，认为“符号文本过程的各个环节，都参与构筑文本解释需要的元语言集合”②。基于此，他将元语言分为三类：（社会文化的）语境元语言、（解释者的）能力元语言以及（文本本身的）自携元语言。其中社会文化的语境元语言是指从文本与社会符号各种关系和联想出发来引导释义过程，是意义生成的外部条件；能力元语言强调的是解释者的社会性成长经历，解释者过往经验所形成的文化修养与解释经验累积，都会对每一次释义产生影响。此外，能力元语言还包括并非完全由解释者理性所控制的感情和信仰等作用在潜意识层次的因素；而符号文本的自携元语言，虽然只是文本本身成为解释的对象，但文本的伴随文本也参与了构筑解释该文本所需要的元语言。

因此，笔者在下文中将从语境元语言、能力元语言以及自携元语言三方面出发，分析品牌方是如何触发受众调动相应的元语言集合对国潮品牌的意义进行感知与释义，从而解读出品牌所想表达的态度与意义的。由于前文“文本意义的编码设定”已对文本自携元语言做出解析，该部分便不再赘述。

---

① 赵毅衡：《广义叙述学》，成都：四川大学出版社，2013 年版，第 292 页。

② 赵毅衡：《符号学：原理与推演》，南京：南京大学出版社，2011 年，第 233 页。

（一）社会文化语境元语言

国潮品牌关于“潮”的意义存在需要一个特定的文化语境，语境元语言的作用就是将品牌文本的解释框定在特定的意义范围之中，受众再根据具体语境的变化来推断出恰切的解释意义。社会文化语境是意义生成的外部条件，其在“品牌文本的表达、大众媒介的传播、受众意义的解读”三个阶段均有体现。首先在品牌文本的表达阶段，品牌方就以特定的“潮”文化语境为依托进行符码创作或符码选择，受众便会参考文化语境对这些符码做出解释。比如大白兔、李宁等品牌在与中国文化的互动过程中，就会参考当下社会中的潮流文化趋势，提取这些潮流文化中的代表性元素，创造性地运用到自身品牌文本意义的表达中，受众在解释时便会得出相应的文化潮流的释义。

同样在大众媒介的传播层面，受众对国潮品牌的释义也深受社会文化语境元语言的影响。无论是微信公众号、微博大 V 对某一新国潮品牌的解读和宣传，还是各路明星实力带货街拍，抑或是某时尚 UP 主对国潮文化的推崇、对某一国潮品牌产品的推荐，以上所有的传统杂志、社交媒体、视频内容等大众媒体的传播，实际上联合为品牌潮化的释义营造了社会文化的元语言环境。多种多样的媒介向大众传递着“‘国潮’是什么?”“这一款新品应该如何使用搭配?”“‘国潮’是当下最炙手可热的时尚趋势”等信息。

如《新周刊》公众号刊发的文章《当代年轻人的潮流审美观：一半潮，一半“老”》[①]，全面展现了当下社会复古风潮的文化现象；再如 YOHO 潮流志在《为什么三十岁的“李宁”会找上成龙》[②] 一文中以李宁几次国际时尚秀的优秀表现深入剖析了“国潮”下李宁品牌意义的创意表达与运用。这些信息的传播潜移默化地影响了广大受众对新兴的国潮品牌所携带符码的认知与解读，加速了全社会有关国潮文化环境的形成，并引导着受众以正向的姿态去接受和解读国潮以及国货老品牌潮化的现象。

在受众对品牌文本信息的解读阶段，社会文化语境元语言的参考作用更是不言而喻。无论是社会有关审美和时尚的整体大趋势、大众媒体对“国潮”的

---

① 金凤儿：《当代年轻人的潮流审美观：一半潮，一半老》，《新周刊》，2020－01－19。

② YOHO 潮流志：《为什么三十岁的“李宁”会找上成龙》，凤凰网，https://fashion.ifeng.com/c/7tORCin4bWI，2021－07－09。

渲染，还是自身所处社群对“国潮”的偏爱，都构成了受众解读国潮及国潮品牌时参考社会文化语境元语言的重要因素。比如随着近年来《中华诗词大会》《国家宝藏》《我在故宫修文物》等弘扬中华传统文化的电视节目的创新和爆红，社会上对于了解中华传统文化并对其加以现代化运用的群体有了前所未有的关注与支持，优秀的传统文化被放大，品牌方则将自身的潮化与这些传统文化联系起来。如最先兴起于小众圈层的故宫珍品纹样的胶带，由于手账社群的喜爱和传播，最终成为国潮品牌的代表之一。

这类把中华传统文化加以创新设计、将高高在上的文化瑰宝以现代化的形式融入生活的国潮品牌具有很强的风格性，品牌方利用传统文化类节目所营造的社会文化元语言，将“古风融入现代设计”的元素作为其品牌的伴随文本，使受众一下子就能感知到该品牌“传统美学与现代创意结合”的国潮化意图意义。

所以，社会文化语境元语言的存在给受众提供了一个意义解释的文化环境，使观众对品牌文本信息的解读不会脱离特定文化的设限。并且这种解释范围的设限，不仅不会阻碍受众对国潮品牌中文化潮流的意义解读，相反，还会扩充受众对于文本信息的意义解释潜力。用尤里·洛特曼（Juri Lotman）所提出的“文化符号圈”① 理论能更好地理解社会文化语境元语言的作用：“国潮”及其潮流下的国潮品牌作为一种文化现象，它们表意过程的最终完成得益于文化符号圈中各种表意符号的互相补充和相互辉映。

值得注意的是，社会文化语境可以作为提供解释的元语言，也能制约国潮品牌的表意，在具体实践中，一旦出现了与整体社会价值相悖的主题，则往往会受到社会环境下各方舆论及时的、强烈的批判和抵制。比如喜茶与杜蕾斯推出联名款，并附着带有性暗示的低俗文案，便受到了媒体和大众强烈的抨击和消费抵制，造成了国潮品牌跨界的“翻车”事件。

（二）解释者的能力元语言

在“国潮”及其品牌“潮化”的表意过程中，解释者包括品牌方、媒体方和受众自身，解释者的能力元语言就处于他们的经验和潜意识之中。每个人由

① See Juri Lotman, *Universe of the Mind: A semiotic Theory of Culture*, Ann Shukman trans. London: I.B. Tauris, 1990, p.102.

于自身的文化修养、个人经验、教育背景、审美习惯等方面的不同，都会成为解读品牌的元语言。

马克思曾经对音乐欣赏有过这样的表述："对于没有音乐感的耳朵来说，最美的音乐也毫无意义。"① 即如果没有经验的积累，解释者就无法从符号文本中解释出任何意义。对于没有时尚经验的人来说，他们的确很难从接收到的信息文本和符码中感受到美感与时尚感。举个例子，在媒体展现国潮品牌的符码信息时，受众会根据以往对该媒体的接触经验来解读这些信息，如"海报网"公众号媒体在受众的认知中是以明星时尚街拍起家，那么它对于国潮品牌的解读和搭配就会比较专业和前沿，它就是潮流的风向标；而新华社、《南方周末》作为传统的正向媒体，它们对于国潮品牌的解读则会偏向社会性的深度报道。

但受众自身的能力元语言也是会被趋同群体影响的，比如 UP 主或者微博大 V 等发布的有关国潮品牌的内容会更加偏向社交性，强调的是产品的真实使用感、体验感。若是受众所信任的 KOL 或社群，那么受众则会调整自己关于国潮品牌的理解与认知，去迎合 KOL 或社群这一趋同群体。因此，品牌若想恰当地表意，就必须根据媒体的属性和受众接触经验，对传播媒体进行适当的选择，并且可通过培养社群来对受众的释义进行正向引导。

此外，解释者在解读国潮品牌文本信息时，有一个从感性审美到理性审视的过程。不同的解释者在接收信息时，除了感性地接收"国货+文化潮流"的美感信息，还会理性地审视这一系列符号信息所传达的意义与内涵，从而扩充解释者自身对于国潮品牌的解释范围。其中在感性层面，最重要的是心理和潜意识在起作用，受众可能会发生这样的情景：看到百雀羚和故宫的联合款"美什件"时，他们会觉得包装和颜色真美，尽管他们还不知道这个包装的图案和形状的灵感源自故宫哪件藏品，也不知道其中的口红色号是故宫的哪一抹红，但对美的赞叹和喜爱已在什么都不了解的情况产生了。

这就说明国潮品牌的文本信息与受众的能力元语言在感性审美层面契合了，从而为下一步理性的审视打下基础。同样以百雀羚和故宫的联名款"美什

---

① 卡尔·马克思：《1844 年经济学哲学手稿》，中共中央马克思恩格斯列宁斯大林著作编译局译，北京：人民出版社，2000 年版，第 87 页。

件”为例，在感性审美被满足的同时，受众有了进一步探究和解读的兴趣，于是便来到了理性审视层面，受众会进一步探究到百雀羚和故宫这款联名的包装灵感是源于故宫装饰元素“雀鸟缠枝”“祥云瑞彩”“玉檀雕栏”，百雀羚将BB霜、眉笔、口红等化妆小物件与宫廷的錾花金什件结合，通过传统“金镶玉”的技法，首次将故宫御花园中鲜为人知的细节融入化妆品的设计之中。因此，受众在解读这款联名“美什件”时便对其符号信息有了附加意义的解释：百雀羚这一品牌致力将东方美学融入年轻血液，东方美学的艺术和浪漫与现代创新做到极致结合，迎合了当下年轻一代消费群体愈发寻求个性、时尚的消费需求，甚至受众基于自己的审美和学识能力，还会更深层次地去解读这一产品所蕴含的传统文化意蕴，构建起该商品或品牌属于自己的意义。

我们必须承认的是，受众的能力元语言与国潮品牌在“潮化”过程中的表意难免会存在不同程度的匹配偏差，但只要品牌方触动了受众对这些具有意向性的符号文本做出解释的契机或动机，受众都会做出相应的解释。皮尔斯说：“一个既定物给我们呈现无穷的特征，都要我们解释，假定有个解释的话，那也只是猜测。”[①] 正所谓“任何理解都是一种解释”[②]，哪怕接收者完全不懂，这也是一种解释努力。

---

① Charles Sanders Peirce，Collected Papers，Cambridge Mass：Harvard Univ Press，1931－1958，vol. 2，p. 643.

② 赵毅衡：《任何理解都是一种解释》，《中外文化与文论》，2015（2），第169页。

第四章　中国品牌国际传播中的话语与身份

讲好中国品牌故事还不够，还需要传播好中国品牌声音，尤其是对外传播好中国品牌声音。而这一目标的达成，一个重要的前提是，中国品牌必须明确自身在国际传播中的品牌身份，再根据海外文化语境，形成一套能够适应本土文化的传播话语体系。本章将运用多模态话语分析方法，以中国科技品牌在YouTube上的视频广告为研究对象，分析中国品牌的国际传播话语及所建构的身份。第一节将对文本对象的选择做解释说明，第二节将对视频广告进行语料库的制作和多模态话语分析，第三节是分析中国品牌在国际传播中的文本身份。

第一节　中国科技品牌及其视频广告

一、中国科技品牌及其在 YouTube 上的视频广告

近年来，随着全球化态势的不断深化和中国品牌的持续发展，越来越多的中国品牌走向国际市场，而当前在海外有着较大影响力的中国品牌主要为科技品牌：华为、小米等已成为中国品牌面向海外市场、引领电子科技产业飞速发展的行业标杆，阿里巴巴、字节跳动等作为互联网行业的引领者在国际上迅速打开知名度，中国的科技产品和服务正在被更多的海外消费者知晓、使用乃至认可。

一方面，根据中国广告协会与蓝色光标联合发布的《2019—2020 中国品牌海外传播报告》，中国品牌海外影响力 20 强中小米、OPPO、vivo、联想、

一加、大疆创新、字节跳动、华为、阿里巴巴、海尔、海信、格力、美的、TCL、腾讯游戏等19个品牌（除去快时尚品牌ZAFUL）均为科技品牌①。

另一方面，在互联网技术的推动下，数字与社交媒体凭借其平台的发散性及关系网状结构优势成为海外消费者与中国品牌进行互动、促进了解的主要渠道之一，且重要程度与日俱增。未来，海外社交媒体的运营将成为中国品牌打开国际知名度，进行信息公开和品牌宣传的重要阵地。据中国广告协会与蓝色光标联合发布的《2019—2020中国品牌海外传播报告》显示，基于社交媒体的数字营销已经成为美国消费者了解中国品牌最主要的方式，40%的美国消费者通过社交媒体了解中国产品与服务，社交媒体已经成为最为普遍的品牌传播渠道②。

而在各种数字与社交媒体中，YouTube自身在海外的平台影响力巨大。2020年数据显示，YouTube每月登录用户超20亿，用户每日视频观看时长超10亿小时，覆盖全球91个地区。YouTube在英国、美国、日本、印度等一些重要的市场，都已成为品牌触达目标受众的重要渠道。以美国为例，仅YouTube移动端，可触达人群（18~49岁）超越任何美国电视网③。

笔者通过对上述中国品牌海外影响力19强中科技品牌的YouTube官方账号的订阅人数排序和发布内容的考察发现：格力等部分品牌尚未开设官方账号；部分品牌尚未形成完善的品牌传播体系，发布频率低且内容单薄，订阅人数少，如美的从3年前开始停止更新，vivo在2020年仅发布20支短视频，腾讯游戏在2020年仅发布10支短视频，内容均为游戏更新或新赛季通知，趣加游戏发布1440支短视频，但80%以上内容为英雄联盟游戏直播视频，仅在此基础上增加英文字幕。

基于上述原因，本书选择以下订阅人数排列前8的科技类品牌——小米、一加手机、大疆创新、华为、字节跳动、阿里巴巴、OPPO、联想——为研究对象，考察这些中国品牌在YouTube上的品牌传播。

① 中国广告协会，蓝色光标：《2019—2020中国品牌海外传播报告》，http://www.ad-cn.net/download/2019—2020ChinaBrandFinal.pdf.

② 中国广告协会，蓝色光标：《2019—2020中国品牌海外传播报告》，http://www.ad-cn.net/download/2019—2020ChinaBrandFinal.pdf.

③ YouTube营销君：《2020年YouTube广告需要关注的20个讯息》，搜狐网，https://www.sohu.com/a/364578342_115514，2021-07-24。

根据中国科技品牌的产品或服务的特点，可以将上述 8 个科技类品牌进行分类：一加、OPPO、联想以生产手机、笔记本电脑等数码产品为主，归为电子消费类科技品牌；以阿里巴巴和字节跳动为代表的互联网公司不生产实体产品，通过各种移动软件如淘宝、抖音等客户端的开发为用户提供生活购物、休闲娱乐的平台，归为互联网/电子商务类科技品牌；华为和小米在产品生产上突破了手机、笔记本的品类，在电视、手表、音箱和路由器等智能家居领域均有所建树，大疆创新则专注于无人飞行器的研发和生产，归为智能设备类科技品牌。据此，为便于后文分析，笔者将对这八大品牌分为如下三类（见表 4－1）：

表 4－1　YouTube 订阅人数排名前 8 的中国品牌分类

电子消费	互联网/电子商务	智能设备
联想（LENOVO） 一加手机（ONEPLUS） OPPO	阿里巴巴（ALIBABA） 字节跳动（TIKTOK）	大疆创新（DJI） 华为（HUAWEI） 小米（XIAOMI）

二、中国科技品牌视频广告的传播概况

（一）电子消费类科技品牌视频广告传播概况

以一加、OPPO 和联想为代表的电子消费类品牌在 YouTube 的传播数据彼此存在一定差距。其中一加拥有 122 万订阅人数，视频平均观看人次达到 145 万；OPPO 订阅人数为 39.1 万，视频平均观看人次为 49.1 万；联想订阅人数为 26.4 万，平均观看人次为 9.8 万。

从视频风格上来看，每个品牌大多数视频经过专业拍摄和剪辑，基本已形成自己的风格，OPPO 和联想在视频画面中体现出专业的商务风，一加则更为独树一帜，画面和语言的使用上更显活泼和年轻化。

最后，每个品牌都在 YouTube 推出自己的专题视频系列，如一加在 Nord 系列手机正式发布前策划了“New Beginning”系列视频，记录手机从设计到生产背后的故事和工艺，突出其“Never Settle”（不将就）的追求极致的产品设计理念。OPPO 作为巴塞罗那俱乐部的全球合作伙伴，推出巴塞罗那球员 90 秒快问快答系列视频，继续探索科技与体育的深度融合。体育赛事在全球拥有大量的粉丝基础，早在 2015 年，OPPO 就与巴塞罗那俱乐部达成合作，

合作领域包括足球赛事、粉丝活动、联合周边等多个方面，从而在欧美市场迅速打开知名度。联想推出“STEM at Home”系列视频，邀请联想员工疫情在家办公期间借助身边的物件 DIY 小型科技设备，并拍下视频记录完整的制作过程，一同发现生活中的乐趣与科学。

（二）互联网/电子商务类科技品牌视频广告传播概况

互联网企业进入高速发展时期，以阿里巴巴和字节跳动为代表的中国品牌正在国际上崭露头角。两者目前在 YouTube 上的现状较为接近，阿里巴巴在 YouTube 的订阅人数为 11.9 万，视频的平均播放人次为 4.7 万；字节跳动订阅人数为 20.9 万，视频平均播放人次为 6.9 万。

与电子消费和智能设备类品牌相比，此类科技品牌在视频制作上更契合社交平台碎片化的风格，视频元素更加灵活多样，图片、影像、文字交错运用，大多为二次加工，主要来自已有的素材。

从传播内容来看，它们没有实体产品，因此传播重点不同。阿里巴巴注重解决方案的发布，如淘宝的 B2B 业务在疫情期间为诸多海外品牌实现了全球范围的扩张，稳定了收入和增长；天猫平台的直播为乡村扶贫贡献了一份力量。此外，阿里时常邀请知名企业家、各类品牌创始人参与消费零售行业焦点问题的对话，关注行业前沿话题，也让普通的用户对此类新兴产业有更为深刻的认识。

对比之下，字节跳动在 YouTube 平台的原创内容较少，80%以上视频为海外用户发布短视频的剪辑和汇编。与此同时，字节跳动邀请一些海外的明星或海外 TikTok 创作者们发表对于 TikTok 的使用感受和评价，通过快剪的形式剪辑，表达海外用户对 TikTok 的喜爱和认可。字节跳动自 2020 年 2 月起将每年的 2 月定为“TikTok 黑人文化月”，并提出“Make Black History”的主题和“Black culture is the culture”的口号。

阿里巴巴和字节跳动虽然看似在内容的选择上并无相似之处，但实则都在通过内容的传播强调自身作为平台的重要性。阿里巴巴通过解决方案的分享不断强调自己为品牌和个人的线上卖货提供平台，而字节跳动则强调自己为用户们提供了内容创作的平台，是品牌对于消费者价值的凸显。

（三）智能设备类科技品牌视频广告传播概况

在所选的 8 个品牌中，小米的订阅人数位居第一，为 144 万，视频平均播放人次为 29.1 万；大疆创新拥有 113 万订阅人数，平均播放人次为 37.5 万；华为订阅人数为 73.9 万，视频平均播放人次为 33.1 万。

从内容来看，以小米、大疆创新和华为为代表的智能设备类品牌各具特色。华为 2020 年在 YouTube 的表现最为活跃，发布视频多且内容涵盖面广，另外值得一提的是，华为在信息公开方面颇为重视，设立“Huawei News”“Sight in Outside”等栏目，通过新闻联播、街头采访等形式与消费者进行双向沟通，可见华为对信息透明度和企业文化输出的重视。此外，华为同阿里巴巴一样注重解决方案的发布，解决方案是华为运用其自身的技术和设备解决全球一些地区所面临的困难和需求，合作对象包括土耳其、毛里求斯、摩洛哥、埃及、肯尼亚等诸多国家。

相比之下，小米非常注重粉丝虚拟社区群体的运营，其在 YouTube 推出的“Shot Like a Pro”和“Mi Studio”两个系列短视频均展现了小米创作者们（“Mi Creator”）使用小米拍摄设备记录的旅行所见和暖心故事；小米推出小米盲盒开箱短视频专题（“Mi-stery Box”）也受到非常多小米粉丝的喜爱，这一活动在美国的小米粉丝群体中广受欢迎，更是在 2020 年 12 月创下 703 人共同开箱的吉尼斯世界纪录。此外，小米还会在线下组织各地的粉丝一起进行团建并发布相关视频。

大疆创新发布的短视频统一由专业团队制作，所有内容均采用定制封面和标题，风格鲜明，镜头运用灵活，视频完整度和画面美观度高，剧情感强，在风景拍摄和视觉效果上相比其他品牌短视频更有广告片的意味。大部分视频为用户使用无人机在世界各地拍摄的壮阔景观和冒险故事，此外，大疆创新在疫情期间也致力使用无人机为多米尼亚、桑给巴尔等地提供医疗援助，并发布相关短视频普及无人机在一些危险场景中的应用。

（四）中国科技品牌在 YouTube 上的视频广告类型

通过对上述 8 个品牌在 2020 年发布的短视频进行统计分析，大致可将其分为四大类：年度广告视频、微电影广告、产品广告以及其他短视频，具体统计结果如下（见表 4−2）：

表 4-2　中国品牌 2020 年在 YouTube 发布视频情况（按订阅人数降序排列）

	小米	一加	大疆创新	华为	OPPO	联想	字节跳动	阿里巴巴
年度视频	1	1	1	1	1	1	1	1
微电影广告	0	0	0	21	0	0	0	0
产品广告	51	35	24	9	13	88	0	8
其他短视频	161	39	24	378	28	53	60	67
合计	213	75	49	409	42	142	61	76

1. 年度视频

品牌年度广告视频是指品牌在当年年末或下一年年初发布的短视频，视频内容主要为对过去一年品牌的回顾总结或对未来的展望期许。

所有品牌在 2020 年度均发布了年度短视频，小米、一加、华为、字节跳动和阿里巴巴通过年度视频对 2020 年品牌相关的事件、活动和产品等进行了回顾。如小米以“2020 年对小米来说意味着什么?”发问，并通过品牌过去一年的社群活动一一解答；阿里巴巴以“2020 年——直播年”作为话题展开回顾；OPPO 和联想则通过短视频畅想了品牌和科技的未来；大疆创新以“一起变得更强大”（Stronger Together）回顾了 2020 年全人类的艰辛，并表达了未来共同克服困难的决心。

2. 微电影广告

微电影广告“一般用于各种具有视频功能的移动设备新媒体平台上播放，通过网络平台进行传播，具有完整故事情节，片长一般在 30－300 秒之间，以产生话题为目的而植入广告”[①]。微电影广告在近年来受到越来越多品牌的青睐，影视精简版呈现形式的微电影以短小精悍的篇幅讲述一个完整的故事，在片段中巧妙植入品牌产品的同时，传达一种与品牌相契合的价值观。作为影视和广告的结合体，此种广告相比普通的商业广告更具有艺术色彩，更容易“拉近品牌与观众之间的感情距离，占领在受众心中的感情位置，让观众将故事与品牌产生感情上的联系，产生一种品牌情结，以建立和强化消费者对品牌的忠

① 郑晓君：《微电影——“微”时代广告模式初探》，《北京电影学院学报》，2011（6），第 9 页。

诚度”[①]。

但与此同时，此类广告在广告创意、剧情编排、拍摄手法和情感传递上也相应给品牌提出了更高的要求。因此，2020 年上述 8 个品牌中仅有华为发布了微电影广告。华为尤为注重在特殊时间节点发布微电影广告，如母亲节、父亲节和圣诞节的暖心故事分享，借节日的理念传达品牌爱与美的价值观，从而不断加强与消费者的情感联系。对于创意相对匮乏、思想相对浅显的传统广告而言，未来微电影广告的拍摄或许可以成为一种启发和开拓。

3. 产品广告

产品广告与我们看到的传统的电视广告最为接近，即通过专业的拍摄手法展现品牌某种产品外观、功能、性能等方面的特征，从而达到产品宣传的作用，吸引消费者购买。此类广告是大多数品牌最热衷发布的视频之一，产品作为品牌的“立身之本”，是品牌成功的最主要前提，也是品牌传播中的基础目标。

上述 8 个品牌中，除华为、阿里巴巴和字节跳动较少发布产品宣传类视频广告外，其余品牌的产品广告在视频总数中的占比都较高，可见其对于产品的重视。此类视频大多会在品牌新品上线前期和中期大量发布，对产品进行高强度集中推广，大多以产品品类、系列为体系。如，小米将其产品类短视频广告分为“Mi Phone”“Smart Life”“New Tech”等多个主题，带话题体系化地为其产品做宣传。

4. 其他短视频

还有其他一些短视频，主要包含活动宣传、行业观点、用户记录、员工故事、直播节目、UGC 分享、专题策划等多个方面。活动新闻类短视频主要为对品牌重大事件和行业重大活动的现场记录，如截取一些年度 CES (International Consumer Electronics Show，即国际消费类电子产品展览会)、品牌新品发布会的片段；行业观点为发布一些权威人士对于电子科技行业的最新研判，一探全球电子消费行业的现状与未来；用户记录为用短视频的形式讲述一些特殊的品牌用户的故事，这类短视频和产品类视频、活动新闻类短视频

① 郑晓君：《微电影——“微”时代广告模式初探》，《北京电影学院学报》，2011 (6)，第 10 页。

是科技品牌目前在 YouTube 上最倾向于发布的；员工故事是企业通过镜头记录普通员工的生活日常，以展现员工或企业的某种精神和理念；直播节目是近年来兴起的借助社交平台全程直播某些大型活动；UGC 分享这一方面，字节跳动较频繁地在平台发布海外抖音用户自己拍摄的抖音短视频；专题策划为品牌围绕同一主题发布的一组短视频，各个品牌的专题在上一节中已经做出具体阐述。

以华为为例，华为以行业观点、员工故事视频居多。华为邀请海内外知名企业家、专家学者，以公开课、视频对话和演讲等形式，针对科技领域的热点问题进行探讨和知识普及。如华为发布大量短视频解释 5G 技术背后的逻辑。而对于企业文化的宣传，员工带宠物上班的故事、员工逛华为图书馆、母婴室设置等均展现了公司管理的人性化；员工中的汉服、街舞等爱好群体的故事则表现了员工在爱好和工作中实现平衡的自由成长空间；邀请盲人作为产品体验员则深刻反映了企业的人文关怀和以人为本的产品设计理念。

通过上述对八大中国科技品牌在 YouTube 传播现状的描述可知，不同产品品类的品牌传播的内容与方式都存有差异，归根结底在于每个品牌所设定的品牌身份不同。因此，下文将通过对这八大中国科技品牌 YouTube 视频做多模态话语分析，探讨不同品类的中国科技品牌所建构的品牌身份。

第二节　中国科技品牌视频广告的话语分析

一、视频广告的编码表与语料库制作

（一）多模态话语分析框架

随着数字信息技术的不断发展，信息的传递方式逐步从单一的语言文字拓宽到了声音、图像、影像等多模态的呈现和交流方式。当前，话语交流形式的多模态、多元化、多媒介特点已然显现，话语超越了纯粹的口语或语言文本，进入多模态并存、多模态交叉、多模态混用的时代。所谓模态（Modality），指“交流的渠道和媒介，包括语言、技术、图像、颜色、音乐等符号系统……

多模态话语就其性质而言，是人类感知通道在交际过程中综合使用的结果”[①]。而语言以及语言之外的模态，都是构建意义不可或缺的来源。

肖珺认为：“多模态话语分析是建立在语言学基础上，把文字语言与图像、声音等非语言符号结合起来，从整体的角度分析各类符号所组成的表义系统和话语意义，以更好地解释人类传播中交际和互动的话语分析方法。多模态话语包括但不限于文字、图像、声音、视频、动画、图表和色彩等，涵括视觉、听觉、触觉等几大感官模态。”[②] 多模态话语分析的理论模型对新媒体跨文化传播研究具有方法论意义。

多模态话语分析最早的研究者之一是罗兰·巴尔特，他在 1977 年发表的《图像的修辞》（“Rhetoric of the Image”）一文中探讨了视觉图像与语言在表达意义过程中的相互作用，但并未提出“多模态”的概念。2002 年，国际首届多模态话语交流研讨会的正式召开意味着多模态话语分析成为话语研究的一个独立分支。

目前，国外的多模态话语分析大致可分为四个方向：以甘瑟·克瑞斯（Gunther Kress）和西奥·范·勒文（Theo van Leeuwen）为代表的“系统功能符号学”，以诺利斯（Sigrid Norris）为代表的“多模态互动分析”，以顾日国为代表的“语料库语言学多模态话语分析”，以及查尔斯·福赛维尔（Charles Forceville）基于认知语言学提出的多模态隐喻理论[③]。

国内关于多模态话语的研究在国际首届多模态话语交流研讨会正式召开后逐渐增加，一些学者在海外研究的基础上建构出了新的分析指标和模型，如，张德禄在韩礼德（Michael Alexander Kirkwood Halliday）的系统功能语言学理论、克瑞斯和范勒文的视觉语法理论基础上提出了多模态话语综合分析框架（如图 4－1），主张“多模态话语可以从文化、情景、话语意义、语法、形式和媒介多个层次进行研究”[④]。由于该理论框架的全面性，其适用面广泛，为纯文本、图片和多媒体视频的分析均提供了充足的理论分析依据，在目前的多

① 朱永生：《多模态话语分析的理论基础与研究方法》，《外语学刊》，2007（5），第 83 页。

② 肖珺：《多模态话语分析：理论模型及其对新媒体跨文化传播研究的方法论意义》，《武汉大学学报（人文科学版）》，2017（6），第 126 页。

③ 参见肖珺：《多模态话语分析：理论模型及其对新媒体跨文化传播研究的方法论意义》，《武汉大学学报（人文科学版）》，2017（6），第 127 页。

④ 张德禄：《多模态话语分析综合理论框架探索》，《中国外语》，2009（6），第 30 页。

模态话语分析中得到广泛运用。本节也将以这一理论为主要分析框架。

- 多模态话语分析
  - 表达层面
    - 语言表意
    - 视觉表意
    - 听觉表意
  - 意义层面
    - 再现意义
      - 叙事再现
      - 概念再现
    - 人际意义
      - 接触
      - 社会距离
      - 情态
    - 谋篇意义
      - 显著性
      - 信息值
      - 取景
  - 语境层面
    - 情景语境
      - 话语范围
      - 话语基调
      - 话语方式
    - 文化语境
      - 体裁
      - 意识形态

图 4-1　多模态话语意义建构框架

文化也是一种语境，文化语境是情景语境成为可能的前提，没有文化语境，情景语境就没有解释能力，两者不可分割。因此，本节将文化语境和情景语境统一归为语境层面进行分析。

（二）编码方案

由于品牌国际化的实践研究通常是动态的、复杂的和多维度的，一般采用定性研究的方法，而这其中案例分析是最广泛运用的①。另外，受多模态话语分析方法的局限，该方法虽然能够深入分析话语意义，但其框架的细化和语料库建构工作的繁复，均决定了此研究方法在本阶段只能进行小样本研究。

① 参见刘英为，汪涛，聂春艳等：《如何应用国家文化原型实现品牌的国际化传播——基于中国品牌海外社交媒体广告的多案例研究》，《管理世界》，2020（1），第 91 页。

基于上述前提，本书最终选择如下8支年度短视频作为多模态话语分析的样本（见表4-3）：

表4-3 样本选择

品牌	视频标题
小米	This is What 2020 Means
一加	OnePlus-Ultra Smooth
大疆创新	Stronger Together
华为	20 Moments of 2020
OPPO	OPPO-slide-phone Design
联想	Lenovo Tab Tour
字节跳动	TikTok-Creator Portal
阿里巴巴	2020-The Year of Livestreaming

本节主要探讨中国科技类品牌在YouTube的话语实践分析，统一以年度视频作为分析样本，首先确保了样本的可比较性，便于从同一维度展开分析。

此外，本书主要探讨品牌在海外社交媒体中的话语实践和身份建构问题，这就要求研究选取的样本能较为全面地体现品牌话语，且具备较高的品牌信息值。年度视频相较于其他类别从片面、侧面展现品牌的短视频而言，蕴含更多品牌观点性的内容，此类视频与传统的企业形象宣传片功能类似，从品牌整体角度出发进行信息传播，能够更精准、更全面地传达品牌理念，因此，选择年度视频作为语料库来源，可以最大限度确保样本的合理性和可分析性。

本研究语料库的编码方案在上述框架的基础上进行展开制作。基于此，为对视频中多个模态之间的相互关系及模态中的因素和呈现意义进行更直观的分析，将对视频的影像（Animation）、声觉（Voice）、特征（Feature）、镜头（Scene）、视角（Angle）、话语方式（Expression Style）、文化元素（Culture）等方面进行赋码编订（见表4-4）：

表 4-4　多模态语料库赋码方案

影像（A-）		
人影	AP	Animation-Person&Object
物影	AO	Animation-Object
人影 & 物影	APO	Animation-Person&Object
声觉（V-）		
背景音乐	VBm	Voice-Background music
同期声	VS	Voice-Simultaneous
画外音	VO	Voice-Offscreen
特征（F-）		
叙事再现	FN	Feature-Narration
概念再现	FC	Feature-Concept
镜头（S-）		
亲密距离（特写）	SCu	Shot-Close-up
个人近距离（近景）	SC	Shot-Close
个人远距离（中景）	SM	Shot-Middle
社会近距离（全景）	SO	Shot-Overall
社会远距离（远景）	SB	Shot-Background
公共距离（≥4 人）	SP	Scene-Public
视线接触（E-）		
索取	EA	Eye-Ask for
提供	EP	Eye-Provide
视角（A-）		
仰视	AU	Angle-Up
俯视	AD	Angle-Down
平视	AL	Angle-Level
转场（T-）		
镜头转换	Tran	Transition

续表 4－4

话语方式（ES-）		
旁白	ESN	Expression style-Narration
对话	ESD	Expression style-Dialogue
独白	ESM	Expression style-Monologue
文化元素（C-）		
中国元素	CC	Culture-China
欧美元素	CW	Culture-Western
非欧美元素	CF	Culture-Foreign
品牌元素	CE	Culture-Enterprise
手势（G-）		
手势	Ge	Gesture
情绪（M-）		
微笑	MS	Mood-Smile

基于上述样本选择和语料库编码方案，笔者使用 Elan6.0 进行视频语料库切割、标注，并完成对所需元素出现次数、频率、时长等的统计分析，导出结果，为后续的多模态话语分析提供数据支撑。在此基础上，借助文本语料库检索工具WordSmith Tools 7.0 对视频的文本内容进行分析，获取词表（Wordlist），为下文多模态话语中语言表意系统的解读提供依据。

二、视频广告的多模态话语分析

本书通过对语料库的编码，对所要分析的短视频做了转写、分割和标注，并将运用张德禄提出的多模态话语分析理论框架，对所选取的视频样本从表达层面、意义层面、语境层面进行分析。

（一）表达层面

表达层面是指“不同的媒体系统的形式特征及其相互之间的关系，可以分为语言系统和非语言系统”[1]，在视频模态中，主要包括语言、视觉和听觉三

① 张德禄：《多模态话语分析综合理论框架探索》，《中国外语》，2009（6），第 28 页。

大表意系统。

1．语言表意系统分析

首先，从语言的选择来看，所有视频均使用英语，这是对跨文化环境最基础的文化适应。为迅速掌握每个品牌的视频中语言内容的重点，笔者将8个品牌的视频文本（包括旁白和字幕）进行整理汇总后，通过WordSmith的词汇表功能得出视频文本中前三的高频实词（动词、名词、副词、形容词，见表4−5）：

表4−5　视频文本高频实词表

小米	一加	大疆创新	华为	OPPO	联想	字节跳动	阿里巴巴
we	camera	we	network	memo	Lenovo	creator	livestreaming
together	ultra	our	Huawei	game	quality	portal	has
faith	charge	choose	love	selfie	sound	Your	Alibaba

基于此，可以大致确定每个品牌通过短视频想要传达的内容。一加、OPPO和联想的文本内容围绕其电子产品的功能和性能展开，“camera”“memo”“game”“selfie”均显示了各个品牌的手机想要突出的产品功能亮点，“charge”“ultra”“quality”“sound”等词语又展现了产品在质量上的优势。就其文本内容而言，其宣传重点始终围绕品牌产品本身。

小米和大疆创新的高频词汇更能体现与视频观看者之间的情感联系，“we”和“our”在更具对话感和亲切感的同时，颇有同舟共济的意味，“faith”（信仰）和“choose”（选择）同属于积极词汇，如原文中“come together with shared faith”“choose the most wandering road”的使用，主观性强，情绪饱满，一定程度上体现了品牌的感性诉求，将观看者和品牌划归为一个整体，以同伴的身份与之共同面对困难和迎接挑战。

华为、字节跳动和阿里巴巴的话语内容具有一定的相似性又各有特点，华为的“network”、字节跳动的“portal”和阿里巴巴的“livestreaming”均属于其业务范畴内，华为在文本中多次提及其在世界各地铺设网络的成就；字节跳动则强调自己为有创意的人提供了平台，是新文化的诞生地；阿里巴巴讲述了2020年疫情之下直播行业井喷式发展，淘宝为全球的商家提供了“带货”平台。华为的“love”体现人文关怀，是疫情期间持续的话题；字节跳动作为一个短视频分享和直播平台，“Your”的对话形式恰恰符合其主打的互动性；

阿里巴巴的“has”通常与动词“help”“use”“become”等连用，仍然旨在强化阿里巴巴作为电商直播平台提供者为商家和买家排忧解难的身份。

由此可以看出，不同品牌在语言表意中的话术各有不同：一加、OPPO和联想注重对品牌产品本身的功能和质量的宣传（我的产品如何）；小米和大疆创新更注重感性诉求，将品牌与消费者归为同类，从而引发情感的共鸣（我和你共同面对着什么）；华为、字节跳动和阿里巴巴则通过品牌所取得的成果来突出自己对于用户的价值（我能为你带来什么）。

2. 视觉表意系统分析

视频中，视觉表意系统主要为对视频影像的分析，影像是指视频中单独的场景，根据其内容组成可以分为人影像、物影像以及人和物同时出现的影像，基于此将8个短视频中的影像进行分类和标记，得出因素参数（见表4-6）：

表4-6 视频影像特点

品牌	影像因子	标注次数（次）	频率	标注时长（秒）
小米	物+人	36	39.62%	87.12
	物	5	5.50%	12.70
	人	5	5.50%	6.85
一加	物+人	10	18.61%	10.60
	物	22	40.94%	31.46
	人	0	0.00%	0.00
大疆创新	物+人	84	56.50%	96.60
	物	31	20.85%	40.61
	人	8	5.38%	7.28
华为	物+人	16	13.88%	80.80
	物	4	3.47%	17.60
	人	0	0.00%	0.00
OPPO	物+人	1	1.47%	2.98
	物	11	7.35%	58.96
	人	0	0.00%	0.00

续表4-6

品牌	影像因子	标注次数（次）	频率	标注时长（秒）
联想	物+人	1	1.34%	3.51
	物	21	28.21%	65.94
	人	0	0.00%	0.00
字节跳动	物+人	4	19.87%	9.44
	物	0	0.00%	0.00
	人	1	4.97%	2.13
阿里巴巴	物+人	11	9.96%	84.37
	物	5	4.53%	10.75
	人	2	1.81%	6.42

通过表4-6，可以大致将视频影像模态分为两类。一类为一加、OPPO和联想，其画面呈现中产品的镜头出现频率最高，主要为对手机、笔记本电脑等电子产品的多方位展示，突出物体在视觉表意系统中的意义，这与上述语言表意系统形成互补关系，语言配合画面出现，形成产品概念，产品在观看者心目中的印象得以加深，两种模态构成强化关系。相比之下，OPPO和联想的产品展现更为集中，一加则加入了一些使用该手机产品拍摄的人物影像片段，借以体现手机相机拍摄流畅、夜摄清晰等优点。

其余5个品牌的视频影像皆以人物为传递信息的主体，辅之以景物影像，在人和物、人和人的互动中增加画面的丰富性和形象性，将人、景、物的画面进行交错剪辑，避免画面的单调无趣，从而生动地展现品牌想要传达的主旨。

此外，在文字和画面的配合上，所有视频样本均显现出一定的共性。全片基本以画面为主、文字为辅进行呈现，图文视觉模态之间形成互补关系。文字部分主要包括话题引入/过渡的提示性文字（如图4-2）、配合画面出现的说明性文字（如图4-3）以及品牌相关的文字（如图4-4，包括品牌标识、口号等）。提示性文字的穿插将观看者带入下一个情境中，用简洁的纯文字画面渲染气氛和情绪；解释性文字通常和图片画面同时出现，使观看者更加直观地理解图像所传达的意义；最后，所有视频的片尾均留有2～3秒时间展示品牌标识，这既是对视频的署名，也是在观看者脑海中将品牌与该视频内容建立关联，强化记忆。

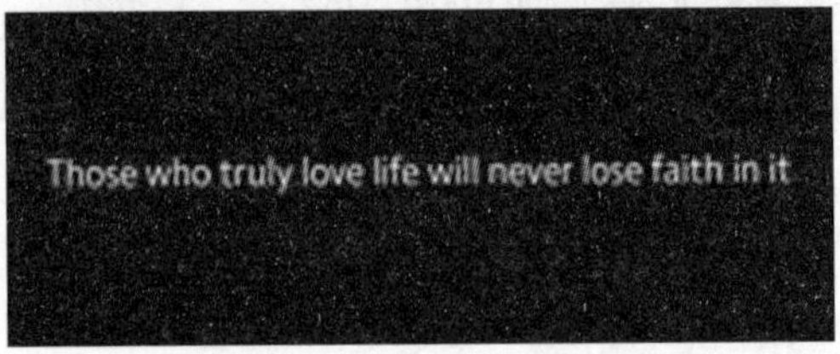

图 4－2　提示性文字

图 4－3　说明性文字

图 4－4　品牌相关文字

3. 听觉表意系统分析

听觉系统主要包括人物话语和背景音乐。8 支视频中，小米和阿里巴巴的视频中出现了人物话语，为影像同期声的收录，包括人物采访片段的呈现。声音的出现增加了视频内容的真实感，适当地穿插声音能够很好地调动观众的感官和情绪。

旁白或对白的使用在保留视频完整度的同时增加了对影像的解读，以旁观者或亲历者的口吻娓娓道来，相比语言和视觉表意系统而言具有更强烈、更直接的情感带入作用，一方面帮助观看者对视频的语言和图像有更好的认知，另一方面也弥补了纯视觉的单一性。

此外，所有视频均采用了背景音乐，增加模态丰富性的同时与视觉模态、语言模态形成相互协调的关系，也与人物话语相互协同，或轻快或和缓或激昂的音效与画面、文字、人声配合，联合实现情境所要渲染的氛围，表达主题，增强视频的感染力和舒适度。

除华为和大疆创新外，其余所有品牌均使用节奏明快、悠扬的音乐作为背景音，这与社交媒体短视频的碎片化节奏保持步调一致，在轻松的话语中实现推广目的。华为则延续其一贯的情怀路线，在年度视频中用轻柔舒缓的音乐，讲述过去一年与华为有关的感人故事。大疆创新视频前半部分音乐缓慢而深沉，迎合压抑而沉重的话语基调，展现疫情之下人类的诸多艰难险阻；后半部分伴随着“Stronger Together”口号的提出，背景音乐转而激昂、奋进，配合向阳奔跑、舞动、微笑的画面，仿若每一份勇往直前的决心都掷地有声。

（二）意义层面

意义层面是对画面中不同模态之间相互关系的解读，实现这种意义的关键在于不同模态的相互配合，即视频的语法构成。视频由多个影像组成，这些影像经过剪辑、加工合成连贯的主题，系统地呈现视频的意义。根据韩礼德的系统功能语言学理论，概念功能、人际功能和谋篇功能是语言的三大元功能，克瑞斯和范勒文将这一理论扩展到对图像的话语分析，由此提出了视觉语法概念，即通过多模态话语的图像特征实现对再现意义、人际意义和谋篇意义的建构[①]。这三种意义分别与话语的概念功能、人际功能和谋篇功能三大元功能相对应。

1. 再现意义分析

再现意义是指图像模态可再现客观事物及其与外部世界的关联，并基于图像的特征细分为叙事再现和概念再现[②]，指影像在说什么以及怎么说，如何重现人物、地点、事件之间的关系。区分叙事再现和概念再现的关键在于判断画面参与者之间是否构成矢量，构成矢量则为叙事再现，反之则为概念再现。如图 4－5 和图 4－6，图 4－5 仅有一个画面参与者，不构成矢量，为概念再现；图 4－6 中女孩举起手机，手、目光均与手机构成矢量，还原了女孩使用手机的场景，为叙事再现。叙事再现又可以分为行动过程和反应过程，“行动过程的矢量由图像中的人物发出或者人物本身构成，连接‘反应者’和‘目标’；反应过程的矢量是由目光构成，连接‘反应者’和‘现象’”[③]。仍以图 4－6 为例，行动过程中，女孩为反应者，手机为目标；反应过程中，女孩的目光为反

---

① Gunther Kress & Theo Van Leeuwen, *Reading Images: The Grammar of Visual Design*. London: Routledge, 2016, pp. 114－115.

② 参见李德志：《广告类超文本多模态的视觉语法分析》，《外语学刊》，2013（2），第 8 页。

③ 尹琪琪：《多模态话语意义构建——以 2017 年奥迪二手车广告性别歧视为例》，《西部广播电视》，2020（1），第 11 页。

应者，手机屏幕中的内容则为现象。由此可以看到，行动过程的目标明确指向某一事物，而反应过程的现象留给观看者自由想象的空间。

图 4-5 概念再现

图 4-6 叙事再现Ⅰ

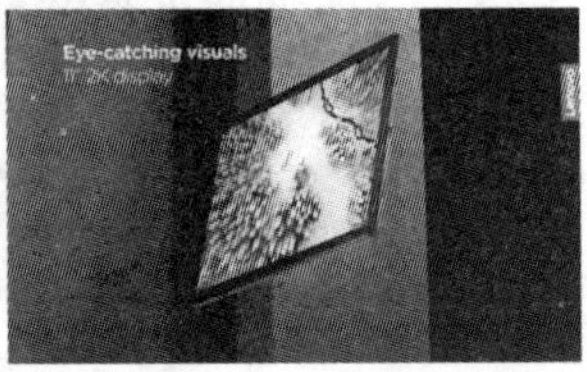

图 4-7 叙事再现Ⅱ

通过对视频的再现意义进行标注，得出如下参数（见表 4-7）：

表 4-7 视频再现方式

品牌	再现方式	标注次数（次）	频率	标注时长（秒）
小米	叙事再现	28	30.82%	40.32
	概念再现	10	11.01%	15.90
一加	叙事再现	12	22.33%	12.48
	概念再现	23	42.80%	31.74
大疆创新	叙事再现	102	64.09%	114.24
	概念再现	18	11.31%	27.00
华为	叙事再现	16	13.88%	80.16
	概念再现	4	3.47%	18.16
OPPO	叙事再现	2	2.94%	8.36
	概念再现	9	13.23%	56.00
联想	叙事再现	1	1.34%	3.28
	概念再现	19	25.52%	66.31
字节跳动	叙事再现	5	24.84%	11.53
	概念再现	0	14.90%	6.60
阿里巴巴	叙事再现	37	33.50%	91.76
	概念再现	2	1.81%	11.20

可以看出，叙事特征的占比与上述视觉表意系统中影像因子具有高度耦合性，呈现出相同的分布形态，以物的呈现为主的影像概念再现的片段居多，而以人为主的影像较多使用叙事再现的手法。

其一是由一加、OPPO和联想组成的电子消费类品牌视频，它们的视频中概念再现的时长和频率远高于叙事再现的值。根据视觉语法理论，“叙事再现是对社会动作的描述，而概念再现则是对社会构造设计的描述”①。上述几个视频重点使用概念再现的方式，意在化繁为简，不断强化电子消费产品本身的外观设计而摒弃画面中其他的人、事、物，从而使所要传达的意义更加稳定和概括化。当然，其中也适当穿插叙事再现的影像，以体现人物作为产品的使用者与产品之间的关系（如图4-7），最终和概念再现协同，达到产品宣传的目的。

其余短视频主要采取叙事再现的手法，从而最大限度地还原行动或反应过程，生动而鲜活地构建画面中人与物的关系，引发观者情感共鸣。其中，由目光构成的反应过程通常带有隐喻色彩，通过适度的留白营造“欲说还休”的画面感和艺术性。

如图4-7（截取自大疆创新视频），画面中人物的目光与远处的阳光构成矢量，形成反应过程的叙事再现，辅以悠扬的背景音效和旁白“remember the moments flashing by or missing”，其意境和主旨立显，图像模态的叙事再现、听觉模态的音效和话语相互之间构成协同关系，完成对“活在当下、向阳而生”的意义建构。视频中反复出现光这一意象，与人物构成矢量，场景从海洋、陆地延伸到山川、悬崖，与其无人机产品上天入地的属性相契合，阐述不断追寻阳光和希望的意义。

以此类推，对其他以叙事再现为主要呈现方式的品牌视频进行解读，叙事特征总结如下：小米品牌视频通过对小米粉丝群体活动的叙事再现，如穿着小米的周边团建、戴着小米手环奔跑、舞蹈、滑板、用小米手机合照等矢量影像构成行动过程，展现小米虚拟社区成员和小米一同成长，一起变得更好（“better together”）的主题；华为通过对2020年20个值得记住的瞬间的叙事

---

① Gunther Kress & Theo Van Leeuwen, *Reading Image: The Grammar of Visual Design*. London: Routledge, 2016, p. 113.

再现，总结过去一年品牌的成就与收获，爱与责任是画面中两大不变的主题；字节跳动通过对其用户创作短视频的画面拼接完成“TikTok 为创造者们提供平台”的主题建构；阿里巴巴通过淘宝直播联通世界、解决商铺危机、支持扶贫产业等叙事再现影像，表现阿里旗下电商平台为日常生活和商业模式带来了更多可能。

综上对各品牌影像再现意义的分析，可以看到其与上文语言表意系统中对高频词汇的分析基本一致，可见其文本与画面高度匹配，形成互补，以强化主题。

2. 人际意义分析

人际意义又称互动意义，即研究在视频中品牌意图和观看者建立什么样的关系，对于人际意义的考察主要可以从接触、视角和距离三个方面展开①。

表 4-8 人际意义的实现方式

人际意义要素	画面行为	实现方式
接触	索取	凝视观众
	提供	没有凝视观众
视角	观者的权力	俯拍角度
	平等的关系	平拍角度
	画面参与者的权力	仰拍角度
距离	亲密距离	特写镜头
	个人近距离	近景镜头
	个人远距离	中景镜头
	社会近距离	全景镜头
	社会远距离	远景镜头
	公共关系	镜头中人数≥4 人

接触是指“图像中的参与者通过目光的指向与观看者建立的一种想象的关

① 潘艳艳：《多模态视阈下的国家安全话语分析——以中美警察形象宣传片的对比分析为例》，《外国语文》，2019（1），第 79 页。

系”①。当参与者的目光与观看者直接接触形成对视时，这种接触被认为是“索取”，反之双方未产生对视则称为“提供”。经语料库分析，视频样本中的接触因子数据见表 4－9：

表 4－9　视频接触特点

品牌	接触因子	标注次数（次）	频率	标注时长（秒）
小米	索取	20	22.01%	28.00
	提供	12	13.21%	19.92
一加	索取	0	0.00%	0.00
	提供	3	5.58%	3.24
大疆创新	索取	7	4.40%	6.51
	提供	30	18.85%	31.80
华为	索取	3	2.62%	13.20
	提供	12	10.41%	62.28
OPPO	索取	1	1.47%	2.90
	提供	0	0.00%	0.00
联想	索取	1	1.35%	3.28
	提供	0	0.00%	0.00
字节跳动	索取	4	19.87%	9.40
	提供	1	4.97%	2.12
阿里巴巴	索取	1	0.91%	2.93
	提供	15	13.58%	27.90

结合上文对视觉表意系统的分析可知，一加、OPPO、联想较少使用人物影像，因此接触因子极小，索取镜头和部分提供镜头出现于展现手机自拍、视频功能的影像中，另一部分提供镜头为视频参与者使用手机产品的场景展示，其影像在这方面的人际功能并不显著。

① 孟丽：《韩国环保类平面公益广告的多模态话语分析》，《青年记者》，2020（2），第 95－96 页。

图 4-8 索取镜头

图 4-9 提供镜头

小米、字节跳动较多地使用索取镜头，此类镜头可以通过目光的直接接触给予观看者情感上的震撼力和感染力，增强观看者的参与感和切身体会，试图诉诸情感，寻求与观看者建立更为亲密的关系（如图 4-8）。

大疆、华为和阿里巴巴则更多地运用提供镜头，作为一个信息的提供者客观地展现某些场景，虽然在接触上与观看者产生了一定的距离感，但参与者视线的自由度也增加了画面的多样性和叙事的丰富性，为影像的意义提供了更多的可能（如图 4-9）。

由此，从接触方面而言，小米和字节跳动更注重通过影像与观看者进行对视，试图通过情绪的直接传递与观看者建立更加亲密的人际关系。

根据视觉语法的理论，视频拍摄视角的选择可以表现权力关系，俯拍视角体现观者的权力，仰拍视角体现画面参与者的权力，平拍体现双方平等的关系。

表 4-10 视频拍摄视角

品牌	视角	标注次数（次）	时长占比	标注时长（秒）
小米	俯拍	2	3.09%	2.78
	平拍	43	77.40%	69.66
	仰拍	0	0.00%	0.00
一加	俯拍	1	1.93%	1.04
	平拍	34	79.33%	42.84
	仰拍	0	0.00%	0.00

续表4－10

品牌	视角	标注次数（次）	时长占比	标注时长（秒）
大疆创新	俯拍	17	12.98%	21.42
	平拍	93	65.95%	108.81
	仰拍	10	7.15%	11.80
华为	俯拍	0	0.00%	0.00
	平拍	19	81.62%	93.86
	仰拍	1	3.91%	4.50
OPPO	俯拍	0	0.00%	0.00
	平拍	11	95.12%	64.68
	仰拍	0	0.00%	0.00
联想	俯拍	0	0.00%	0.00
	平拍	20	94.05%	69.60
	仰拍	0	0.00%	0.00
字节跳动	俯拍	0	0.00%	0.00
	平拍	5	57.75%	11.55
	仰拍	0	0.00%	0.00
阿里巴巴	俯拍	2	3.89%	4.28
	平拍	37	93.51%	102.86
	仰拍	0	0.00%	0.00

在拍摄视角的占比和频率统计中，所有视频都存在一致性，少数俯拍镜头为风景的空镜头运用，借以过渡画面或作为视频收尾，最多采用的拍摄视角为平拍视角（57.75%~95.12%），作为最常用的拍摄角度，符合常人观察世界的角度，画面平稳而客观，建立画面参与者与观看者平等的关系。

取景的大小也能反映与观看者之间的关系和距离远近，通过对其镜头运用进行标注，获得如下统计结果（见表4－11）：

表 4－11　视频镜头取景

品牌	镜头运用	标注次数（次）	频率	标注时长（秒）
小米	特写	6	6.60%	8.58
	近景	11	12.11%	20.79
	中景	7	7.70%	9.52
	远景	1	1.10%	1.51
	全景	8	8.80%	9.60
	公共距离	10	11.01%	14.00
一加	特写	18	33.50%	21.60
	近景	2	3.72%	0.74
	中景	1	1.86%	0.53
	远景	0	0.00%	0.00
	全景	14	26.05%	21.42
	公共距离	0	0.00%	0.00
大疆创新	特写	21	13.19%	18.27
	近景	12	7.54%	11.76
	中景	11	6.91%	10.89
	远景	25	15.70%	35.25
	全景	35	22.00%	36.75
	公共距离	3	1.88%	2.94
华为	特写	1	0.87%	5.29
	近景	0	0.00%	0.00
	中景	4	3.47%	20.44
	远景	0	0.00%	0.00
	全景	6	5.21%	28.50
	公共距离	7	6.07%	35.07

续表4-11

品牌	镜头运用	标注次数（次）	频率	标注时长（秒）
OPPO	特写	7	10.29%	22.75
	近景	0	0.00%	0.00
	中景	0	0.00%	0.00
	远景	0	0.00%	0.00
	全景	9	13.22%	41.58
	公共距离	0	0.00%	0.00
联想	特写	8	10.75%	26.64
	近景	0	0.00%	0.00
	中景	0	0.00%	0.00
	远景	0	0.00%	0.00
	全景	12	16.12%	42.96
	公共距离	0	0.00%	0.00
字节跳动	特写	0	0.00%	0.00
	近景	2	9.93%	4.90
	中景	8	39.72%	0.00
	远景	0	0.00%	0.00
	全景	0	0.00%	0.00
	公共距离	0	0.00%	0.00
阿里巴巴	特写	5	4.53%	4.90
	近景	7	6.34%	18.34
	中景	10	9.06%	10.80
	远景	2	1.81%	4.20
	全景	2	1.81%	2.54
	公共距离	5	4.53%	6.65

8个视频样本均灵活运用镜头，各种取景大小富于变换，从而增加了影像的丰富性和层次感，其中以大疆创新尤甚。

一加、联想和OPPO镜头时常在特写镜头和全景镜头之间切换，特写展示产品细节，全景展现全貌，整体与局部相结合给观看者以舒适的产品介绍体验。

字节跳动和阿里巴巴最常使用近景镜头和中景镜头，视觉上与观看者保持较为密切的个人距离，这也与其作为视频分享和直播平台的属性相一致，符合直播画面的取景。小米和华为较多利用公共距离的视角（画面中人数≥4 人），注重画面中人物关系的呈现，展现一种集体感和同行的理念。

大疆的镜头运用独具特色，这主要取决于其无人机的产品功能体现，变换的镜头和多样的视角均契合无人机多角度灵活拍摄的特点，风景镜头的远景和俯拍给观者以错觉，仿佛自己正作为产品使用者透过无人机的视角欣赏壮丽风景。产品出现镜头虽不多，但其功能通过丰富的人物、环境镜头得以不断强化。

3. 谋篇意义分析

谋篇意义包括三个方面：信息值、显著性和框架。“图像的上下、左右、中心和边缘分别传递出不同的信息值。显著性表明图像中的成分可通过被放置在前景或背景、相对尺寸、色调值的对比、鲜明度的不同等方式体现出吸引观看者注意力的不同程度；框架（又称取景）指的是图像中有无空间分割线条，这些线条表示图像中各成分之间在空间上被分离或被连接的关系。”①

从视频色彩运用来看，大致可以分为两种方法。以小米、字节跳动、一加、阿里巴巴和华为为代表的多色彩、暖色调为主的呈现方式，比起画面的美观度，上述品牌更注重视觉上的显著性和冲击力，如小米、阿里巴巴、字节跳动均在视频中不断加入其品牌视觉识别系统中的标准色，通过色彩的运用不断凸显品牌识别度和记忆点。

OPPO、联想和大疆创新在视频的拍摄上则坚持专业性，较多运用饱和度较低的色调和深色背景，将短视频作为严格意义上的广告片进行拍摄。OPPO和联想作为电子消费类品牌尤为注重体现画面的极简风和商务风。

由此可见，同为科技类品牌，在 YouTube 的传播中，相比凸显品牌的科技感和专业性，更多的品牌在色调的选择上更注重视觉的活泼感与显著性，甚

① Gunther Kress & Theo Van Leeuwen, *Reading Images: The Grammar of Visual Design*. London: Routledge, 2016, p. 216.

至选择一些跳脱的色彩组合吸引观看者眼球，这也符合社交媒体的表达方式。

从信息值和取景的呈现来看，一加、OPPO和联想把产品放在画面正中央，做前景化处理，重点突出产品的形象；阿里巴巴、字节跳动则更多地将直播短视频画面中的人物放在中央，直观地突出电商和互联网的平台属性，突出平台满足用户的自我表达需求和价值的作用；华为、小米和大疆创新将产品与人物、环境融合在一起，借以表达品牌与人和外界构成的联系，注重画面的取景，进一步抒发诸如爱与希望一类的价值观，这也与其视觉表意系统中人和物同时出现的时长占比最多基本契合。

（三）语境层面

任何传播和交际活动都要受到语境的制约，脱离语境，对于话语的解释只能是片面和局部的，因此，海外社交媒体中的视频话语必须放在具体的语境下进一步加以解读。下文将从情景语境和文化语境两方面进行分析。

1. 情景语境分析

"情景可以直接参与交际过程，但它本身不能以积极的方式参与进去，而是根据交际者的交际目的和采用的交际方式而被'拉'进交际过程中去。"[①]情景决定了话语范围、话语方式和话语基调的选择。

首先，从社交媒体的属性出发，社交媒体的包罗万象拓宽了品牌的话语范围，让品牌有更多的方式展现多面的自己，无论话题正式与否，各种各样碎片化的议题都被制作成不同的视频系列，用以丰富其话语体系，这是在传统国际传播中难以实现的。正如肖珺所言："话语在新媒体跨文化传播的独特环境中生成了新的形式和内涵，无论是大量的图文表情包、口号标语，还是被广泛传播的音频、短视频，甚至连色彩的运用，都糅合为新的话语实践和话语本身，它们在跨文化传播中扮演着独特而令人兴奋的角色。"[②]

同样值得关注的是大疆创新、小米、阿里和华为多个品牌都结合了2020年疫情的特殊语境，选择这一时期的社会议题进行叙事（如图4-11、图4-12）。

---

① 张德禄：《多模态话语分析综合理论框架探索》，《中国外语》，2009（6），第27页。

② 肖珺：《多模态话语分析：理论模型及其对新媒体跨文化传播研究的方法论意义》，《武汉大学学报（人文科学版）》，2016（7），第127页。

图 4－11　疫情议题Ⅰ

图 4－12　疫情议题Ⅱ

这一语境将品牌自身置于与每一个经历困难的人同样的立场，不仅引发观看者共鸣，也使品牌更加真实，更具人性。

通过对 8 支短视频进行分析，可以发现，除字节跳动以对话方式展开外，所有的短视频均以旁白为主要话语方式进行推动。其中需要重点关注的是话语中人称代词的使用，这一点分析与上文语言表意系统中高频词的统计结果一致。以小米、华为、大疆创新为代表，这三个品牌在话语中一致使用“we”“our”等人称代词。可以看到，品牌在话语方式的选择和对疫情时期社会议题的选择具有高度关联性，突出疫情背景的品牌更倾向于使用“我们”这一人称代词，从而将观看者与品牌本身划归为一类，通过相似处境的陈述和积极品质的共同赋予，无形中建立一种身份认同感。

如大疆的视频中，通过“We are struggling”表达我们都在经历艰难，而后文的“We do choose our response”和“A better you means a stronger us”则暗示我们可以选择自己的应对办法，我们可以做更好的自己，从而赋予观看者积极主动、勇于克服困难的品质特征。

短视频碎片化的传播形式决定了品牌短视频快节奏的话语基调，通过对转场次数的统计（见表 4－12）可以看出，大多数短视频的画面切换频率高、节奏快，在短短几十秒到两分钟的时间内呈现了丰富的影像信息。在转场画面的使用上，或采用转场特效直接转场，或采用提示性文字画面进行过渡，所有视频均未采用技巧性的转场镜头，同样符合短视频直白、迅速的风格，是对互联网语境的充分融入。

表 4－12　转场镜头统计

	小米	一加	大疆创新	华为	OPPO	联想	字节跳动	阿里巴巴
次数	47	45	128	21	17	21	10	42
频率	51.73％	83.75％	80.42％	18.22％	24.97％	28.21％	49.67％	38.03％

当然，场景数量的多少并不意味着所呈现意义的多少。相比之下，华为的转场频率较低，但这与其整体视频风格相统一，该视频从内容到背景音乐的选择都偏向于抒情回忆叙事向，值得纪念的瞬间缓缓出现，辅以轻柔的音效，更体现其品牌叙事的语境，在充分考虑语境的前提下，其话语意义和情感方得以更充分地抒发。

综上可以看到，大多数品牌顺应互联网语境，选择快节奏、多变幻的视频风格，而华为则另辟蹊径，以慢镜头的方式主打情怀路线，突出品牌的“人情味”。

2. 文化语境分析

文化语境包括“由人的思维模式、处世哲学、生活习惯以及一切社会的潜规则所组成的意识形态，和可以具体实现这种意识形态的交际程序或结构潜势，称为体裁”①。

从意识形态上看，海外社交媒体传播最大的阻碍就在于其跨文化的属性，不同国家间的语言障碍和认知隔阂并不会因为社交媒体平台的出现而消除，国际传播中最大的挑战仍是文化认同的问题。如何让不同的文化在视频中实现和平共处，不同的品牌做出了不同的选择。

判别文化最基本的方式在于对视频中文化元素的识别，文化元素可以被视作一种符号，作为文化的最小功能单位，可以分为物质文化元素和精神文化元素，物质文化元素包括一般的建筑和人物等；精神文化元素包括某些具有象征意义的图腾、历史古迹等。

此外，品牌拍摄和发布的短视频，必定致力对品牌的展现，而企业文化元素的体现，是品牌的外在标识。因此，笔者在对文化语境进行分析时纳入了企业文化元素的指标。企业文化主要包括三个层次，“一是物质文化层次，即企业环境以及一些文化建设的‘硬件’设施等等；二是制度文化层次，包括企业

① 张德禄：《多模态话语分析综合理论框架探索》，《中国外语》，2009（6），第28页。

中那些长期形成的习俗、礼仪、习惯、成文或虽不成文，但已约定俗成的制度等等，三是最核心的精神文化层次，主要是指价值观念”①。

基于对三种最主要文化元素（海外、中国、企业）的统计，标注情况如下：

表 4-13　视频文化元素

品牌	文化元素	标注次数（次）	频率	标注时长（秒）
小米	海外（欧美）元素	18	19.81%	29.88
	海外（非欧美）元素	5	5.50%	6.40
	中国元素	1	1.10%	1.20
	企业元素	23	25.31%	41.63
一加	海外（欧美）元素	9	16.75%	8.10
	海外（非欧美）元素	0	0.00%	0.00
	中国元素	1	1.86%	1.91
	企业元素	34	63.28%	43.52
大疆创新	海外（欧美）元素	8	5.03%	15.44
	海外（非欧美）元素	2	1.26%	2.32
	中国元素	4	2.52%	4.76
	企业元素	14	8.80%	13.16
华为	海外（欧美）元素	3	2.60%	15.45
	海外（非欧美）元素	3	2.60%	15.90
	中国元素	7	6.07%	34.79
	企业元素	13	11.28%	65.00
OPPO	海外（欧美）元素	1	1.47%	3.12
	海外（非欧美）元素	0	0.00%	0.00
	中国元素	0	0.00%	0.00
	企业元素	12	17.63%	66.96

① 陈春花：《企业文化的改造与创新》，《北京大学学报（哲学社会科学版）》，1999（3），第53页。

续表4－13

品牌	文化元素	标注次数（次）	频率	标注时长（秒）
联想	海外（欧美）元素	1	1.34%	3.51
	海外（非欧美）元素	0	0.00%	0.00
	中国元素	0	0.00%	0.00
	企业元素	21	28.21%	74.34
字节跳动	海外（欧美）元素	5	24.84%	12.05
	海外（非欧美）元素	0	0.00%	0.00
	中国元素	0	0.00%	0.00
	企业元素	7	34.77%	15.89
阿里巴巴	海外（欧美）元素	5	4.53%	34.85
	海外（非欧美）元素	0	0.00%	0.00
	中国元素	10	9.06%	44.30
	企业元素	15	13.58%	51.00

通过考察海外元素和中国元素之间的权重可以发现，小米、一加、大疆创新、OPPO、联想、字节跳动在海外的文化语境下均选择了国际化的话语呈现方式，其对海外元素的运用多于对中国本土元素的运用。在对海外元素的运用中，欧美国家文化元素的使用频率显著高于非欧美文化的使用频率，这也与现实的文化语境存在巨大关联。目前，欧美市场仍然占据着全球消费市场主流话语体系的高地，其民众对中国品牌的信赖度和好感度依旧具有标杆性作用。因此，大多数品牌在全球化过程中仍然倾向于把欧美市场作为最主要的海外目标市场进行传播。

华为在中国文化元素和海外文化元素、海外欧美元素和海外非欧美元素的使用中基本实现了平衡，体现其全球平等的价值观。这与其在 YouTube 大量发布对发展中国家提供援助的解决方案的现实语境相联系，也表明了华为全方位布局海外的雄心。

而阿里巴巴的元素呈现中，中国文化相关的元素在频次和时长占比上都高于海外元素的占比，可见其在国际传播中仍然坚持做中国化的内容。这就要求其画面、语言等不同模态高度配合和相互协同阐述意义。如阿里的视频中有许多关于直播行业的兴起助力乡村农业的扶贫片段（如图 4－13、图 4－14），在国际传播的文化语境下，国外的人们很难对这样一个典型的中国化问题有正确而全面的认识，因此，为便于海外用户理解，图像中辅以文字模态做出说明和解释，让海外的观看者更好地理解淘宝直播平台对于农民卖货的价值。

图 4－13　乡村扶贫Ⅰ

图 4－14　乡村扶贫Ⅱ

从图像符号来看，通过对 8 支视频中文化元素进行进一步的深入分析，可以发现，大多数对国家文化元素的呈现停留在物质文化层面，如对不同种族的人物形象的运用、不同国家的建筑拍摄等，在国际传播中适应海外文化语境的同时，尽可能地避免意识形态的冲突和文化误读的危机。

从价值观而言，大多数品牌都选择全球普适的积极正面的价值观进行传递，如爱与希望（如图 4－15、图 4－16）作为跨越国籍的情感主题，是全人类共通的意义空间，是品牌在弘扬主流价值观时的首选。

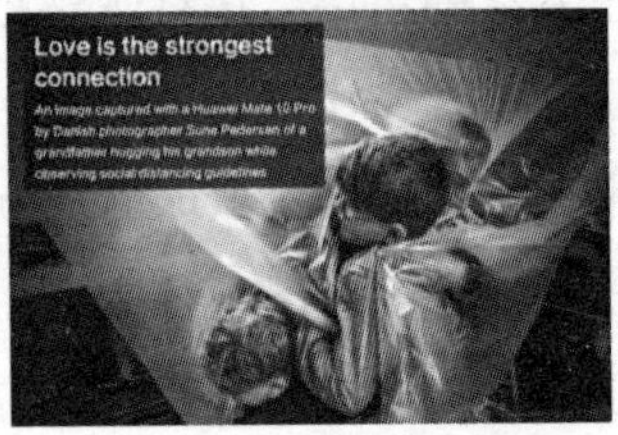

图 4－15　价值观Ⅰ

图 4－16　价值观Ⅱ

为了更直观地分析视频中体现的情感，笔者对各个视频中出现的人物面部表情和肢体动作进行标记，得出如下结果：

表 4－14　人物表情及肢体语言出现次数

	小米	一加	大疆创新	华为	OPPO	联想	字节跳动	阿里巴巴
笑容	15	2	9	4	1	1	4	4
肢体语言	11	0	2	6	0	0	0	0

可以看到，人物的笑容是所有品牌都在使用的感性符号，一方面，它代表着一种乐观向上的人生态度，具有极强的感染力和情感共鸣；另一方面，将笑容与品牌相联系，也隐喻了品牌可以带给用户的价值和满足感。此外，小米、大疆和华为的视频中多次出现视频参与者挥手（打招呼）、比耶、竖大拇指、鼓掌、击掌、拥抱、亲吻的肢体动作，这些全世界共通的肢体符号相比地域文化元素的展现，更不容易造成歧义，而且能展现友好、赞美和亲密的美好寓意，加强品牌与观看者之间的情感联系。

可见，在国际传播过程中，这个科技品牌意图实现意义共通空间的最大化，尽可能减少国际传播过程的文化障碍与摩擦，以适应全球化。

除去国家意识形态的文化语境，企业自身的文化语境也是其独特视频话语形成的重要前提。视频中所有意义的表达，无论是对海外语境的适应抑或是对本土化、民族主义的坚守，均是出于对企业文化、企业理念的表达。

从表 4−13 可以看出，在海外元素、中国元素和企业元素的呈现中，企业元素的占比最高，品牌通过对企业产品、标识、口号、主题色、员工等多方面的展示，塑造品牌的同时不断强化企业理念和价值观。

视频中，一加、OPPO 和联想对产品话语的重视，深入契合了品牌注重产品质量的企业文化语境；大疆视频中对于广阔空间的展现是对其品牌使命“做空间智能时代的开拓者，让科技之美超越想象”的具象化表达；小米通过对其“米粉”虚拟社区活动的记录，强化“和用户交朋友，做用户心中最酷的公司”的企业理念；阿里巴巴聚焦直播行业，通过淘宝、天猫直播在全球各地使用场景的展现，表达“让天下没有难做的生意”这一品牌使命；华为通过视频展现了其在世界各地网络的铺设，深度实践“构建万物互联的智能世界”，并通过员工故事、企业故事展现了品牌的“情怀”；TikTok 则通过用户原创短视频的分享、鲜明的品牌主题色表达和快节奏的呈现方式体现其“激发创造，带来愉悦”（Inspire Creativity and Bring Joy）的品牌愿景。

由此可见，不管是品牌短视频话语的选择还是意义的表达，均是建立在融入企业文化语境并展现企业文化理念的前提之上的。

第三节　中国科技品牌在国际传播中的身份建构

詹姆斯·保罗·吉（James Paul Gee）认为，任何一种话语的使用，都是为了构建意义、活动、身份、关系、立场和策略（社会产品的分配）、联系、符号系统与知识这七项任务①，可以说，话语的使用为身份的建构提供了前提。

品牌通过不断的多模态话语实践，在海外社交媒体的视频意义空间中将自身塑造和外化为具有经验、情感和价值观的人格化的拟主体。这一拟主体身份既是品牌精神的人格化具象，也是品牌意义阐释的发言人。由此，多模态话语的选择和组织最终建构了品牌的身份，这一身份正是品牌背后“隐含作者”的体现。

对于身份的考察维度，陈新仁在其“语用身份论”中为了更好地剖析身份概念，厘清身份概念所蕴含的各种意义或维度，将身份分为属性、归属、认同、角色、行动者、地位、立场、形象、个性进行研究②。本节将结合上一节多模态话语分析的内容，从陈新仁提出的身份的多个解读维度展开，进一步分析上述中国科技品牌在国际平台广告中试图建构的品牌身份。

一、属性：完美主义的科技创新者

以OPPO、联想和一加为代表的电子消费类科技品牌更倾向于在话语中突出品牌的属性身份。在传统的身份研究中，“身份的属性维度来源于身份的社会学概念，涉及人口统计事实，指的是个体或群体的社会属性，如国籍、民族、性别等”③。

从品牌层面来看，属性主要可以表现为品牌所属的行业。此类品牌在身份建构过程中话语的表达集中且聚焦于产品本身，一方面，其视频内容以产品类视频居多；另一方面，其在语言、视觉上均围绕产品的外观、功能和性能进行表意，以物的呈现为主，不注重人物影像的使用；与之相应的，在意义层面可

① 参见詹姆斯·保罗·吉：《话语分析导论：理论与方法》，杨炳钧译，重庆：重庆大学出版社，2011年版，第12—14页。

② 参见陈新仁：《身份工作与礼貌评价》，《解放军外国语学院学报》，2020（2），第4—6页。

③ 陈新仁：《身份工作与礼貌评价》，《解放军外国语学院学报》，2020（2），第4页。

以看到这类品牌均采用概念再现的方式进行拍摄，不追求视频的叙事性和感性诉求，转而在取景和谋篇上追求拍摄的专业性和科技感，试图以产品的高科技和高质量，而非情感的联系来获取消费者的信任。一加的“Never Settle”设计理念在文字与各种手机产品展示的画面中反复突出，联想对于科技类科普视频的发布、科学DIY视频系列的推出，均体现出品牌在产品设计和科技创新方面的精益求精和不断突破，这些都不断强化了它们作为电子消费品牌的属性，是对“完美主义的科技创新者”品牌身份的塑造。

从语境层面而言，此类视频在跨文化传播中做出的调整不大，仅通过语言、影像中海外人物的运用以适应国际传播语境，此外开展一些海外战略合作获得国外消费者的关注，并以视频的形式加以呈现。

综上，OPPO、联想和一加从品牌的产品属性入手，这类品牌着眼于行业与产品本身，在身份构建过程中更偏向于对文本本身的挖掘，采取“就事论事”的方式聚焦产品文本，而对品牌形象和消费者的塑造关注较少，因此此类品牌的传播话语在海外传播平台上能较少面临文化整合和文化转换问题，从而具有很强的适用性，体现出一种“产品至上”的身份建构策略。

二、归属+认同：价值共创的命运共同体

以小米、大疆创新为代表的科技品牌更倾向于在话语中突出品牌的归属和认同，从而建构品牌的身份。陈新仁提出，“身份作为归属，即个体归属于某一群体、组织或社区等而拥有的成员身份”①。这种成员身份可能来源于社会结构，也可能是临时建构的，这种身份的归属意义亦可看作对群体身份的建构。身份作为认同同样强调个体的归属感，强调交际者通过选择、建构特定的身份以达到亲近或疏远交际对方的目的。归属和认同两个维度都突出了身份的社会性。

就品牌身份而言，品牌通过广告话语对自身和用户关系进行打造和维护，在意义共通空间中建立关系和互动机制，从而建构品牌作为归属和认同的身份。

以小米为例，小米在YouTube中用户故事和UGC作品的呈现均体现出对用户的关注，所选取的视频样本更是聚焦于小米虚拟社区（Mi Community）

① 陈新仁：《身份工作与礼貌评价》，《解放军外国语学院学报》，2020（2），第4页。

的展现，语言文本中频繁使用“we”、“together”和“faith”等词汇，强化同为一个集体的观念，表达共同的信仰和追求；在意义层面，小米更关注广告中人际意义的表达，通过人物影像的叙事再现手法呈现了过去一年小米社区的活动与事件，并通过合照、笑容等近景镜头的运用加强情感的渲染力和震撼力，寻求与消费者建立亲密关系和情感联系，传递同为小米大家庭的一分子共同分享喜悦、共同成长的归属感，从而在消费者中获得更广泛的认同。

此外，此类品牌还善于在现实语境中寻求观看者的共鸣，如大疆创新通过戴口罩的人物黑白影像、空无一人的街道等疫情时期多模态话语的呈现，营造一种“同是天涯沦落人”的惺惺相惜之感，并在相似处境阐述的基础上给予证明、积极的鼓舞，形成一路同行、共克时艰的命运共同体，在无形中建立一种身份认同感，从而形成品牌与用户之间的凝聚力。

在文化语境中，这些品牌采用国际化策略，或倾向于在跨文化传播中表达爱、信仰与希望的主题，建立与消费者之间的情感纽带；或通过青年亚文化元素的使用引发年轻消费群体的关注和认同，为品牌增添情感标签。其中海外元素的运用居多，呈现文化同化的趋势，从而实现在跨文化的国际传播语境下彼此意义共通空间的最大化。

三、行动者+形象：互利共赢的社会责任承担者

以阿里和华为为代表的科技品牌在国际广告多模态话语实践中更致力凸显作为行动者和形象的身份。从行动者的角度出发，身份强调“在具体的行动中，我是谁”的问题；从形象的角度出发，身份关注的是他人眼中“我是谁”的问题[①]。这两者同为对“我是谁”的探讨，行动者强调作为执行者的自述身份，而形象强调一种他述身份的展现。

将这两个概念运用于品牌中，则可以理解为“我（品牌）为他人做了什么”以及“他人认为我做了什么”的表述，从两个不同的角度出发共同建构统一的品牌身份。

以阿里巴巴为例，一方面，其视频广告话语始终围绕“直播”这一话题展开，通过阿里巴巴在疫情期间为全球各种公司带来线上直播的商机，为全球的

---

① 参见陈新仁：《身份工作与礼貌评价》，《解放军外国语学院学报》，2020（2），第4—5页。

博物馆、旅行社等通过线上直播平台触及更多旅行爱好者，以及中国乡村公益助农直播等场景的多模态展示，表现了阿里巴巴依靠其电商直播的平台为全球零售乃至旅游、公益领域做出的贡献，完成对行动者的身份建构。另一方面，视频广告中穿插多段采访，通过国外知名设计师、篮球运动员等的同期声话语，表达对阿里成就的肯定，从而完成对阿里形象的身份建构。

同时，这一类品牌的话语在文化语境中呈现出较好的文化融合的趋势，影像中中国文化和海外文化的呈现相对均衡，且在涉及诸如中国乡村扶贫这样的语境时充分考虑到了中外文化差异，借助文本模态和图像模态的结合进行了很好的解释。

由此可以看到，此类品牌更体现其国际传播中的全球意识，聚焦于其在世界范围内的价值创造，突出品牌在为全球的各行各业提供解决方案，热心公益，实现互利共赢方面的成就，从而完成对积极的社会责任承担者这一身份的建构。相比上述“价值共创的命运共同体”对消费者的依附和迎合，这一类品牌试图在企业和消费者之间寻求一种平衡。站在企业的角度，它们通过多模态话语呈现了品牌在全球市场创造的价值与贡献；站在消费者的角度，它们不仅满足了消费者的需求，还充分考虑到了面向海外消费者的文化适应问题，通过对中西两种文化的整合形成这一语境下相对稳定的品牌身份。

四、立场＋个性：独一无二的品牌本身

在国际传播跨文化语境下加以考察，华为和字节跳动在话语的选择上颇具特点，完成了身份作为立场和作为个性的建构。“身份作为立场涉及个体在特定话题上所表现出来的态度或者倾向；身份作为个性，强调个体的独特性……个体通过向他人展现独特的自我，从而实现其身份建构。”①

品牌亦可以通过话语表明自己的立场，彰显品牌个性。从表达方式来看，此类品牌的视频广告风格往往独树一帜，或跳脱、娱乐、快节奏，或温暖、文艺、有情怀，极具品牌个体特色。在画面选择和谋篇上，这类品牌也富有辨识度，如抖音将传播重点放在直播界面展现，而华为致力挖掘企业和员工的故事，归根结底，均是为企业文化的展示服务。

---

① 陈新仁：《身份工作与礼貌评价》，《解放军外国语学院学报》，2020（2），第5页。

在国际传播的语境下对这两个品牌进行分析，其个性和立场更为突出。尤其是在当今逆全球化趋势显著的现实语境下，国际争端不断，霸权主义冒头，抹黑中国的言论频发，如何在这其中找准适合品牌的国际话语体系，需要再三权衡。在这方面，华为表明了极其坚决的品牌态度，体现了自己独特的品牌个性。华为将其年度总结短视频的最后一个镜头留给了归国的孟晚舟（如图 4－17）：

图 4－17　孟晚舟回国

画面中，“fight”“home”两个词通过隐喻的方式表明了“中国是归属，而美加政府是战斗对象”的立场。画面中孟晚舟自信的微笑、从容的步伐与文字部分的“safe and sound”掷地有声，共同表明了华为坚守正义、绝不屈服的态度。中美贸易冲突无形中为中国品牌的国际传播带来了一定的阻碍，即使在全球化的文化语境下这一事件饱受争议，华为依然选择用这一影像作为品牌 2020 年的重要瞬间，这是华为作为中国品牌的底气与坚守。

此外，字节跳动在对于种族主义的话题上亦体现了自己独特的立场，如字节跳动在 YouTube 开设的“Make Black Culture”（黑人文化月）专题明确表达了自己对黑人文化的倡导，认为黑人文化同样也应该是一种文化，拥有平等的在 TikTok 展现和传播的权利和地位。

可以看到，尽管大多数品牌在国际传播中对民族、种族之类的话题都采取回避策略，而华为、字节跳动此类品牌却直面焦点，用鲜明的态度予以回应，这也是在中国的国际话语权与影响力逐渐扩大的语境下，中国企业敢于说话的表现。后疫情时代国际冲突不断，品牌在国际传播中如何将政治权力、公共卫生、环境气候、女性权益以及种族问题等社会议题与品牌价值观相统一，以更加国际化的语言讲好中国品牌故事，对此华为与字节跳动的做法无疑提供了启示。

第五章　虚拟品牌社群的符号互动机制

笔者在第一章提出，要提升中国品牌在国际传播中的品牌认同，需要一批有能力的拥有与叙述文本相同图式的接收者，即“隐含读者”——品牌社群。品牌社群成员之间拥有类似或接近的人生观、价值观，对品牌有着特殊情感，成员间容易产生心理上的共鸣。这种共鸣对于品牌认同的构建与维护起着重要作用。

数字网络媒体时代，社交媒体出现和发展，成为形成品牌消费者部落、内部相互交流的新平台，这为品牌方打造虚拟品牌社群提供了良好条件，品牌方与消费者一道成为品牌价值的共同创造者，消费者通过参与群体性的品牌活动实践，如共同为品牌的发展献计献策、对品牌的理念主张进行讨论与评价、一致对品牌竞争者发起的挑战做出应对，等等，提升了消费者的品牌认同，从而实现品牌的文化认同。

在后疫情语境下，中国品牌在国际传播中要实现品牌文化的认同，虚拟品牌社群的打造有着必要性与紧迫性。笔者将在本章对此予以分析，并对虚拟品牌社群的符号元素及互动机制做出说明。

第一节　平台思维与虚拟品牌社群

一、后疫情时代的平台思维

“随着数字平台逐步成为人们进入社会生活的门户，社会组织模式呈现出从科层体系转向平台架构的趋势。通过开放和消解原有的垂直信息体系，以平台为架构的‘中心—边缘’式信息结构初步建立，并由此推动社会组织的平台化进程。"[①] 互联网核心逻辑变成了平台逻辑，如今的互联网平台重新构筑了新的"围墙花园"，Google、Facebook 等平台巨头为生产和需求双方交换互动提供基础环境和运行规则。

"平台是经济学意义上的'多边市场'，也是人类学视域中的'转型式中介'。"[②] 媒介研究学者对平台的关注始于 Web2.0 社交媒体的兴起，根据加拿大传播学者文森特·莫斯可（Vincent Mosco）将平台化（platformization）看作"下一代互联网"（the Next Internet）的论述，平台化是数字化的新阶段，它"主导了全球信息传播格局的新时代"[③]。此处的"平台"概念首先指向技术修辞，指示了一种全方位互通互联的民主化新生态，除此以外，它还具体地表现为具有高度整合与生产能力的"中介性数字平台"，以及大型的跨国互联网公司，如以信息集成平台为代表的搜索引擎 Google。

这一趋势为传播格局带来新的变化。一方面，数字平台为民主政治提供了便利，拓宽了意见的发声渠道。另一方面，数字平台逐渐成为超越甚至颠覆传统大众传播格局的新的媒介形式，并实现了"向传播权力中心的跃进"[④]。荷兰学者何塞·凡·迪克（Jose van Dijck）认为"'平台'是促成社会交往的媒介，政府、企业、非政府组织、消费者和公民都参与塑造平台社会的经济和社会实践……'平台社会'是指社会和经济流量越来越多地由一个（绝大多数是企业）全球在线平台生态系统引导，这个生态系统由算法驱动，由数据推动"[⑤]。

可以说，数字平台重塑了整个网络社会的生态，改变了其交往方式和公共领域的驱动方式，推动了网络社会由"大众中介公共领域"转向"平台驱动公共领域"。同时，数字平台也驱动着经济生活的平台化转向。

---

① 任天浩，曹小杰：《从技术到架构：网络媒介进化对社会平台化的驱动作用》，《西安交通大学学报（社会科学版）》，2020（5），第 144 页。

② 蔡润芳：《"围墙花园"之困：论平台媒介的"二重性"及其范式演进》，《新闻大学》，2021（7），第 77—78 页。

③ 姬德强：《数字平台的地缘政治：中国网络媒体全球传播的新语境与新路径》，《对外传播》，2020（11），第 15 页。

④ 参见白红义：《重构传播的权力：平台新闻业的崛起、挑战与省思》，《南京社会科学》，2018（2），第 97 页。

⑤ See J. Van Dijck，T. Poell，and M. De Waal，*The Platform Society: Public Values in a Connective World*. Oxford：Oxford University Press，2018，p. 4.

尽管平台作为中介已经存在很长时间，但得益于大数据、云计算以及人工智能技术的发展，平台已突破其中介身份，转而成为承载上述各项技术的内在机制。数字技术与现实社会的不断对接扩大了平台驱动的范畴，如今，社会生活的各个领域都被包揽进来，如教育、科学研究、医疗等。“如果说以前是软件嵌入于物体之中，那么现在是物体（服务和物理产品）缠绕于平台建造的网络之中了。”①

平台化趋势比我们想象的走得更远，其影响不仅体现在信息生产、组织和交换的方式上，更体现在产业的组织以及品牌的竞争模式方面，在科技品牌中尤为明显。如苹果品牌，公司只生产产品的通话功能，这是最基本的生产，而把其他手机功能如摄影、App 开发等交给社会。因此，苹果平台成为一个开放的生产系统，其作用类似于中介，将成千上万的 App 生产者与消费者的需求进行连接。

平台化趋势下，个人层面和群体层面的连接都在发生变化。首先，个人层面，以往以科层组织为联结的界面正在转向数字平台，从而中介机制也转变为数字平台上的算法机制；其次，在群体层面，连接后的群体保留了以前的科层组织，还增加了网络社群，具有相互联系、即刻存在等特点。

尤其是在 2020 年开始的新冠肺炎疫情期间，以钉钉、美团等为代表的应用平台普遍开展了远程办公、教育、协作。更为重要的是，以社交平台为基础的社群力量开始爆发，成为市场营销与品牌建设中不可小觑的力量。对于一些零售企业来说，通过建立社群的方式能很好地实现卖货的目标。对于一些品牌商和经销商来说，业务人员无法外出，转而投入社群，开展包括客户服务、客情维护等业务工作。而对于一些大品牌商来说，比如纪梵希等，都在已有的社群渠道基础之上进一步加大社群营销的力度。

二、虚拟品牌社群的分类与特征

平台化可以带来即时存在、相互联系的网络社群。这一特点在社交媒体的发展下变得尤为突出。社交媒体的崛起为虚拟品牌社群的形成提供了前所未有

---

① C. Busch, H. Schulte-Nölke, A. Wiewiorowska-Domagalska, “F Zoll: The rise of the platform economy: A New Challenge for EU Consumer Law?” *Journal of European Consumer and Market Law*, 2016, 5 (1), p. 4.

的便利，实现消费者、品牌、营销者等多方面连接，社群间成员以及品牌与成员的互动提升了消费者的品牌认同，进而实现品牌的文化认同。所以，打造虚拟品牌社群已成为中国品牌实现身份认同的重要途径。

在虚拟品牌社群中，绝大多数成员所进行的传播互动、符号创造与社群关系维系都离不开 UGC 这一模式。UGC（User Generated Content）是指“用户生成内容”，泛指 web2.0 时代下，在互联网上发表的各种形式的用户原创内容，其包括视频、图片、文字等多种形式。

（一）虚拟品牌社群的分类

UGC 社区数量众多，在国内外影响较大的主要分为以下三类：

第一类是知识问答类 UGC 社区，比如国内的“豆瓣”“知乎”“贴吧”“天涯”等，国外的“Wikia”“Answers”等。这类 UGC 社区的用户可以围绕某个品牌或某个商品发帖和回帖，以此展开交流与讨论。社区成员往往都是匿名发帖或对帖子进行评论、点赞，成员之间的组织性较弱。

第二类是购物体验分享类 UGC 社区，比如国内的“小红书”“半糖”“京东购物圈”“得物”等，国外的“Kit”“pinterest”等。这类社区的内容主要是分享购物体验，包括商品的价格、使用体验、推荐意见、产品对比等。这类社区不仅具有社交功能，还因其推荐购买的功能具有了电商平台的性质。

第三类是生活经验分享类 UGC 社区，比如国内的“下厨房”“马蜂窝”等，国外的“Instagram”等。社区内的用户往往会将自己成功的生活经验以文字和图片的方式进行记录与分享，能为其他用户提供指导。

第四类是视频分享 UGC 社区，比如国内的“B 站”“A 站”“抖音”“快手”，国外的“YouTube”“Dailymotion”“ TikTok”等。

值得一提的是，这四类 UGC 社区在发展过程中，其原有界限越来越模糊，走向了相互融合：“淘宝”引进了“小红书”内容，“知乎”开始为电商带货，“下厨房”也作为“导购”平台，开发“市集”栏目，汇集了各种美食以及烹制美食所需的器具，将用户引向淘宝或京东。它们都在寻求与大型电商平台差异化生存的空隙，将内容与电商融合得恰到好处。

虚拟品牌社群是“由企业、品牌追随者或第三方所发起的，基于数字传播技术而形成的社会网络。品牌追随者在其中交流产品或服务信息，分享品牌的象征意义和消费体验，并形成持续的关系和强烈的认同”①。这意味着自建和他建是目前常用的两种创建虚拟品牌壮群的途径。根据虚拟品牌社群是由企业还是由消费者建立，可以将其分为自建虚拟品牌社群和他建品牌社群。

自建虚拟品牌社群是以品牌商为主体，将消费者与目标消费者聚集起来形成社群，对其进行有针对性的产品宣传与品牌维护。对于品牌商来说，参与虚拟品牌社群的建设，是其融入顾客群体，并与消费者维持良好且长期的品牌关系，从而促成消费者购买行为的最为简单却有效的方式。由于在社交媒体上聚合起来的虚拟品牌社群有着共同的特征，较线下消费者而言更为集中且聚焦，他们能够通过对虚拟品牌社群的建设，了解到社群成员讨论的一切，把握消费者的行为动向，从而精准地获取到消费群体的人口特征及消费偏好，以此为依据，品牌商更容易建立起与消费者的情感共鸣，实现消费者对品牌的认同感和忠诚感。如此，品牌变成一个品牌商与消费者“共创”“共享”的成果，是品牌商与消费者的共谋。

例如，以蔚来汽车为代表的由智能电动车的功能和品牌价值聚集用户，再以线上社区、线下空间作为用户连接的载体，并融入了汽车产品生命周期中的售前、售卖、售后、二手车以及对应的服务功能，从而形成的具有品牌价值观的社群服务生态，创造并宣传品牌社群的共同价值，注重对核心用户的支持和培养，并且建立用户之间的关系，同时定期给核心用户扶持和协助，利用舆论手段对社群进行扶持②。

他建品牌社群的创建者和运营者是作为第三方的个人，如忠实客户，这是一种消费者更具主动性的“品牌社群融合”：首先，分散的消费者集合起来，同时消费者群体再与品牌融合，这其实就很像“圈子”的一种进化，传统的“圈子”缺少品牌参与，只是爱好者的聚集，而品牌社群融合则增加了品牌的参与。例如，吉普的品牌社群，群成员会自主发起“吉普狂欢会”“吉普露营”等活动，将那些已购买本品牌的消费者以及喜欢本品牌的消费者集合起来，在参与这些活动时他们获得关于品牌的直接体验，而群体间的交流则是一种间接体验。通过这些活动，群体对品牌的了解更加深入，对品牌形成爱好并且忠诚。

---

① 畅榕：《虚拟品牌社区研究》，北京：中国传媒大学出版社，2007 年版，第 44 页。

② 石颖：《蔚来品牌社群分析》，微信，https://mp.weixin.qq.com/s/uvbn38EnSpFOl2yjkStwzQ，2021—03—17。

同时，群体间的关系也通过这些活动从虚拟走向真实，微弱的关系变得稳固。

而随着市场中的需求越来越细分，越来越小众，这种由线上消费者组建的虚拟品牌社群越来越多，他们在网络平台中自发组成社群，形成共同的情感和认知，这其中起初并没有品牌的参与，但品牌可以通过这些已存在的社群去探寻用户的需求，从而从自身能提供的信息价值、社会认同等层面打造自身品牌社群的独特性，以获得游走于各品牌社群的用户的忠诚度。

比如“豆瓣小组”聚集了一大批兴趣相投的“文艺青年”“小资”“小清新”，成员间主要通过纯文字做信息交流。再如“小红书”，它于2013年10月创办，据百度指数显示，截至2021年9月，小红书的日搜索量约为4万次。作为一个UGC社区，它聚合了大量的虚拟品牌社群，成员可以是传播者，积极主动地生产内容，也可以是受传者，阅读他人分享的优质内容。

（二）虚拟品牌社群的特征

和传统的线下品牌社群一样，虚拟品牌社群也具有类似“传统社区”的基本特征。

首先，具有共同意识（Shared Consciousness）。虚拟品牌社群的成员会共同辨别真假成员，并对不利于品牌形象的负面信息发起抵制。以豆瓣小组“国货护肤”为例，新成员在加入小组前需要向小组管理员发送入组申请，小组创建者与管理员会对账号信息进行审核，判断其真假性，尤其是对其是否为广告营销号的可能性进行判断。在“国货护肤”豆瓣小组中，小组成员曾转发一则有关国货的负面报道，质疑其含有有毒物质和刺激成分，并列出了具体品牌。尽管转这一段文字的楼主特意说明“没有恶意”“杂志观点不代表楼主立场”，但在回帖中大部分都是小组成员的反击与驳斥，正是因为此负面报道挑战了虚拟社群成员的共同意识，从而激发了虚拟社群成员维护社群利益的强烈愿望。

其次，具有仪式惯例（Rituals and traditions）。这指的是社群成员通过一系列社会活动传递行为规范和价值观的过程[①]。例如，在2010年小米品牌诞生初期，创始人雷军就成立了MIUI社群论坛。这是小米品牌的虚拟社群，该社群通过设置社群成员不同的等级身份，传递行为规则，以维护社群的空间秩

---

① 陈燕霞：《虚拟品牌社群社会资本对品牌忠诚的影响研究》，郑州大学硕士论文，2013年。

序。他们也自愿参与品牌商组织或消费者自发的线上或线下的活动，如米粉节、爆米花交流会、同城会等。陌生的不同地区的消费者聚集在虚拟的社群空间里，分享关于产品和品牌的看法，形成关于品牌的共同价值。他们参与互动环节如抽奖、游戏、才艺展示等都具有仪式感，这种以品牌为中介的人与人之间的交流与互动，使虚拟品牌社群成为一个情感共同体。

虚拟品牌社群的这种充满仪式感的传播活动具有“类宗教性”，携带品牌意义的产品是“圣物”，每一次线上或线下的成员聚集都是对“圣物”的膜拜。这种仪式的规则与程序可以被复制，而正是在这种复制与传播过程中，社群内部已形成的价值观得以凝结、巩固与传承。虚拟品牌社群中的所有成员都是这一场场“仪式”的直接参与者和建构者，他们创造着品牌价值，共享着品牌文化。

最后，具有道德责任感（Sense of moral responsibility）。“这是对整个社群或其社群成员的一种责任感或义务。例如社群成员之间的相互致意，问题探讨，经验交流和相互帮助，社群成员吸纳新成员和维持老成员等。”① 瑞幸咖啡在 2020 年遭遇停牌退市后，于 2021 年重新回到大众的视野，开始通过社群进行私域流量的运营。据广州赤焰信息了解，2020 年 8 月瑞幸咖啡私域用户已达 180 多万，而且几乎每月都有 60 万左右的增长人数。最主要的原因在于瑞幸虚拟品牌社群里 60％以上都是忠实用户，他们通过领取折扣社群福利，引导新人进入社群，并将新用户转化为老用户。

第二节　虚拟品牌社群的符号元素及指称

品牌社群内的交流互动，是社群成员维系社群生命力的根本保障，并且“在线品牌社群更具有流动性和动态性，因此，想要成为一个活跃的长存在线品牌社群，大多数成员都要频繁在线互动来产生社群的感觉”②。品牌社群成员主要使用多种类型的符号——包括语言符号、视觉符号——来表达意义，不同类型的符号文本的出现及相互交织构成一个庞大的符号表意系统。那么，品

① 王新新：《品牌符号论——后工业社会的品牌管理理论与实践》，长春：长春出版社，2011 年版，第 185 页。

② 曾德国，聂中文：《国外在线品牌社群研究综述》，《商业经济研究》，2016（6），第 45 页。

牌社群内的符号元素如何表意？即符号过程到底是凭借什么力量，将符号与意义进行连接的呢？

一、符号的理据性与任意性

在索绪尔的语言符号学中，任意性是“语言符号本质的第一原则”[①]。在他看来，任意性原则在支配语言的同时，还支配着所有其他符号系统，是符号之所以为符号的原因。1931 年，苏联语言学家雅库宾斯基（L. P. Jakubinskij）认为索绪尔提出的符号任意性“没能考虑到语言符号的矛盾，尽管从它的结构来看语言符号是任意的、偶然的，人们对它是无能为力的，但是在语言和整个社会的演化着的系统中，它不是任意的、偶然的，也不是人们对它无能为力的”[②]。

1939 年，埃米尔·本维尼斯特（Emile Benveniste）在《语言符号的性质》一文中也对索绪尔“语言符号的任意性”提出了不同看法。他指出，“能指与所指的联系不是任意的，正相反，它是必然的……两者一起铭记于我心中；两者在任何情况下都同时显现。两者的结合是如此紧密”[③]。不仅如此，本维尼斯特还对“任意性”原则提出反驳。他认为，索绪尔说语言符号联系的是概念和音响印象，而非事物和名称，“但是，行文不远处，他又声明说，符号之所以具有任意性的性质，是因为它与所指‘在现实中没有任何自然联系’……它无意识地暗用了第三个关系项，而这第三个关系项并不包含在最初的定义当中……在索绪尔用来定义语言符号的方式和他赋予符号的根本性质之间，就出现了矛盾”[④]。这是索绪尔在谈任意性的时候出现的逻辑性失误。

有学者将前人对索绪尔任意性的批判进行综合，认为主要包括三个方面：“一是大量符号的来源是可考证、可追溯的，因而具有理据性；二是许多符号与自然之间具备象似性（是对自然的模仿），因而具有理据性；三是符号的形

---

① Ferdinand de Saussure, *Course in General Linguistics*, New York: MaGraw-Hill, 1969, p. 61.

② 引自章柏成：《语言符号任意性原则：八十年纷争之解析》，《外国语文》，2012（1），第 56 页。

③ 本维尼斯特：《普通语言学问题》，王东亮等译，北京：生活·读书·新知三联书店，2008 年，第 82 页。

④ 本维尼斯特：《普通语言学问题》，王东亮等译，北京：生活·读书·新知三联书店，2008 年，第 80—81 页。

式结构与人类的认知结构相类似，因而具有理据性。”①

巴尔特通过对社会生活现象的分析，认为有的符号意指过程是有理据性的，而且这一理据性是由少数的技术专家、决策集团来制定，并通过杂志书写、媒体展示等形式传达出来，而被大多数群众接受。② 巴尔特所说的理据性并非对第一系统中能指与所指间关系的解读，更多是对第二系统的构建做出的判断。

对于符号的性质与符号过程，美国符号学奠基人皮尔斯（Charles Sanders Peirce）与索绪尔持有不同看法。他认为，“（符号过程）是一种活动（action）或一种影响（influence），是一个包含三个主要构件——符号、符号的对象、符号的解释项——的合作过程（cooperation）”③。在皮尔斯的符号学中，符号的再现体对应着索绪尔符号学中的能指，所指被皮尔斯分成了符号的对象与解释项。皮尔斯的符号学不以语言为符号范式，于是符号与对象之间的关系就显示出各种“本有”的连接。

> 符号得以存在，如下三个条件必不可少：首先，符号必须具有某些品格（characters），从而使我们能够将它与其他对象区分开来；其次，符号必须在某些方面被它所意指的对象所影响，或者至少它在某些方面的变化，应当被视为其对象的某些变化所造成的结果，也即其对象的变化与符号某方面的变化存在着一种实在的因果关系。④

根据再现体与对象的关系，皮尔斯将符号分为三类：像似符号（icon）、指示符号（index）、规约符号（convention）。前两种是有理据性的符号，第三种是任意性的符号。在此基础上，我们可以为品牌社群中的互动符号进行分类，并在分类过程中厘清不同类别的符号是如何建构品牌社群的。

二、虚拟品牌社群三种符号

像似符号指向对象靠的是“像似性”，“它由于自身的内在本质（internal nature）而被其动力对象所决定”。“像似符是这样一种再现体，它的再现品质

① 张强：《符号的任意性及其文化承载》，《南京社会科学》，2012（11），第58页。

② 参见项晓敏：《零度写作与人的自由——罗兰·巴尔特美学思想研究》，上海：复旦大学出版社，2003年版，第116−117页。

③ C. S. 皮尔斯：《皮尔斯：论符号》，赵星植译，成都：四川大学出版社，2014年版，第34页。

④ C. S. 皮尔斯：《皮尔斯：论符号》，赵星植译，成都：四川大学出版社，2014年版，第34页。

是它作为第一位的第一性。也就是说，它作为物所具有的那种品质使它适合成为一种再现体。因此，任何东西都适合成为与其像似之物的替代物（substitute）”①。像似符号作用于感官之上，符号与对象之间的像似不仅是外形上的，更是认知上、特征上的。

品牌社群中的像似符号多以图像的形式存在，给受众一种生动且直观的感受。企业在品牌国际传播过程中，需要考虑到不同语言消费者的接受门槛。越是直接、鲜明、便于记忆，就越能占领消费者的心智。具体而言，这些直接的品牌传播方式包括但不限于产品外包装的视觉设计，或者是传统的广告屏呈现，还包括基于网络新媒体的植入广告、影视广告、短视频广告、VR（虚拟现实）、AR（增强现实）、H5、表情包。

比如被称为“中国最神秘的百亿美金公司”的SHEIN，它是全球知名度最高的中国跨境快时尚品牌，在54个国家iOS购物应用中排名第一，在13个国家安卓设备中排名第一。在《2021年BrandZ中国全球化品牌50强》名单中，SHEIN排名第11位，高于腾讯、中兴、比亚迪。早在2011年，SHEIN就开始利用KOL在社交网站上做推广、为站点引流。后来，SHEIN又逐渐分流出了联盟营销的玩法，让用户在社区分享品牌的同时可以得到实际的好处。一位来自南卡罗来纳大学的22岁女孩在接受路透社采访时就曾提到，她是一名学生运动员，在Instagram拥有3.6万名粉丝，如果她将自己在SHEIN买的东西发布到个人账号，SHEIN每个月将会给她六件商品的免费额度②。

SHEIN的官方网站购物大量使用像似符号，比如在类别页面，用简笔画表示连衣裙、衬衫、毛衣等不同类别的服饰；个人中心页面则用提包、爱心、耳机的简笔画分别代表购物车、收藏和客服。这些简单直观的像似符号与其指代的对象有认知上的高度相似性，便于用户理解、操作，也使得整个应用界面变得更加简洁明了。

再如表情包符号，由于像似用户当下的情绪或情感，它可以跨越语言不通所引起的交流障碍，成为品牌社群成员日常交流的主要工具。经过数年发展，

① C. S. 皮尔斯：《皮尔斯：论符号》，赵星植译，成都：四川大学出版社，2014年版，第52页。
② 张凯旌：《下载量超越亚马逊，神秘的SHEIN是啥来头?》，《雷达财经》，2021年5月27日。

表情包符号从早期手机上用键盘输入的各种符号，到颜文字、emoji，再到各种鬼畜图片、卡通图片、视频截图、动漫甚至动图，已蔚为壮观。表情包自带社交属性，它是社区成员进行网络社交的重要方式，当两个人互相分享表情包，则说明二人拥有相似的喜好与价值观。这些拥有共同表情包偏好的人组成了更大的社群，在这个群体中，表情包成为他们连接关系、实现价值认同的载体。

表情包符号正风靡全球社交媒体，目前，它是短视频应用 TikTok 上最受欢迎的交流符号。2020 年 7 月底，美国总统特朗普表示，他将禁止 TikTok 在美国运营，对此，不少 TikTok 社群忠实用户自发生成调侃式的表情包，这些具有像似性的表情包使用简单化了的信息，生动地展示了他们对于 TikTok 的拥护以及对于禁令的反对，增加了传播内容的情感性，引起了社群用户对表情包的转发与分享，促成了一场声势浩大的在线“拯救 TikTok 行动”。

皮尔斯认为的第二种“有理据”的符号是指示符号。“指示性，是符号与对象因为某种关系——尤其是因果、邻接、部分与整体等关系而能相互提示，从而让接收者感知符号即能够想到对象。”[①]指示符号就是要把解释者的注意力引到对象上来，符号与对象之间由于存在着因果、邻接或整体与部分的关系，而能互相提示。

指示符号在品牌社群中比比皆是，最基础的指示符号是社群成员的昵称、头像等，它们指示着成员在社群中的具体身份。社群成员通过这些最基础的指示符号在品牌社群中获得身份确定的安定感，找到自身存在的意义。仍以中国跨境电商品牌 SHEIN 为例。SHEIN 在 App 上进行直播、开设聊天区、设立积分墙、分发品牌优惠券，吸引了大量品牌粉丝注册。SHEIN 品牌社群成员注册 App 时的昵称、头像、ID 正是他们身份从现实生活向品牌社群投射的符号。

此外，用户每次在 SHEIN 购物时都会获得相应的积分，积分数字是社群成员品牌忠诚度的一个侧面，也是成员在品牌社群中的身份等级标识，在这里指示符号充当了排序的角色。这一积分等级类似于中国虚拟 UGC 社区“小红书”对用户等级的划分。小红书依据用户对 UGC 社区的内容贡献程度，将用户从低到高依次划分为不同的等级，而不同的等级对应着不同的红薯卡通形

① 赵毅衡：《符号学：原理与推演》，南京：南京大学出版社，2011 年版，第 82 页。

象。这些指示符号不仅表示着社群成员的自我等级，也对成员起着激励的作用，使成员与品牌、社群的联系更加紧密。

皮尔斯认为还有一部分符号，它们没有理据性，被称为规约性符号。发送者与解释者双方需要靠社会规约来形成符号与意义的关系。“规约符（symbol）是这样一种符号，它借助法则——常常是一种一般观念的联想——去指示它的对象，而这种法则使得这个规约符被解释为它可以去指示那个对象。”① 规约符号与指代对象之间的关系是任意武断的，这意味着对规约符号的意义解释会受到其社会文化背景的影响，社会文化背景不同的接收者不能理解同一个规约符号，甚至不同品牌社群的成员也会出现不能理解其他品牌社群规约符号的可能，从而使得社区间形成区隔。

例如，在购物分享 UGC 社区“得物”中，“毛毛虫”背后的意义是“冲”，其意义获得源自社群成员间的规约，象征着成员们对于某品牌鞋的拥护。在这里毛毛虫的形象以规约符号的形式出现，是鞋圈亚文化的表现。这样的规约符号对于不属于该社群的人来说有一定的理解难度，他们无法解读规约符号背后的意义。规约符号使“毛毛虫”脱离原本的意义而被赋予了新的意义“冲”，使符号再度符号化。在这个过程中，社群间的意义“不通”形成了区隔，但增强了社群内部成员的归属感。

三、三种符号对品牌社群的构建

“符号本身对意义解释并不是完全被动，听凭接收者任意处理。符号携带着各种标记，推动接收者往某个方向解释。”② 根据上文对品牌社群内的符号进行分类，我们可以发现不同类型的符号具有显著的特征差异，它们在接收者解释过程中所起的作用不同，在品牌社群形成的过程中扮演的角色也不同。

当今的品牌社群大都集中在社交媒体之上，而社交媒体的传播结合了大众传播和人际传播的共有特征，如果用雅各布森的模式对此进行解读，就能发现，社交媒体上的传播具有明显的情绪性、意动性和交际性等特征。因此，具有不同特征的符号对品牌社群的意义组织方式产生了重要影响。

---

① C. S. 皮尔斯：《皮尔斯：论符号》，赵星植译，成都：四川大学出版社，2014 年版，第 60 页。

② 赵毅衡：《符号学：原理与推演》，南京：南京大学出版社，2011 年版，第 177 页。

雅各布森认为，一个符号文本由六个最基本的要素构成，分别是符号文本的发出者（addresser）、接收者（addressee）、语境（context）、信息（message）、接触（contact）和符码（code）。当文本对不同要素有所偏重和强调时，它就会表现出不同的特性。雅各布森用图 5－1 来表述文本的构成诸要素[1]：

语境（context）
发送者　　　　　　信息（message）　　　　　接收者
(addresser)　———————————→　(addressee)
接触（contact）
符码（code）

图 5－1　雅各布森文本六要素

由于雅各布森的研究仅限于语言学范畴，且与现今的符号学术语体系不完全兼容，赵毅衡对其术语进行了修改，呈现了更为通用和易懂的模式，如图5－2：

对象（context）
发送者　　　　　　文本（message）　　　　　接收者
(addresser)　———————————→　(addressee)
媒介（contact）
符码（code）

图 5－2　经赵毅衡改编的符号文本六要素[2]

所谓发送者，就是信息的发出者。当符号的表意过程侧重于发送者时，符号文本的“情绪性”（emotive）成为主导。雅各布森给出的例子是感叹语：它的主要功能就是表达符号发送者的强烈感情[3]。当符号的表意过程侧重于接收者时，符号的“意动性”（conative）成为主导，即使接收者去“做什么”，雅各布森给出的例子是命令、呼唤语、祈使句[4]。品牌就是“意动性”文本的佳例，因为品牌的本质是区分，旨在推动消费者的行为。当今媒介，尤其是社交媒介的文本，其情绪性和意动性特征较为明显，因为网络传播的去理性化和去权威化特征，使得信息发出者的情绪发泄有了出口，而驱动接收者对文本进行解释并引发“二次传播”，则是网络媒介尤其是社交媒介的持续动力机制所在。

---

① 罗曼·雅各布森：《语言学与诗学》//赵毅衡选编：《符号学：文学论文集》，天津：百花文艺出版社，2004 年版，第 169－184 页。

② 赵毅衡：《符号学：原理与推演》，南京：南京大学出版社，2011 年版，第 177 页。

③ 罗曼·雅各布森：《语言学与诗学》//赵毅衡选编：《符号学文学论文集》，天津：百花文艺出版社，2004 年版，第 169－184 页。

④ 罗曼·雅各布森：《语言学与诗学》//赵毅衡选编：《符号学文学论文集》，天津：百花文艺出版社，2004 年版，第 169－184 页。

对象，就是符号所指示的“物”，是文本明确的意指项。当符号表意侧重于对象时，文本就具有较强的“指称性”（referential），或称“外延性”（denotative），它的主要意义就在于指出符号的具体对象是什么。此时符号过程明显以传达某种明确意义为目的，也即“所指优先”。当符号文表意过程侧重于符码时，就会出现强烈的“元语言倾向”，即“符号信息提供线索应当如何解释自身”[①]，如需要依靠“风格”“体裁”以及“副文本”来进行解读的文本，如品牌、广告、艺术等，都以此为基础。

当文本侧重于媒介时，符号表意就会以“交际性”（phatic）为主导，文本的主要意义就在于占领渠道，保持自身与接收者之间的接触。这在当今的社交媒体上表现得尤为明显，大量的点赞、跟帖与转发，与最新的信息保持接触，以避免“错失恐惧”。而当符号表意侧重于信息本身时，文本就有了“诗性”（poeticalness）。

如果用雅各布森的符号六性质去检视品牌社群中的符号，就会发现品牌社群中的像似符号在表意过程中侧重于媒介，具有“交际性”特征，起着保持接触的作用。以表情包为代表的像似符号使得人际间的交流变得生动、准确，成为品牌社群成员间表达情感、增进联系的重要载体。除了使用已有的表情符号，品牌社群中的成员还会自制品牌表情包。如海尔品牌社群成员利用海尔古早的标识——两个小男孩，制作了品牌表情包，如图 5-3，一方面唤起了品牌社群成员关于品牌发展史的共同记忆，另一方面为成员的互动与交流提供了工具，联结了成员之间的情感。

---

① 赵毅衡：《符号学：原理与推演》，南京：南京大学出版社，2011 年版，第 179 页。

图 5-3　海尔品牌表情包

指示符号的表意则侧重于对象，具有“指称性”。在品牌社群中，指示符号指示着社群成员的身份，并以此与其他社群进行区分。身份的确定是品牌社群形成的基础。社群成员大多会使用 Tag 符号来实现身份的确定。如 TikTok 和 Instagram 上的一些穿搭博主，会在自己分享的内容中添加“LI-NING girl”标记，来彰显自身作为李宁品牌社群成员的身份，同一品牌社群的成员可以通过类似的标识搜索到与自己志同道合的社群伙伴。“品牌社群用户通过这些符号自主标记身份，并与其他人‘划分界限’，以供品牌社群成员‘认亲’。”①

此外，如上文所述，指示符号还能确立品牌社群成员在社群中的地位排序，而排序靠前的成员往往会在社群中充当“意见领袖”的身份。据千瓜数据网 2021 年 10 月 1 日的数据，小红书热门品牌排行榜中，中国品牌“全棉时代”排名第四。而在“全棉时代”小红书社群中，2021 年 9 月 23 日至 9 月 30

① 周晓彤：《符号传播视角下的 UGC 社区品牌社群形成研究》，浙江传媒学院硕士论文，2020 年，第 18 页。

日这一周时间里，排名前十位的“种草达人”中有九位都是金冠薯，是“知名KOL”或“头部达人”。这不仅意味着拥有高等级标志的品牌社群成员的活跃度和受关注度更高，更意味着他们具有更高的劝说力，在品牌信息的交流过程具有强大的号召力，更容易获得品牌社群内部其他成员的信任。

规约符号是无理据性的符号，它的表意需要依靠社会约定。品牌社群意味着社群成员对符号的意义达成的共识。在社群成员交流互动过程中，它作为符号信息，提供了如何解释自身的线索，表现出强烈的元语言倾向。如，中国的运动服饰品牌鸿星尔克在2021年7月河南洪灾时捐助了5000万物资，随后被网友曝出品牌自身处于营收严重亏损阶段。鸿星尔克一夜之间成为爱国民族品牌的代表，其品牌标识原本的“飞行的鸿鹄”（如图5-4），因为形似一只伸出的手，其意义被品牌社群成员解释为“拉人一把的手”（如图5-5）。鸿星尔克品牌标识意义得以延伸与重塑，整个品牌成为民族精神的代表，民族自强的社群文化也因此得以孕育。

图5-4 鸿星尔克标识原有意义为“飞行的鸿鹄”

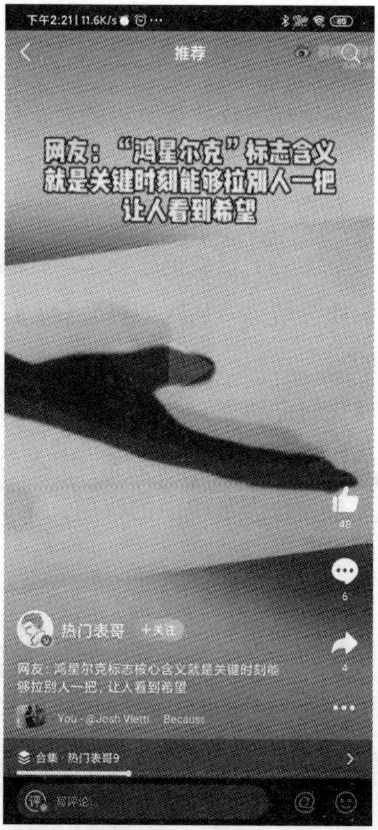

图 5-5　鸿星尔克标识的意义被重塑为“拉人一把的手”

可见，规约符号一方面需依靠社群文化获义，另一方面通过符号自身的特征，为意义的解释提供方案。同时，一旦规约符号的意义凝固下来，将会反作用于社群文化，重新培育并形成新的有益于品牌发展的社群文化，而通过社群成员对规约符号的重复使用，对社群文化进行传播。

第三节　品牌社群互动关系网络的构建

互动仪式理论最初起源于宗教概念，后来，随着学者们的不断发展推进，该理论进入日常生活领域。美国社会学家兰德尔·柯林斯（Randall Collins）最早在其著作《互动仪式链》（*Interaction Ritual Chains*）中提出该理论，埃米尔·涂尔干（Emile Durkheim）的仪式理论、欧文·戈夫曼（Erving

Goffman）的互动理论、乔治·H. 米德（George Herbert Mead）的符号互动论都是互动仪式链的理论来源。

首先，涂尔干较早地关注到了仪式所具有的社会功能。他在对宗教生活进行研究的过程中，提出仪式的目的在于“使共同体继续维持下去，重新加强个人属于集体的观念，使人们保持信仰和信心”[①]。宗教仪式的举行，会形成一种集体欢腾的场景，参与个体的情感被迅速唤起，并感受到一种超出自我的集体情感，从而形成个体的社会情感。从这个层面看，仪式就是一种对人们宗教生活行为方式进行形塑的行为规则。

戈夫曼对涂尔干的仪式研究做了进一步深化，他从微观互动的角度出发，聚焦于大量日常生活中的仪式问题，转而将仪式中人与人的互动关系作为研究重心，考察仪式在社会关系和社会结构中的作用。据此，他提出“互动仪式”这一概念。

柯林斯便是承袭了戈夫曼的“互动仪式”概念。与涂尔干和戈夫曼相比，尽管三位都是研究仪式，但前两者的关注点在于强调仪式的社会功能，而柯林斯却把重点放在了仪式链形成的机制上。他将仪式链放入微观情境中，关注成员在参与仪式过程中的情感状态。他认为，互动仪式是一个长期的过程，其核心机制是成员在参与仪式的过程中形成并分享共同关注的焦点，进而感受到对方的微观节奏和情绪，高度的互为主体性与情感连带形成了与认知符号相关的群体身份感[②]。

柯林斯在著作中详细阐述了互动仪式链的运作流程（如图 5－6），他指出互动仪式链的建构有四个前提条件，分别是：第一，身体共在——两个或两个以上的人聚集在同一场景，此时不管人们彼此是否会特别有意识地关注对方，都能通过其身体在场而相互影响；第二，仪式准入机制——对局外人设定了界限，仪式的参与者知道谁在参加，而谁被排除在外；第三，共同焦点——人们将其注意力集中在共同的对象或活动上，并通过相互传达该关注焦点，而彼此

① R. 阿隆：《社会学主要思潮》，葛智强等译，北京：华夏出版社，2000 年版，第 240 页。

② 兰德尔·柯林斯：《互动仪式链》，林聚任、王鹏、宋丽君译，北京：商务印书馆，2017 年版，第 78 页。

知道了关注的焦点；第四，共享情感体验——人们分享共同的情绪或情感体验①。

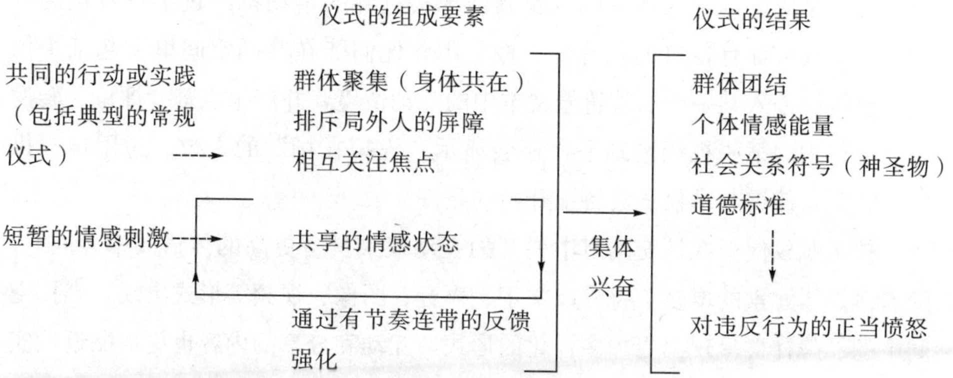

图 5-6　互动仪式链流程图

一、互动机制的形成：身体在场与共同关注

身体的共同在场是形成品牌社群互动仪式的必备条件，柯林斯与戈夫曼都强调了“亲身在场”的重要性：仪式从本质上说是需要亲身经历的过程。人们身体的共同在场通过变为专注性互动，就转变成了全方位的际遇，才使得互动仪式顺利进行②。在他们看来，亲身在场的人们更易察觉到彼此发出的语言及身体符号信息，彼此间更容易进入某种共同情感之中。随着电子通信技术的发展，电话、电视、电子邮件为远程交流互动提供了条件，柯林斯注意到这种远程交流产生互动仪式的可能性。尽管他没有否认远程交流会产生互动仪式，但他认为远距离会影响情感的实时反馈和交流，这势必会减弱互动仪式链的强度。

随着移动互联网技术与媒介技术的发展，以数字媒介为载体的远程“虚拟在场”成为可能，“虚拟在场”突破了“亲身在场”在时间、空间、真实身份等多方面的限制，使得信息共享、情感展示和实时反馈成为可能，满足了互动

① 兰德尔·柯林斯：《互动仪式链》，林聚任、王鹏、宋丽君译，北京：商务印书馆，2017 年版，第 79—80 页。

② 参见兰德尔·柯林斯：《互动仪式链》，林聚任、王鹏、宋丽君译，北京：商务印书馆，2017 年版，第 80—81 页。

仪式链运转的先行条件。

社交网络就为品牌社群成员建构了一个“虚拟在场”的共同空间。在这里，无论是成员自身或是品牌以及其他现实世界的事物都经过了符号化的处理，每个成员都有各自的昵称、头像、ID，他们能在共同空间里发起某个仪式，也能够进入某一个品牌符号文本中的互动情境，并产生点赞、评论、转发等互动行为。某些视频网站平台还会显示“虚拟在场”的人数，为用户提供“在场感”，使得互动仪式具备了开始的条件。

技术赋权使得在社交网络中展开的互动仪式具备更高的传播效率。同时，随着多媒体元素的增多，符号以文字、声音、图像、视频等形式出现，虚拟空间中的品牌社群呈现出更加多样化的形式，互动和分享的内容也更加贴近现实生活。于是，一种基于虚拟空间共在的群体意识与情感连带便产生了。

例如，一些穿搭博主会在社交平台上发布鸿星尔克穿搭攻略，为品牌社群成员打造了一个网络中的虚拟“试衣间”，成员们可以通过评论、点赞的方式进行互动，品牌社群成员在一条博文中共同在场。当然，生产品牌相关内容的不仅是穿搭博主之类的社群核心人物，一般成员也可以在网络中分享购物心得、使用体验等，关注该品牌的其他成员可以通过关键词搜索实现聚合的可能。在这些 UGC 信息中，大部分都带有醒目的品牌标识，或品牌社群成员所共同知道的规约符号。

“共同关注”是互动仪式必备的构成要素，柯林斯认为其是发展共享符号的关键。当群体有了明确的关注焦点，专注性互动就会逐渐转变为全方位的际遇，由此产生的归属感、团结感才可能进一步刺激仪式中的人们发展出集体兴奋[①]。在品牌社群中，群体大多都是因为对品牌的共同喜好与拥簇而聚集，因此，品牌社群自带“共同关注”属性。

二、互动机制的进行：交流与协作

在品牌社群中，互动仪式的有效进行离不开交流和协作，而所有的交流和协作都离不开符号，传播活动就是利用符号来表达意义。品牌社群中成员的符

① 参见兰德尔·柯林斯：《互动仪式链》，林聚任、王鹏、宋丽君译，北京：商务印书馆，2017年版，第 80—81 页。

号交流主要有文字符号传播、图像符号传播和影像符号传播三种。品牌社群成员的互动以符号为媒介，他们在使用符号的过程中理解彼此行为的意义。

以影像符号传播为例，中国知名出海品牌 Anker 在发展初期，为了能够快速提升品牌知名度，选择与众多在电子科技领域影响力较大的 KOL 合作。首先，Anker 将需要推广的产品免费寄送给 KOL，让他们对产品进行测评，并将测评内容以视频的形式发表在社交平台上。在 YouTube 上以“Anker”为关键词进行搜索，可以看到 Anker 产品测评视频最高观看量达到了 254 万次，仅是搜索前一天发布的测评视频观看量也达到了 5477 次。随着 Anker 品牌发展的成熟，越来越多的品牌社群成员也会使用视频的形式在 YouTube 上分享购物体验、使用心得等，通过视频符号与其他社群成员进行交流。

SHEIN 早在 2012 年就与一些网络红人合作，通过开箱测评、真人试穿等视频来吸引消费者，促进品牌社群的交流与互动。SHEIN 内部也有专门的红人团队，按照国家站（语言）划分不同的组，成为品牌社群人际网络的中心，定期组织社群成员进行交流与互动。

影像符号交流的内容细节化突出、镜头感十足，对受众情绪有积极调动的作用，还可以帮助品牌社群成员产生情感的链接，助力品牌社群信息的生产与传播。

品牌社群成员之间的协作也是建构与强化互动仪式的关键。“社交会话——只是为了维持友情而进行的谈话——是所有互动仪式中最基本的方面；而且其团结是在仪式中通过有节奏的合作建构与强化的。”[①] 作为在数字生活空间生活的消费者，媒介赋予了其极大程度的权利，他们可以自发创造、自行传播、自由选择。消费者不再被广告牵着鼻子走，他们可以大声对品牌说“不”。且消费者在网络上以社群的方式聚合，可以团结起来对品牌提出要求，逐渐地与品牌商形成一种平等的关系，且一道成为品牌价值的共创与共享者。

于是，消费者不再只是根据自身需求选择品牌，而是渴望参与品牌的研发、生产、营销传播以及关系更为密切的活动之中，在满足情感与心理需求的同时，实现其社会化价值。面对消费者的这一变化，品牌方积极做出了回应与

① 兰德尔·柯林斯：《互动仪式链》，林聚任、王鹏、宋丽君译，北京：商务印书馆，2017 年版，第 78 页。

应对，他们开始利用数字技术的优势，搭建互动平台，鼓励消费者参与到品牌的每一个环节中来，与消费者协作，共同创造品牌价值，以提升消费者的品牌认同。

小米品牌是“协作式”消费的首创者，小米鼓励品牌社群成员积极参与互动传播。首先，在产品开发和改进方面，小米以用户的需求来定位产品，确定“为发烧而生”的品牌理念，并从论坛用户中邀请1000个资深手机发烧友参与产品的研发；小米还创建“橙色星期五”模式，消费者可以与小米的领导层以及产品研发团队直接对话，为产品的设计开发等工作提出意见。

在传播方面，小米注重吸引更多粉丝聚集在各大社群当中，并开展口碑传播。社群根据活跃度对成员做等级划分，等级高的用户以组织者与管理者的身份组织论坛的讨论、维护社群的日常秩序。在这种积极参与、创新协作的实践中，消费者在品牌各个阶段进行了角色化的体验，获得了品牌的情感认同。

三、互动机制的循环：收获与再参与

品牌社群成员的再参与是社群互动机制循环的驱动力，而使得成员乐意再次投入社群互动的动机便是他们在互动过程中的收获。总体来看，品牌社群成员在社群互动中的收获主要为：

第一，获取品牌相关信息。社群中的符号是品牌知识、信息的载体，品牌社群成员之所以进行符号互动，最基本的动力便是想要获取品牌信息。如发布全新产品、发布品牌官方政策，抑或是一般的促销活动信息，这些都可以在社群成员的互动中获得。

第二，虚拟体验品牌服务。品牌社群成员可以在符号互动中获知其他成员购买、使用品牌产品的体验或经验，从而实现虚拟的品牌服务体验。这样的虚拟品牌服务体验先于购买，但实际上也是他们对品牌符号的另一种消费方式，如上文提到的虚拟“试衣间”。

第三，实现自我标签化。自我标签化是互联网社交时代的产物，通过标签化可以让社会和他人更快地认识自己，或塑造想要被别人认识的形象，自我标签见证了自我社交价值实现的过程。在品牌社群中，成员通过自我标签符号表明社群身份，品牌所表达的文化和价值观自然而然地通过标签符号转移到了社群成员的身上。如很多女生会通过穿AJ的形式打造自己“酷girl”的形象，有人通过购买鸿星尔克表明自身的爱国之情，有人靠一杯星巴克和一台苹果电脑勾画自身的都市白领形象……自我标签化帮助他们塑造了想要达到的身份定位。

第四，获得社群归属感。品牌社群是消费者集聚的团体，归属感是个体加入团体的情感，成员加入品牌社群进行符号互动背后是对归属感的寻求。在有着共同意识与情感的团体中，个体不再是孤立无援的状态，有利于消除自我身份缺失的失落感。拥有归属感的品牌社群成员就会自觉维护品牌社群，遵守群体的准则。

品牌社群成员在符号互动中获得品牌相关信息、虚拟体验品牌服务、实现自我标签化、获得社群归属感，这些收获又驱动着成员再次参与到品牌的符号互动当中去。进入社群，在场与共同关注意味着仪式的开始，成员们获得短暂的情感，随着成员间交流与协作的展开，群体共享品牌的情感认同，收获了品牌带来的物质及精神层面的利益，这种收获的正向增长促使着互动的正向发展，形成一个积极的正向循环，于是一个“进入社群→符号互动→收获成果→反复参与”的互动链条便形成了如图 5-7。

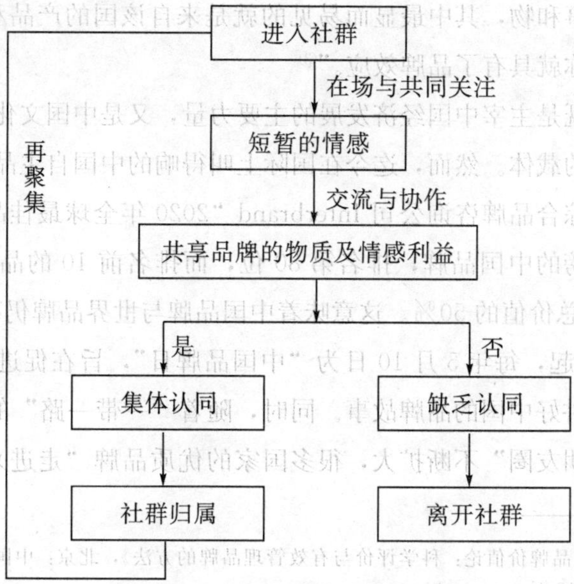

图 5-7　品牌社群互动仪式链条图

结　语

品牌的发展关系着国家经济与文化的发展。一方面，品牌已成为影响经济发展的重要因素。“据联合国工业计划署统计，占全球品牌不到3%的世界名牌，其产品占据全球市场的40%以上，销售额占到了全球市场的50%。”①另一方面，品牌是国家的名片。“企业品牌和产品品牌就是国际形象的重要组成部分，就像国家的脸一样。”② 中曾康弘在担任日本首相期间说：在外交的舞台上，索尼（Sony）是我的左脸，松下（Panasonic）是我的右脸。“如果人们形成了对于某个国家的总体印象，就会带着这种印象去看待来自这个国家的所有人、事和物，其中最显而易见的就是来自该国的产品和服务，这时，该国的国别名称就具有了品牌效应。”③

中国品牌既是主宰中国经济发展的主要力量，又是中国文化在全球范围内进行交流传播的载体。然而，迄今在国际上叫得响的中国自主品牌还不多，根据全球最大的综合品牌咨询公司 Interbrand“2020年全球最佳品牌排行”，华为仍是唯一上榜的中国品牌，排名第80位，而排名前10的品牌总价值占据2020榜单品牌总价值的50%。这意味着中国品牌与世界品牌仍存有差距。

自2017年起，每年5月10日为“中国品牌日”，旨在促进中国知名自主品牌的建设，讲好中国的品牌故事。同时，随着“一带一路”的推进，“一带一路”沿线“朋友圈”不断扩大，很多国家的优质品牌“走进来”，得到中国

---

① 王成荣：《品牌价值论：科学评价与有效管理品牌的方法》，北京：中国人民大学出版社，2008年版，导言第12页。

② 娄向鹏：《品牌，一个国家最美的脸——写在中国国家形象广告在纽约时报广场播出之际》，《科技智囊》，2011（2），第35页。

③ 唐文龙：《开启国家营销，打响中国品牌》，《广告大观（综合版）》，2008（4），第64页。

消费者青睐，而“Made in China”的自主品牌也迎来更加广阔的活动空间，这无疑为中国品牌的“走出去”提供了良好的契机。

中国品牌要在国际上开花结果，除了不断提升中国品牌在产品上的技术和创新，确保中国品牌的品质，还需要重视品牌的文化建设，持续以优秀文化滋养品牌，让中国品牌在国际传播中成为国家文化软实力的重要载体。

构建人类命运共同体的中国理念，有着巨大的形成全球价值共识的感召力，中国品牌的国际传播也应遵循并践行共同体理念，创新中国品牌国际传播的话语方式。中国品牌国际传播的共同体话语转向，是要以话语弥合为话语建构、意义生产的前提，针对瞬息万变的国际形势主动设置“共同体”议程，以建设与维护品牌形象，这是一个中国品牌与国际消费者价值观共创，达成关于品牌的共识，并形成对于品牌的文化认同的结果。

这意味着关于中国品牌的国际传播，首先要从“传播”转向“交流”，以适应新的传播现实与传播语境。其次，中国品牌国际传播的目标是依赖于传受双方的沟通与交流以形成文化认同。

品牌认同是不断确定品牌自我的过程。由于自我必须在与他人、与社会的符号交流中确定自身，而“自我的任何社会活动，不管是作为思索主体（subject）的表意与解释，还是作为行动主体（agent）的行为与反应，都必须从一个个具体身份出发才能进行”[①]，这表示，品牌身份是变动不居的，它既可作为“主我”临时被“表意身份”替代，又可作为“客我”暂时被“解释身份”替代。正是品牌身份在符号互动过程中的一次次出现，才形成了品牌“自我”的集合，最后构筑了一个品牌认同。

将“品牌身份”放置于“隐含作者”理论中进行观照，可以发现，“主我”的“表意身份”就是“代理作者”，“客我”的“解释身份”就是“推论作者”。中国品牌的国际传播需首先明确中国品牌的“代理作者”身份，在中国品牌文化生产方面，统一坚守中国文化身份，充分重视中华文化与民族文化对品牌的模塑作用，民族文化能为中国品牌赋能，以形成品牌的独特价值。

而中国品牌文本意义被确定的前提是文本中蕴含的认知能够和接收者的认知相叠合，也就是“代理作者”与“推论作者”应在一定范围上具备共同的认

① 赵毅衡：《符号学：原理与推演》，南京：南京大学出版社，2011年版，第346页。

知价值，具有这一特点的群体就是品牌社群。因此，中国品牌的国际传播，要采取本土化原则，圈定一批批具有相同的爱好及文化价值观念的目标消费群体以形成不同的社群，并以社群为单位定制差异化的传播策略，最终形成以文化认同为核心的品牌共同体。

参考文献

阿克，2012. 创建强势品牌［M］. 李兆丰，译. 北京：机械工业出版社.

巴特，1999. 神话——大众文化诠释［M］. 许蔷蔷，许绮玲，译. 上海：上海人民出版社.

巴特，2000. 流行体系：符号学与服饰符码［M］. 敖军，译. 上海：上海人民出版社.

巴尔特，2008. 符号学历险［M］. 李幼蒸，译. 北京：中国人民大学出版社.

巴尔特，2005. 形象的修辞：广告与当代社会理论［M］. 吴琼，杜予，译. 北京：中国人民大学出版社.

巴特，2009. 神话修辞术：批评与真实［M］. 屠友祥，温晋仪，译. 上海：上海人民出版社.

白云，2003. 中国老广告——招贴广告的源与流［M］. 北京：台海出版社.

鲍德里亚，2001. 消费社会［M］. 刘成富，全志钢，译. 南京：南京大学出版社.

鲍德里亚，2006. 象征交换与死亡［M］. 车槿山，译. 南京：译林出版社.

鲍金，2012. 消费生存论：现代消费方式的生存论阐释［M］. 北京：中央编译出版社.

贝尔，1989. 资本主义文化矛盾［M］. 赵一凡，蒲隆，任晓晋，译. 北京：生活·读书·新知三联书店.

贝斯特，2002. 后现代转向［M］. 陈刚，译. 南京：南京大学出版社.

波兹曼，2009. 娱乐至死·童年的消逝［M］. 章艳，吴燕莛，译. 桂林：广西师范大学出版社.

伯杰，2000. 通俗文化、媒介和日常生活中的叙事［M］. 姚媛，译. 南京：

南京大学出版社.
博维希妮，2006. 路易·威登——一个品牌的神话［M］. 李爽，译. 北京：中信出版社.
布迪厄，1998. 实践与反思——反思社会学导论［M］. 李猛，李康，译. 北京：中央编译出版社.
布迪厄，2011. 艺术的法则：文学场的生成与结构［M］. 刘晖，译. 北京：中央编译出版社.
布莱尔，2004. 360度品牌传播与管理［M］. 胡波，译. 北京：机械工业出版社.
布斯，1987. 小说修辞学［M］. 华明，译. 北京：北京大学出版社.
布希亚，2001. 物体系［M］. 林志明，译. 上海：上海人民出版社.
丹图，2007. 叙述与认识［M］. 周建漳，译. 上海：上海译文出版社.
德曼，1998. 符号学与修辞［M］. 李自修，译. 北京：中国社会科学出版社.
德塞托，2015. 日常生活实践：实践的艺术［M］. 方琳琳，黄春柳，译. 南京：南京大学出版社.
菲斯克，2008. 传播研究导论：过程与符号［M］. 许静，译. 北京：北京大学出版社.
费瑟斯通，2000. 消费文化与后现代主义［M］. 刘精明，译. 南京：译林出版社.
冈崎茂生，2016. 中国品牌全球化［M］. 赵新利，译. 北京：中国传媒大学出版社.
格雷马斯，2005. 论意义：符号学论文集［M］. 冯学俊，吴泓缈，译. 天津：百花文艺出版社.
格雷马斯，2009. 符号学与社会科学［M］. 徐伟民，译. 天津：百花文艺出版社.
豪格，2013. 商品美学批判：关注高科技资本主义社会的商品美学［M］. 董璐，译. 北京：北京大学出版社.
何志钧，2009. 文艺与文化：生产、消费、开发［M］. 北京：中国言实出版社.
胡晓云，2012. 品牌代言传播研究：信源·符号·适用性［M］. 杭州：浙江大学出版社.
黄合水，2009. 品牌学概论［M］. 北京：高等教育出版社.
黄静，2014. 品牌营销［M］. 北京：北京大学出版社.
黄勇，2003. 中外广告简史［M］. 成都：四川大学出版社.
霍克斯，1997. 结构主义和符号学［M］. 瞿铁鹏，译. 上海：上海译文出版社.
霍普金斯，1998. 我的广告生涯——科学的广告［M］. 邱凯生，译. 北京：新华出版社.
蒋旭峰，邓天颖，2009. 整合营销传播［M］. 杭州：浙江大学出版社.
杰克逊，2005. 丰裕的寓言：美国广告文化史［M］. 任海龙，译. 上海：上海人民出版社.
卡西尔，1999. 国家的神话［M］. 范进，译. 北京：华夏出版社.
凯勒，2003. 战略品牌管理［M］. 李乃和，译. 北京：中国人民大学出版社.
科特勒，2009. 营销管理：第十三版［M］. 王永贵，译. 上海：格致出版社.
克莱恩，2009. No Logo 颠覆品牌全球统治［M］. 徐诗思，译. 桂林：广西师范大学出版社.
李光斗，2004. 品牌竞争力［M］. 北京：中国人民大学出版社.
李光斗，2009. 品牌拜物教［M］. 上海：复旦大学出版社.
李华君，2020. 数字时代的品牌价值共创研究［M］. 武汉：华中科技大学出版社.
李思屈，2003. 东方智慧与符号消费：DTMT 模式中的日本茶饮料广告［M］. 杭州：浙江大学出版社.
李杰，2004. 广告符号学［M］. 成都：四川大学出版社.
李幼蒸，2007. 理论符号学导论［M］. 北京：中国人民大学出版社.
里斯，2002. 定位［M］. 王恩冕，译. 北京：中国财政经济出版社.
列维-斯特劳斯 C，2007. 神话学：裸人［M］. 周昌忠，译. 北京：中国人民大学出版社.
林升梁，2008. 整合品牌传播学［M］. 厦门：厦门大学出版社.
路长全，2009. 品牌背后的伟大两极：首创品牌极简主义［M］. 北京：机械工业出版社.

罗钢，2003．消费文化读本［M］．北京：中国社会科学出版社．
马中红，2006．广告文案创意新论［M］．上海：上海三联书店．
梅洛－庞蒂，2001．知觉现象学［M］．姜志辉，译．北京：商务印书馆．
孟悦，2008．物质文化读本［M］．北京：北京大学出版社．
穆瑟－魏曼，2005．创意潜规则：发掘你的5种构想力［M］．蔡梵谷，译．汕头：汕头大学出版社．
纽曼，2005．广告创意法则：22位超凡广告人解析成功广告奥秘［M］．赵雪，译．北京：电子工业出版社．
彭学龙，2007．商标法的符号学分析［M］．北京：法律出版社．
皮尔斯，2014．皮尔斯：论符号［M］．赵星植，译．成都：四川大学出版社．
片平秀贵，2007．超级品牌本质［M］．林燕燕，译．北京：东方出版社．
乔远生，2004．顶级品牌的视觉谎言［M］．广州：广东经济出版社．
瑞夫斯，1999．实效的广告［M］．张冰梅，译．呼和浩特：内蒙古人民出版社．
舍瓦里耶，2008．奢侈品品牌管理［M］．卢晓，译．上海：格致出版社．
舒尔茨，2002．整合行销传播：21世纪企业决胜关键［M］．吴怡国，译．北京：中国物价出版社．
舒尔茨，2006．全球整合营销传播［M］．何西军，译．北京：中国财政经济出版社．
舒尔茨，2005．唐·舒尔茨论品牌［M］．高增安，赵红，译．北京：人民邮电出版社．
舒永平，2020．中国国家形象与自主品牌传播［M］．北京：人民出版社．
舒永平，吴希艳，2007．品牌传播策略［M］．北京：北京大学出版社．
宋秩铭，庄淑芬，白崇亮，等，2000．奥美的观点：I［M］．北京：企业管理出版社．
宋秩铭，庄淑芬，等，2000．奥美的观点：II［M］．北京：企业管理出版社．
泰伯特，2006．凯洛格品牌论［M］．刘凤瑜，译．北京：人民邮电出版社．
王成荣，2008．品牌价值论：科学评价与有效管理品牌的方法［M］．北京：中国人民大学出版社．
王丽，2006．符号化的自我：大学生服装消费行为中的自我概念的研究［M］．

北京：中国社会科学出版社.
王宁，2001. 消费社会学：一个分析的视角［M］. 北京：社会科学文献出版社.
王长征，2014. 象征消费、品牌的象征性形象及效应研究［M］. 武汉：武汉大学出版社.
吴文虎，1997. 广告的符号世界［M］. 广州：广州出版社.
伍庆，2009. 消费社会与消费认同［M］. 北京：社会科学文献出版社.
星野克美，1988. 符号社会的消费［M］. 黄恒正，译. 台北：台北远流出版事业股份有限公司.
胥琳佳，2016. 品牌形象的国际化传播：基于受众的态度和行为的视角［M］. 北京：人民日报出版社.
徐新，2009. 现代社会的消费伦理［M］. 北京：人民出版社.
薛可，2008. 品牌扩张：路径与传播［M］. 上海：复旦大学出版社.
杨芳平，2009. 品牌学概论［M］. 上海：上海交通大学出版社.
杨清山，2009. 中国奢侈品本土战略［M］. 北京：对外经济贸易大学出版社.
由国庆，2004. 再见老广告［M］. 天津：百花文艺出版社.
余明阳，2002. 品牌学［M］. 合肥：安徽人民出版社.
余志鸿，2003. 符号：传播的游戏规则［M］. 上海：上海交通大学出版社.
张凤，2008. 文本分析的符号学视角［M］. 哈尔滨：黑龙江人民出版社.
张家平，2003. 说服的艺术——广告心理解析［M］. 上海：上海辞书出版社.
张金海，2002. 20世纪广告传播理论研究［M］. 武汉：武汉大学出版社.
张景云，2013. 品牌跨文化传播：理论与实践［M］. 北京：经济科学出版社.
张景云，2019. 中国品牌全球化：理论建构与案例研究［M］. 北京：经济管理出版社.
张树庭，吕艳丹，2008. 有效的品牌传播［M］. 北京：中国传媒大学出版社.
赵毅衡，1990. 文学符号学［M］. 北京：中国文联出版公司.
赵毅衡，1998. 当说者被说的时候——比较叙述学导论［M］. 北京：中国人民大学出版社.
赵毅衡，2004. 符号学文学论文集［M］. 天津：百花文艺出版社.
赵毅衡，2009. 意不尽言——文学的形式-文化论［M］. 南京：南京大学出版社.

赵毅衡，2009. 重访新批评［M］. 天津：百花文艺出版社.
赵毅衡，2011. 符号学：原理与推演［M］. 南京：南京大学出版社.
赵毅衡，2013. 广义叙述学［M］. 成都：四川大学出版社.
朱海松，2002. 麦肯的方法：世界十大广告公司美国麦肯全球策略方法［M］. 广州：广东经济出版社.
朱健强，2010. 品牌形象识别与传播［M］. 厦门：厦门大学出版社.
朱立，2006. 品牌文化战略研究［M］. 北京：经济科学出版社.
Barry A M S，1997. Visual intelligence：perception，image and manipulation in visual communication［M］. New York：State University of New York Press.
Beasley R，Danesi M，2002. Persuasive signs：the semiotics of advertising［M］. Berlin：Mouton de Gruyter.
Berger A A，2007. Ads，fads，and consumer culture：advertising's impact on American character and society［M］. Washington D.C.：Rowman & Littlefield Publishers.
Bignell J，2002. Media semiotics：An introduction［M］. Manchester：Manchester University Press.
Biricik A，2006. The role of logo design in creating brand emotion：a semiotic comparison of the APPLE and IBM logos［D］. İzmir：İzmir Institute of Technology.
Burgelin O，1972. Structural analysis and mass communication［G］// McQuail D，ed.，Sociology of mass communications. New York：Harmondsworth (Penguin).
Chiang Shiao-Yun，2009. Interformative meaning of signs：brand naming and globalization in China［J］. Social Semiotics，19 (3)，pp. 329-344.
Cobley P，Litza J，1999. Introducing semiotics (originally entitled Semiotics for Beginners)［M］. Cambridge：Icon Books.
Cook G，2001. The discourse of advertising［M］. New York：Routledge.
Danesi M，1999. Of cigarettes，high heels，and other interesting things：An introduction to semiotics［M］. New York：Palgrave Macmillan.

Danesi M, 2004. Poetic Logic: The role of metaphor in thought, language, and culture, madison [M]. Wisconsin: Atwood Publications.

Danesi M, 2007. Why it sells: decoding the meanings of brand names, logos, ads, and other marketing and advertising ploys [M]. Lanham, MD: Rowman & Littlefield Publishers, Inc.

Eaton M, ed., 1981. Cinema and semiotics (screen reader 2) [M]. London: Society for Education in Film and Television.

Floch Jena-Marie, 2000. Visual identities [M]. London: Continuum.

Floch Jena-Marie, 2001. Semiotics, marketing and communication [M]. London: Palgrave Macmillan.

Fowles J, 1996. Advertising and popular culture [M]. California: Sage.

Fox S, 1997. The mirror makers: a history of American advertising and its creators [M]. Urbana: University of Illinois Press.

Franzen G, Bouwman M, 2001. The mental world of brands: mind, memory and brand success [M]. London: NTC Publications.

Giovanardi M, Lucarelli A, Pasquinelli C, 2013. Towards brand ecology: An analytical semiotic framework for interpreting the emergence of place brands [J]. Marketing Theory, 13 (3), pp. 365-383.

Goldman R, Papson S, 1996. Sign wars: cluttered landscape of advertising [M]. New York: The Guilford Press.

Gottdiener M, 1995. Postmodern semiotics: material culture and the forms of postmodern life [M]. Oxford: Blackwell.

Gravells J, 2017. Semiotics and verbal texts: how the news media construct a crisis [M]. Basingstoke: Palgrave Macmillan.

Grow J, 2008. The gender of branding: Early nike women's advertising as a feminist antenarrative [J]. Women's studies in communication, 31 (3), pp. 312-343.

Heilbrunn B, 1997. Representation and legitimacy: A semiotic approach to the logo, semiotics of the media: state of the art, projects, and perspectives [M]. Berlin: Mouton De Gruyter.

Holbrook M, Hirschman E, 1993. The semiotics of consumption: interpreting symbolic consumer behavior in popular culture and works of art [M]. New York: de Gruyter Mouton.

Jacobson M, Mazur L, Collins R, 1995. Marketing madness: a survival guide for a consumer society [M]. New York: Routledge.

Jensen K, 1995. The social semiotics of mass communication [M]. London: Sage.

Jhally S, 1990. The codes of advertising: fetishism and the political economy of meaning in the consumer society [M]. New York: Routledge.

Jones J, 2004. Fables, fashions, and facts about advertising: a study of 28 enduring myths [M]. Calif. : Sage Publications.

Kilbourne J, Pipher M, 2000. Can't buy my love: How advertising changes the way we think and feel [M]. Los Angeles: Free Press.

Laing E, 2004. Selling happiness: calendar posters and visual culture in early twentieth-century Shangha [M]. Honolulu: University of Hawai'I Press.

Leeds-Hurwitz Wendy, 1993. Semiotics and communication, signs, codes, cultures, Hillsdale [M]. New Jersey: Laurence Erlbaum Associates.

Leiss W, Kline S, Jhally S, Botterill J, 1990. Social communication in advertising: Persons, products and images of well-being [M]. London: Routledge

Lencastre P, Corte-Real A, 2013. Brand response analysis: A peircean semiotic approach [J]. Social Semiotics, 23 (4), pp. 489-506.

Leymore V, 1975. Hidden myth: Structure and symbolism in advertising [M]. New York: Basic Books.

Olteanu A, 2019. Multiculturalism as multimodal communication: A semiotic perspective [M]. Berlin: Springer.

Ourahmoune N, Binninger Anne-Sophie, Robert I, 2014. Brand narratives, sustainability, and gender, a socio-semiotic approach [J]. Journal of macromarketing, 34 (3), pp. 313-331.

Per M, 1999. Marks of excellence: the history and taxonomy of trademarks

[M]. London: Phaidon Press.

Piller Ingrid, 1999. Iconicity in brand name, form miming meaning: iconicity in language and literature [M]. Amsterdam: John Benjamins Publishing Co.

Rossolatos G, 2012. Brand equity planning with structuralist rhetorical semiotics [M]. Kassel: Kassel University Press.

Rossolatos G, 2013. Rhetor. Dixit: Understanding ad texts' rhetorical structure for differential figurative advantage [M]. Seattle: CreateSpace Independent Publishing Platform.

Rossolatos G, 2014. A methodological framework for projecting brand equity: Putting back the imaginary into brand knowledge structures [J]. Sign Systems Studies, 42 (1), pp. 98—136.

Rossolatos G, 2018. Brand image re-revisited: a semiotic note on brand iconicity and brand symbols [J]. Social Semiotics, 28 (3), pp. 412—428.

Santos F, 2012. The semiotic conception of brand and the traditional marketing view [J]. Irish Journal of Management, 32 (1), pp. 95—109.

Santos F, 2013. Brands as semiotic molecular entities [J]. Social Semiotics, 23 (4), pp. 507—516.

Semprini A, 1992. Le marketing de la marque: Approche sémiotique [M]. Paris: Liaisons.

Shields V, Heinecken D, 2001. Measuring up: How advertising affects self-Image [M]. PA: University of Pennsylvania Press.

Sivulka J, 1997. Soap, sex, and cigarettes: A cultural history of American advertising [M]. MA: Wadsworth Publishing.

Tan D, 2013. The semiotics of alpha brands: Encoding/ decoding/ recoding/ transcoding of LOUIS VUITTON and implications for trademark laws [J]. Cardozo arts & entertainment law journal, 32 (1), pp. 225—236.

Tanaka K, 1999. Advertising language: apragmatic approach to advertisements in Britain and Japan [M]. New York: Routledge.

Thwaites T, Davies L, Mules W, ed., 2002. Introducing Cultural and media studies：A semiotic approach [M]. London：Palgrave.

Uggla H，Filipson D，2008. Moving beyond the brand relationship spectrum：A semiotic postmortem [J]. The IUP Journal of Brand Management，5 (4)，pp. 26－37.

Umiker-Sebeok J，ed，1988. Marketing and semiotics：new directions in the study of signs for sale [M]. Amsterdam：Mouton De Gruyter.

Vestergaard T，Schroder K，1985. The language of advertising [M]. New York：B. Blackwell.

Westport M，ed.，1996. Advertising and culture：theoretical perspectives [M]. Conn.：Praeger.

Winkler A M，1999. Wrap-speed branding：The impact of technology on marketing [M]. New York：John Wiley & Sons.